蔡元隆 著

臺灣教育史的深描與跨域視角

多元詮釋與歷史探究

推薦序

生活在現代社會中的我們,「上學」不僅是大家熟悉不過詞彙,也是一種共同經驗。若以平均壽命八十歲為基準。人類在一生中,約有四分之一的時間,都和各種學校有著直接與間接關係。

若從人類數千年歷史來看,你也許會發現,學校歷史與文明起源幾乎一樣早。在東方社會,上古三代時期,就已出現傳授知識的場所。在夏代稱「校」,殷商稱為「序」,周則稱為「庠」。在漢帝國時期,郡和王國一級的官辦教育機構稱「學」,縣和侯國一級稱為「校」。西方世界在希臘時代就有學校。甚至,School這個詞彙最起源就是是希臘語skhole。而「大學」設立同樣時間悠久,有人認為5世紀時,拜占庭帝國內就有類似大學機構出現。最晚在11世紀,神聖羅馬帝國內設立了第一所大學。人類歷史發展中,不時可以見到學校的身影。

前述這些機構,除短暫時期外,他們傳授知識的「對象」都相當有限,大概僅限於那個時期的貴族或菁英。真正不分貴賤的授課,大概要到19世紀歐洲民族國家興起後才出現。這種以國家力量,普遍向所有國民傳授的教育機構,被稱為「近代學校」(modern school)的學校,出現時間約只有兩百年。一直到18世紀末,才有所謂義務教育的出現。而體系性地近代學校在1872年才來到東亞,實施於正在推動「明治維新」的日本。

在日本實施近代教育的二十餘年後,作為日本第一個海外領土的臺灣,經歷了短暫嘗試,也在1898年後確立名為「公學校」的近代教育體制。受到殖民地統治影響,公學校不僅是「近代學校」,也是「帝國的學校」。公學校是臺灣總督府遂行統治設立的機構,不免帶有一些殖民地色彩。即便是近代知識的傳授,在殖民地架構下也會和日本本國的小學校不太一樣。公學校可說是打了

「折扣」的近代學校。儘管如此,「公學校」、「街庄役場」與「警察官吏派出所」成為殖民地時期地方社會不可缺少的三個重要機構。「老師」與警察、庄長或助役,成為地方上人人敬重的職位。而在日本統治結束前夕,臺灣全島大概有1,100所國民學校。

　　隨著公學校設立時間越來越久,讓公學校在「帝國的學校」外,也成為「地方的學校」。有很長一段時間,臺灣教育史研究者努力地釐清「帝國的學校」,企圖從統治體制與法規中去理解「殖民地的近代學校」。但是有關「地域的學校」,受限於歷史文獻的稀缺性與戰後對於檔案管理上的不易,很難有所突破。這樣的研究,在文化資產開始對百年國小展開普查與調查,讓地方學校有了研究的可能。而隨著檔案開放與數位化工具的幫助,也讓這樣的研究能夠持續拓展。元隆的這本書,就是一個有別於「帝國的學校」視角,從地方角度去研究嘉義地區公學校的大作。相較於過往歷史學的實證式研究,他也嘗試結合教育理論去增加內容的多元性。在過往幾乎沒有針對單一地方進行長期性教育史研究之下,「地方的學校」在他的努力下,有了相當可供參考的研究成果,也顯示出這本書的可貴性。

　　不論是學術上還是交情上,我都極力推薦對臺灣教育史有興趣的讀者,不妨讀讀這本書,好好地透過文字去感受「地方的學校」。

日本早稻田大學臺灣研究所特聘研究員
國立臺灣大學歷史學系博士
李鎧揚　敬薦

推薦序　拓展臺灣教育史研究的新視野
——獻給教育工作者與學習者的深度探索

　　教育史的研究不僅是一門學術探討，更是一種對教育本質、社會發展與文化變遷的深層思考。《臺灣教育史的深描與跨域視角：多元詮釋與歷史探究》一書，正是這樣一部兼具學術深度與實務關懷的重要著作。它不僅提供了宏觀的教育發展脈絡，也細緻呈現了不同時代、不同群體在教育場域中的經驗與實踐，為我們理解臺灣教育史開闢了更為多元的視角。

　　本書突破了傳統以政策與制度為主的教育史研究框架，透過教育社會學、課程社會學、批判教育學與比較教育學等理論架構，深入剖析教育如何在權力結構與社會變遷的動態中運行。此外，作者廣泛運用口述歷史、多元史料分析與視覺材料比對等研究方法，使教育史的書寫不再只是靜態的紀錄，而是能夠動態再現歷史現場，讓讀者更貼近不同時期的教育實況，感受教育發展的脈動與挑戰。

　　作為一線教育工作者，我特別欣賞本書對基層教師的關注與學校文化的探索。書中對於教師課程意識與教學實踐的分析，讓我們得以重新思考教育變遷的脈絡，也為當前的教育改革提供了重要的歷史參照。教育不僅是知識的傳遞，更關乎價值的建構、社會文化的承續與個體意識的養成。本書透過對日治時期至當代臺灣教育發展的深描與剖析，揭示了教育如何影響社會，也如何在社會變遷中持續演變。

　　對於教授臺灣教育史的大學教師而言，本書提供了豐富的研究素材與分析框架，可作為課程設計與學術討論的重要參考。而對於希望深入理解臺灣教育發展脈絡的學生與研究者而言，本書不僅提供了詳實的歷史背景，更引導讀者以批判性思維審視教育如何在政治、社會與文化的交錯影響下發展演變，展現其複雜性與多樣性。

教育史的研究不僅關乎過去的理解，更是未來發展的基石。本書無疑是臺灣教育史研究的重要貢獻，將引領讀者從更寬廣的視野思考教育的意義與價值。我誠摯推薦本書給所有關心教育發展的學者、教師與學生，期盼它成為深化教育理解的重要橋樑，並為未來的教育實踐提供寶貴的歷史視野與知識養分。

雲林縣立水林鄉水燦林國民小學校長
蔡幸伸　敬薦

自序　從歷史回望教育，從教育透視社會

　　教育，不僅是知識的傳遞與技能的培養，更是文化的累積與社會變遷的縮影。臺灣的教育發展歷程，深深嵌入各個歷史脈絡之中，無論是日治時期的殖民統治、戰後國民政府的語言政策，抑或是近代全球化浪潮下的教育改革，皆塑造出多層次且豐富多樣的教育面貌。本書《臺灣教育史的深描與跨域視角：多元詮釋與歷史探究》即試圖在這樣的脈絡下，透過多元理論與研究方法，為臺灣教育史研究開闢新的視野，並回應當代教育史研究面臨的挑戰。

　　長期以來，臺灣教育史的研究多偏重於官方政策與制度演變的梳理，較少涉及基層教育者的實際經驗、學校文化的發展脈絡以及教育如何與社會、政治、經濟結構交織互動。過去的研究模式雖為教育發展奠定了史實基礎，卻未能充分呈現教育現場的動態變遷，以及不同時代、不同社群如何在教育體制內外進行協商、抗爭與調適。因此，本書嘗試跳脫單一政策導向的框架，轉向更為綜合的社會文化分析，並將教育史置於更宏觀的歷史變遷與社會脈絡之中，以期發掘更具層次的教育歷史圖像。

　　本書的研究取徑，主要奠基於「深描」與「跨域視角」的結合，透過理論深化、方法創新與視角拓展三個面向，重構臺灣教育史的敘事方式。首先，在理論深化方面，本書廣泛借鑑教育社會學、課程社會學、批判教育學、比較教育學等理論，試圖分析教育政策背後的社會脈絡與權力關係，並探討教育如何影響社會階層流動、文化認同建構與知識生產過程。例如，我們檢視不同時期的課程變革，如何透過教科書內容的選擇與刪減，形塑學生的國家認同；亦關注教育如何成為意識形態的傳遞工具，甚至在某些時期發揮抵抗與解放的作用。

　　其次，在方法創新方面，本書嘗試突破傳統教育史研究高度依賴官方文件與政策文本的限制，轉而採取口述歷史、文本分析、視覺史料、多元史料交叉

比對等研究方法，以呈現更全面的教育歷史。例如，透過訪談基層教師，我們得以理解他們如何在威權教育體制下進行隱性抵抗，或在語言政策的夾縫中尋求教學上的調適。此外，透過對舊報刊、學生手稿、校園文化符號（如校徽、校歌、畢業紀念冊）的分析，補足傳統史料的不足，使教育史的敘述更加生動具象。

最後，在視角拓展方面，本書試圖從以國家政策為核心的宏觀視角，轉向關注個體經驗、地方教育發展、學校文化與學生學習歷程。例如，傳統教育史研究多關注國家政策如何影響教育制度變遷，但本書則進一步探討教師與學生如何在這些政策框架內進行實踐與協商，甚至如何透過非正式的教育場域（如社區教育、家庭教育）形塑不同的知識觀點。此外，臺灣作為一個多元族群社會，教育史的研究不應僅侷限於主流漢族視角，而應納入原住民族、客家族群、新住民等不同社群的教育發展經驗，以反映更完整的臺灣教育面貌。

教育的歷史不僅屬於過去，更關乎未來。透過本書的書寫，我們希望提供讀者一個更具深度與廣度的教育史視角，讓教育史不再只是靜態的政策紀錄或制度變遷的敘述，而是能夠動態地呈現不同時代、不同群體的教育經驗與社會互動。這樣的書寫取向，將使教育史的書寫更加貼近歷史現場，並能對教育變遷提供更為細緻的解釋與分析。展望未來，臺灣教育史的研究應進一步深化理論架構，並積極回應當代教育變遷的挑戰。例如，隨著全球化的加速發展，臺灣教育如何面對跨國教育政策的影響？如何在多元文化與本土認同之間尋求平衡？如何從歷史的視角檢視當前的教育改革，避免重蹈歷史覆轍？這些問題，都需要更為細緻的教育史研究來提供參考與解答。

此外，臺灣教育史的研究若能與其他學科領域對話，例如社會學、人類學、文化研究、心理學等，將能進一步豐富研究的深度與廣度，使教育史不再只是教育領域內部的知識建構，而是能夠成為理解臺灣社會發展、政治變遷、文化重塑的重要途徑。因此，未來的臺灣教育史研究，除了在學術層面應持續深化其理論與方法論，也應積極回應當代教育現象與社會變遷，讓教育史的研

究成果能夠對現今教育改革、課程發展與教育政策提供歷史視角的參照，進而在學術與社會層面皆能產生更深遠的影響。

　　本書的出版，得力於許多學界先進的研究成果與討論交流，也承載著作者對臺灣教育史研究發展的期待。希望本書能夠成為大專院校教授臺灣教育史的教師、教育研究者，以及對臺灣教育發展有興趣的讀者的一本參考書，提供思考的養分，也啟發更多關於教育史的討論與探索。教育史的書寫並非終點，而是一場持續不斷的對話，願本書能夠在這場對話中貢獻一份心力，也期待未來有更多學者、教育工作者與學習者，共同參與這場知識與歷史的探索之旅。

蔡元隆　謹誌
序於　國立嘉義大學人社辦公室　2025.02.22

目 次

推薦序／李鎧揚　　　　　　　　　　　　　　　　　003

推薦序／蔡幸伸　　　　　　　　　　　　　　　　　005

自　序／蔡元隆　　　　　　　　　　　　　　　　　007

緒　論　臺灣教育史研究的深化與跨領域發展
　　　　——理論、方法與視角的拓展　　　　　　　013

輯 一｜臺籍教師的教育實踐　　　　　　　　　　031

第一章　日治時期公學校臺籍教師的「教育信念」在課程與
　　　　教學上的實踐之探究：以劉煥文為例　　　　032

第二章　日治時期國民學校臺籍教師的課程意識與教學實踐
　　　　之圖像：以音樂教師林妹為例　　　　　　　062

第三章　「隱性」遊走、教學「抗議」：日治時期國民學校
　　　　臺籍教師的意識覺醒與教學實踐　　　　　　079

| 輯 二 | 教育制度及其影響與意義 | 103 |

第四章　日治時期嘉義中學校與嘉義農林學校的校歌、校徽
　　　　與校旗之符號意象探究與比較　　　　　　　　　　104

第五章　無與「崙」比的校史謳歌：
　　　　從嘉義縣大崙國小日治時期的分教室談起　　　　　139

| 輯 三 | 爭議史實考證 | 155 |

第六章　論日治時期臺中師範學校第一任校長
　　　　及其校史計算之疑義　　　　　　　　　　　　　　156

第七章　桃園市觀音區教育的推手
　　　　——鄭來進校長史料簡介與考證　　　　　　　　175

第八章　臺灣第一所特殊教育學校名稱的疑義
　　　　與澄清：「訓瞽堂」？抑或「青盲學」？　　　　193

輯 四｜學習理論與案例 209

第九章　李登輝淡水中學校學習歷程之探究：
　　　　從Zimmerman的自律學習觀點 210

結論與啟示 233

緒論　臺灣教育史研究的深化與跨領域發展
——理論、方法與視角的拓展

臺灣民族主義是臺灣史的產物，
身為臺灣人，
咱應了解臺灣的過去與未來。

——臺灣獨立運動先驅 史明（A.D. 1919-2019）

壹、引言：教育史的理論基礎與方法論反思

臺灣教育史的研究長期以敘事史學（narrative history）為主，研究者多聚焦於教育學制的演進、政策的變遷、官方文件的詮釋，並以教育制度的發展脈絡作為研究主軸。這種傳統的歷史書寫模式，雖然在累積教育發展史實、整理學校制度與政策演變方面具有一定的貢獻，但卻較少涉及教育實踐層面的分析，更難以深入探討教育發展與社會、文化、政治結構之間的互動關係。許多學者批評，過去的教育史研究過於側重敘事，未能充分挖掘教育實踐的內涵，也忽略了其背後的理論基礎。例如，林仁傑（2006）、彭煥勝（2009）、蔡元隆與黃雅芳（2017）及蔡元隆與張淑媚（2022）均指出，臺灣教育史的研究仍然過度仰賴政策文本與官方紀錄，對於基層教育工作者的實際經驗、社會群體在教育發展中的角色，以及教育變遷的社會影響，皆缺乏充分的討論。此外，過往的研究大多以國家視角為主，較少納入地方教育發展、學校文化、學生學習經驗、課程內容變遷，以及不同族群在教育發展中的參與，顯示研究取徑仍有待拓展。

隨著學術研究的多元發展，臺灣教育史研究逐漸受到教育理論（educational theories）的影響，少數的教育史學者開始嘗試以不同的理論視角來詮釋與分析臺灣教育史，以深化對教育現象的理解。傳統的教育史研究多以線性發展的敘述為主，較少涉及社會結構與文化脈絡。然而，若能將不同的教育理論與社會科學理論融入教育史研究，不僅能使研究更加立體，還能更深入探討教育與社會、政治、文化、經濟發展的交互影響。

以下為不同理論視角在臺灣教育史研究中的可能應用：

一、教育社會學（sociology of education）

教育社會學關注教育與社會結構的互動，並檢視教育如何成為社會流動

（social mobility）或階級再製（social reproduction）的場域。在日治時期，尋常小學校（日本人學校）與公學校（臺灣人學校）之間的差異，充分體現了教育機會的階級性。此外，臺灣的教育史研究若能進一步融入教育社會學的分析框架，將有助於檢視：教育機會的公平性與階級再製現象、學校如何作為社會文化的中介、教育如何反映並強化社會結構等。

二、課程社會學（curriculum sociology）

課程社會學強調學校課程如何反映意識形態，並形塑學生的世界觀與愛國意識。例如，在日治時期，尋常小學校與公學校的課程內容存在明顯區隔，日籍學生學習的是以日本文化、倫理、歷史為核心的課程，而臺灣籍學生則被強制學習日語、皇民化教育。這些教材不僅影響學生的國家認同，更進一步塑造了不同族群的文化歸屬。透過課程社會學的視角，我們可以分析：教科書內容如何塑造學生的國家認同與價值觀、不同時期的課程如何反映當代政治意識形態、隱性課程（hidden curriculum）如何影響學生的社會化過程等。

三、批判教育學（critical pedagogy）

批判教育學強調教育如何反映社會權力關係，並探討教育體制是否成為壓迫與解放的場域。例如：臺籍教師在接受日治時期的教育後，進入學校體制成為教師，這些教師在教學實踐中，如何面對自身的文化矛盾與角色認同問題？這些矛盾是否促使他們發展出獨特的教育策略或抗爭方式？這類研究可以從以下角度切入：殖民地教師如何在矛盾情境下進行教學轉化、教育是否成為社會抗爭與文化抵抗的工具、教育如何形塑殖民地學生的「臣民意識」與「國族認同」等。

四、教育心理學（educational psychology）

在日本殖民時期，由於語言的障礙，臺灣學生如何適應日語授課的學習環境？學習理論、認知發展等心理學概念可以幫助我們理解：臺籍學生如何透過語言習得與心理適應進行學習、教師如何透過不同的教學策略提升學生的學習成效、學生如何在雙語（臺語與日語）環境中發展語言認知能力等。

五、比較教育學（comparative education）

比較教育學透過不同國家與時期的教育制度比較，檢視臺灣教育發展的特點與挑戰。例如：清代、日治與戰後不同政權下的教育體制變遷、殖民教育與戰後教育政策的異同、東亞各國教育政策對臺灣教育發展的影響等。

六、教育人類學（anthropology of education）

教育人類學探討學校作為文化場域，並研究學校如何透過儀式、符號、傳統來建構教育價值。例如：學校儀式（如朝會、校慶）如何塑造集體認同、教師與學生如何透過日常互動建構學校文化、地方學校如何適應不同時期的教育變遷等。

七、教育符號學（educational semiotics）

教育符號學研究教育場域中的符號（如校歌、校徽、校旗）如何形塑集體認同，並影響學生對學校的歸屬感。例如：校歌如何傳達政治意識形態、校徽如何反映學校的教育理念與文化價值、校旗如何成為學校精神象徵，並參與教

育場域的權力運作等。

從單向歷史敘述到多層次教育史分析，在這些教育理論的融入後，使得臺灣教育史研究不再僅是單向的政策與制度變遷敘述，而是透過多層次的分析，重新詮釋教育如何影響社會發展、如何被社會環境所形塑，進而展現更為多元的探討面向。教育史研究應從單純的政策記錄，轉向多層次的社會、文化分析，且透過引入更多教育理論，深化對教育發展的批判性理解。更加強調跨領域研究，結合教育社會學、人類學、心理學、符號學等多重視角。透過這些跨學科的理論與方法，我們才能更完整地理解臺灣教育史，並開創新的研究深度與廣度。

貳、口述歷史、多元史料與史料分析的結合

一、口述歷史：個體經驗與集體記憶的交織

口述歷史作為一種研究方法，能夠在文化記憶方面發揮重要作用。江文瑜（1996）指出，口述歷史有助於記錄邊緣群體的經驗，使歷史研究更具多元性。傳統的教育史研究多依賴官方文件、政策文本與學校紀錄，但這些資料往往只能呈現統治者或政策制定者的視角，較難反映基層教育工作者、學生與家長的真實經驗。因此，口述歷史的加入，能夠補足傳統研究的不足，使教育史研究得以拓展至更為多層次的社會經驗與歷史情境。

（一）口述歷史如何補足臺灣教育史的研究

臺灣教育史的研究，若僅依賴官方紀錄，便可能忽略個體在教育歷程中的獨特經驗。例如：許多日治時期的教育政策，如「皇民化運動」，在官方文獻中被描述為提升臺灣人民素養與文化的一環，但透過當時教師與學生的口述訪談，則可發現臺灣學生實際上可能遭受語言政策的強制影響、身分認同的轉變與文化適應的壓力。

透過訪談日治時期就讀嘉義中學校與嘉義農林學校的校友，能更深入了解他們如何在殖民教育體制下學習，如何看待學校的符號意象（如校徽、校旗、校歌等）對自身認同的影響。又如訪談日治時期的教師與學生，可以更具體地了解當時教育現場的實況，如：教師在教學過程中如何挑戰殖民教育的霸權、學生如何在學校內部發展自己的抗拒策略（例如偷偷學習漢文、在課堂外使用臺語或是在校內以隱晦方式傳遞本土文化）。

（二）口述歷史的挑戰與應對策略

　　儘管口述歷史能夠補充傳統教育史研究的不足，然而它仍面臨若干挑戰，如：1.主觀性問題：訪談者的記憶可能受到個人情感、歷史敘事的塑造影響，導致史實的選擇性回憶。2.時間間隔的影響：若訪談對象為高齡受訪者，可能會因時光流逝而遺忘某些細節，甚至無意間受到後見之明的影響。3.三角檢證（triangulation）的需求：口述歷史雖提供個體經驗，但仍需與其他歷史文獻交叉比對，以確保其真實性與可靠性。

（三）文本分析用語的爭議與討論

　　當前學術界對於文本或文獻的分析，主要多使用文獻分析法（literature analysis）、內容分析法（content analysis）、文本分析法（text analysis）、檔案分析法（archival analysis）及史料分析法（historical research method）等用語或概念來進行研究。然而，這些研究方法在不同學科領域中的界定與應用，往往存在一定的模糊性與交叉性。鈕文英（2021）曾指出，臺灣部分研究者容易將「史料分析」與「文獻分析」混淆，甚至將「文獻分析」誤認為是一種研究方法。但實際上，文獻分析並非獨立的研究方法，因為所有的研究皆需進行資料分析；此外，報紙廣告、政府檔案……等類型的資料，應歸類為史料，而非一般意義上的文獻，因此應屬於檔案分析的範疇。根據胡清華（2013）及葉至誠、葉立誠（2011）對文獻分析法的相關論述做分析方法整理如下：文獻分

析法係根據特定的研究目的或議題，透過多元資料來源（如政府報告、工商研究、企業文件、圖書館館藏、學術論文、期刊、新聞報導等），進行系統化、縝密且全面性的資料蒐集與分析。其主要目標在於：1.掌握過去研究成果，建構研究脈絡；2.分析現存資料，掌握當下教育或社會發展趨勢；3.預測未來發展方向，為後續研究提供理論依據。透過歸納與分析不同來源的文獻，研究者得以針對研究問題進行批判性探討，並提出更具理論深度的詮釋。

實際上，無論是文獻分析法、內容分析法、文本分析法、檔案分析法或史料分析法，其本質上皆屬於內容分析與資料統整的一環，僅因學科領域的差異，而衍生出不同的研究方法名稱。例如：1. 文獻分析法：廣泛應用於教育學、管理學、圖書資訊學、美術、建築等領域。2. 內容分析法：常見於教育學、圖書資訊學、歷史學、社會工作、體育學等研究。3. 文本分析法：主要應用於教育學、新聞學、廣告學、中文、傳播等領域。4. 檔案分析法：多出現在企業管理、資訊工程、醫療管理等領域。5. 史料分析法（歷史研究法）：主要應用於歷史學、文學、跨國文化研究、應用外語、翻譯學等。

為了進一步檢視不同研究方法的使用頻率，筆者於2025年2月22日透過「全國碩博士論文加值系統」進行資料檢索，結果顯示：1.「文獻分析」作為研究方法的論文高達20,231篇；2.「內容分析」的論文數量為12,561篇；3.「文本分析」相關論文有4,147篇；4.「檔案分析」的論文數量為269篇；5.「史料分析」的論文則有92篇。由此可見，鈕文英（2021）所提出的「文獻分析不應視為研究方法」的論點，仍存在爭議。事實上，這些研究方法的核心概念皆與內容分析與資料統整息息相關，主要的差異在於各學門對方法論的使用習慣及對研究對象的定義。例如：1.「文獻分析」偏向於綜合既有研究成果，以系統化方式整理學術發展脈絡；2.「內容分析」則聚焦於特定文本的語意與結構，應用於媒體、政策文件、歷史文本等研究；3.「文本分析」更傾向於語言學與符號學的研究視角；4.「檔案分析」多應用於企業管理、資訊科學、醫療紀錄等領域；5.「史料分析」則是歷史學的核心方法，強調歷史文件的詮釋與考證。

綜上所述，無論是文獻分析法、內容分析法、文本分析法、檔案分析法或史料分析法，其分析的基本原則大致相同，差異主要來自於各學門的研究方法論與資料類型。例如，新聞系偏向文本分析、教育學界常使用文獻分析、歷史學則專注於史料分析。換言之，這些方法雖然在學術名稱上有所不同，但其核心概念皆屬於內容分析與系統化整理，主要區別在於資料的性質、分析的深度與應用的領域。

未來的教育與歷史研究，應更加關注研究方法論的標準化與跨領域應用，避免因學科壁壘而造成學術概念的混淆。同時，研究者應審慎區分「研究方法」與「分析技術」的異同，以確保學術研究的嚴謹性與可比性，提升教育史研究的理論深度與方法論精確度。

（四）口述歷史與文本分析的結合

為了克服上述挑戰，研究者應結合其他歷史文獻與檔案資料，以確保研究的客觀性與可靠性。具體而言：訪談日治時期受教育者的經驗，可與學校檔案、官方教育政策文件、新聞報導進行交叉比對，以檢視口述歷史中是否有與史料一致或矛盾之處。又如比較不同世代的敘事，如比較1930年代接受日治教育的學者與1940年代末期受過日本教育的臺籍菁英，藉此理解不同時期的教育經驗差異。

二、多元史料的交叉分析

在臺灣教育史的研究中，多元史料的運用有助於揭示不同時代的教育脈絡。過去的研究大多依賴官方紀錄與學術論著，但若能結合非正式文獻、視覺史料與私人文件，則可使研究更為完整。例如：

（一）史料類型與研究應用

① 學校紀錄與課程綱要

透過學校紀錄、課程綱要、教科書內容分析（圖1、圖2），可以更精確地描繪不同時期的教育發展脈絡。例如，在研究日治時期的嘉義農林學校教育體制時，可對比不同時期的學科設計，分析當時政府如何藉由教育來塑造學生的國族意識。

② 報章雜誌與公共媒體

報紙與雜誌是當時社會輿論與教育發展的重要記錄，透過分析報導內容，可以了解當時社會對教育政策的反應。例如，戰前的《臺灣日日新報》與戰後的《聯合報》、《臺灣教育評論》等，皆可提供不同時期教育政策的媒體報導，反映教育與社會之間的互動。

圖1 ▎新屋公學校沿革誌
資料來源：新屋國小提供

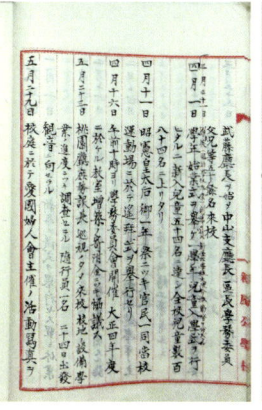

圖2 ▎公學校課本
資料來源：作者自行收藏

③ 學生日記、家庭信件與個人手稿

透過學生日記與家庭信件，能夠窺探學生如何在不同時代背景下應對教育環境。例如：日治時期學生如何適應日語教育？戰後初期學生如何在國語政策下學習？教育改革時期學童如何面對課綱變遷？這類私人文件能夠彌補官方文本的單一視角，提供更具情感性與社會性的教育敘事。

（二）視覺史料的應用

近年來，臺灣教育史學術界開始重視視覺史料的應用，如：老照片、卒業寫真帖（畢業紀念冊）（圖3、圖4）、學生手稿、教育現場的影像紀錄等（李新元，2021；楊蓮福，2016；蔡元隆、張淑媚，2021年10月21日；蔡元隆、張淑媚，2022；蔡元隆、黃雅芳，2020；蔡錦堂，2019；鄭玉卿，2011；闞正宗，2015）。

如李新元（2021）、楊蓮福（2016）等學者的研究顯示，透過老照片的分析，可以觀察學校建築、學生制服、課堂環境的變遷，進而了解學校文化的塑造過程。蔡元隆與張淑媚（2021年10月21日，2022）的研究亦指出：校徽、校旗與校歌等視覺符號的使用，如何在學生的日常教育生活中發揮隱性影響，成為教育意識形態傳遞的潛在課程。視覺史料的使用能夠補充文本史料的不足，並提供更具象化的歷史場景，使教育史的研究更加立體與敘事性。

三、結合口述歷史與多元史料，深化臺灣教育史研究

臺灣教育史的研究應打破傳統僅仰賴官方文件的模式，進一步整合口述歷史、多元史料與史料分析，使研究更具全面性與跨學科視角。具體而言：

（一）口述歷史能夠補充官方紀錄的不足，提供更多基層教育者、學生與家長的視角，反映不同階層的教育經驗與記憶。

圖3▎北港小學校屏東糖廠修學旅行
資料來源：北港文化工作室提供

圖4▎宜蘭女子公學校卒業寫真帖
資料來源：作者自行收藏

（二）多元史料的交叉分析，如學校紀錄、報章雜誌、個人手稿、視覺史料等，能夠拼湊出更具整體性的教育發展圖像，避免單一史料來源的偏誤。

（三）透過視覺史料的運用，使教育史研究更具象化與文化意涵，例如分析校徽、校歌、老照片等如何形塑學校認同與教育文化。

（四）透過這些方法，臺灣教育史的研究不僅能夠深化學術探討，亦能在理論與方法上開創更廣闊的研究空間，使臺灣教育史研究邁向新的層次。

參、研究的新方向：跨領域的臺灣教育史研究

綜合前述論述，臺灣教育史的研究應積極反思，如何從傳統的歷史敘事，進一步發展為多元理論的介入，以回應更為複雜的教育現象與社會結構。傳統的教育史研究往往聚焦於教育政策與制度變遷，而較少涉及教育實踐的動態發展、教育與社會文化的互動、地方教育的發展歷程，或不同社會群體在教育歷程中的角色。然而，近年來全球的歷史學與教育學研究趨勢，已逐漸從單一的國家政策視角，轉向多元的社會學與文化視角，並試圖透過跨領域整合，更深入地理解教育與社會發展的關係。因此，本書主張，未來的臺灣教育史研究應朝向理論深化、方法創新、視角拓展的方向發展，並在跨學科的框架下，建構更完整的教育史敘事。

具體而言，本書將以九個面向（詳見目錄說明）的專章議題進行書寫，所撰寫的精神主張為以下幾點，期望能夠為臺灣教育史的未來研究提供新的發展方向：

一、教育史的跨學科視角：從制度、思想到文化變遷

　　教育史作為教育學與歷史學的交叉學科，應透過多重研究方法與理論視角來解釋教育制度、思想與文化變遷的歷史脈絡。教育史不僅僅是一門歷史學的分支，更是一門橫跨教育學與歷史學的交叉學科。因此，研究者應該不僅關注制度與政策的變遷，更應進一步探討教育如何在歷史脈絡中與社會結構、政治體制、文化變遷相互交織。例如：透過比較教育學，探討臺灣教育體制如何受到清代、日本或中國的影響，進而形成今日的教育樣貌；運用批判教育學，檢視教育如何成為社會權力關係的延伸，例如在日治時期，公學校與尋常小學校的課程差異如何體現殖民教育的不平等。應用教育社會學，分析學校制度如何影響社會階級的再製，如戰後臺灣的升學主義如何影響不同階層家庭的教育選擇與社會流動機會。

　　未來的臺灣教育史研究，應建立在更廣泛的理論視角上，並透過跨學科的研究方法，更細緻地描繪教育如何隨著時代演進而變遷。

二、跨領域整合教育理論：深化教育變遷的研究框架

　　教育史研究應跨領域整合相關的教育理論，如教育社會學、批判教育學、課程社會學、教育心理學等，進行教育變遷的深度解構與分析。隨著教育理論的發展，學者們應運用多種理論框架來檢視教育史，這些理論的應用不僅有助於深化對教育變遷的理解，也能拓展教育史研究的層次與視野。

　　教育社會學：分析教育與社會結構的關聯，例如日治時期的學校如何再製社會階級差異，或者戰後臺灣的教育如何影響社會階層的流動。

　　課程社會學：研究不同時期的課程如何反映社會價值與政治意識形態，

如日治時期的「國語科」如何形塑臺灣學生的語言與身分認同。

批判教育學：探討教育作為壓迫與解放的場域，例如教師如何在日本殖民統治下，透過隱性課程或課堂內的語言轉換，來保留漢文化的教育內容。

教育心理學：透過學習理論，分析不同歷史時期的教學法與學習模式，例如日治時期的「直接教學法」對臺灣學生學習日語的影響。

教育符號學：探討學校內的符號（如校徽、校旗、校歌）如何影響學生的集體記憶與認同，並作為教育隱性課程的一部分。

未來的臺灣教育史研究，若能整合這些不同的教育理論，將有助於更全面地理解教育制度、課程與社會文化之間的關聯。

三、超越政策與制度：探討教育對社會與文化的影響

教育史研究不應僅止於政策與制度的變遷，而應進一步解析教育如何影響社會階層、文化認同、知識生產與社會流動。傳統的教育史研究，大多聚焦於政策的制定與學制的演變，然而，教育的影響不僅止於制度層面，更涉及社會階層的變動：教育如何促進或限制社會階層的流動？文化認同的形塑：學校教育如何影響學生的族群與國家認同？知識生產的權力關係：哪些知識被納入課程？哪些被排除？社會流動的機會：不同階級、性別、族群的學生如何透過教育改變命運？因此，教育史研究應轉向更為綜合的社會分析，透過跨學科的方法來解釋教育如何在不同歷史脈絡下，影響個人與社會的發展。

四、多元研究方法：口述歷史與史料交叉分析的應用

研究方法應從單一的文本分析，轉向口述歷史、多元史料與史料交叉分

析[1]，以提升研究的廣度與多元性。傳統教育史研究多仰賴政策文件與官方紀錄，但若要真正理解教育發展的歷程，則必須結合多元史料。透過以下方法的結合，教育史研究才能夠更加完整，並提供更細膩的歷史敘事。包括：

（一）口述歷史（oral history）：透過訪談不同時代的教師、學生、家長，補充官方紀錄的不足。

（二）視覺史料（visual archives）：運用學校照片、畢業紀念冊、教育海報，重建歷史時空。

（三）學生日記與私人手稿（personal writings）：分析學生在學習過程中的第一手經驗。

（四）報章雜誌與地方文獻（newspapers & local documents）：檢視教育政策的社會影響與輿論反應。

---

[1] 根據R. J. Shafer的觀點，內部考證（internal criticism）用於確定史料的意義與價值，並評估其可信性；而外部考證（external criticism）則用於判斷史料的真實性（趙干城、鮑世奮譯，1990）。在文獻分析的過程中，研究者若未能準確理解史料的言辭與語境，往往可能導致對其真實意涵的錯誤解讀。因此，內部與外部考證的運用，成為確保史料準確性的關鍵步驟。針對內部考證與外部考證的運用上，杜維運（2001）認為其主要的功能如下：內部考證主要針對史料內容的可靠性進行檢驗，透過分析文本的語意、結構與論述脈絡，來判斷其可信度。例如，研究者需要審視史料中語言的使用是否符合當時的語境、文本內容是否存在邏輯矛盾、作者是否可能受到特定政治或社會因素的影響而產生偏見。內部考證的目的在於確保史料所提供的資訊不僅準確，且能夠反映當時社會的真實樣貌。相較於內部考證，外部考證則聚焦於史料的來源、編撰過程及物理特徵的真實性。研究者需針對以下幾個關鍵問題進行分析：1.史料的作者與編撰者：史料由誰撰寫？作者是否具備權威性？是否可能受到特定政治或文化立場的影響？2.史料的文體、內容與風格：史料的文體與寫作風格是否符合當代的書寫規範？內容是否與該時代的其他歷史記錄一致？3.史料的時代與地點：該史料是何時、何地撰寫的？是否可能為後人仿造或竄改？4.史料的社會背景與時代特徵：史料所描述的社會情境、文化脈絡是否與該時期相符？5.史料的版本與印刷誤差：是否存在後世翻印、翻版錯誤，導致內容遭到篡改或失真？內部與外部考證是史料研究中相輔相成的兩種方法，內部考證確保文本內容的可靠性，外部考證則驗證史料的來源與真實性。唯有同時運用這兩種方法，研究者才能在歷史研究中確保史料的準確性，進而提供更嚴謹的歷史詮釋。

五、關注社會群體差異：地方教育、學校文化與族群發展

關注不同社會群體的教育經驗，特別是過去較少受到關注的地方教育發展、學校文化、社會階級與族群教育。臺灣教育史的研究，過去多集中在官方學校與菁英教育，未來應關注：

（一）地方教育發展：不同區域（如都會與鄉村）教育發展的差異。
（二）學校文化：學校如何透過課程、儀式、符號來建立學生的價值觀與認同。
（三）社會階級的教育機會：不同階層的學生如何進入教育體系？哪些群體被邊緣化？
（四）族群教育：原住民、客家人、閩南人等不同族群的教育發展經驗。

肆、研究的創新路徑：理論深化、方法革新與跨領域

隨著研究視角的拓展，臺灣教育史的研究將更趨多元，不僅能夠填補過往研究的缺漏，也能發掘更為豐富且層次分明的教育歷史圖像。教育史研究的進展不應僅停留於靜態的政策紀錄或制度演變的敘述，而應動態呈現不同時代、不同社會群體的教育經驗及其互動關係。此一研究取向的轉變，將使臺灣教育史的書寫更貼近歷史現場，進而提供對教育變遷更細緻且具體的分析，開展更加立體的歷史敘述。

展望未來，臺灣教育史的研究應跳脫傳統政策導向的框架，避免過度依賴官方視角，而是朝向理論深化、方法創新與視角拓展的方向發展。具體而言，在理論深化方面，研究者應廣泛借鑑教育社會學、課程社會學、批判教育學、比較教育學等相關理論，以探討教育政策背後的社會脈絡與權力關係，並分析

教育如何影響社會階層流動、文化認同建構以及知識生產與傳遞的機制。在方法創新方面，應積極運用口述歷史、文本分析、視覺史料與多元史料交叉比對等研究方法，以克服傳統單一史料分析的侷限，使研究成果更加全面且具備更強的實證基礎與說服力。而在視角拓展方面，則應從以國家政策與官方敘事為主的宏觀視角，轉向對個體經驗、地方教育發展、學校文化與學生學習歷程的關注，進一步突顯教育史研究對不同社群的影響，展現教育變遷的多樣性與複雜性。

　　此外，臺灣教育史研究若能透過跨領域的學術對話，例如結合社會學、人類學、文化研究、心理學等學科，將有助於進一步深化研究的廣度與深度，使教育史的探討不再侷限於教育領域內部的知識建構，而是能夠成為理解臺灣社會發展、政治變遷、文化重塑的關鍵途徑。這樣的跨領域整合，將使教育史研究超越單純的學術範疇，進而對當代社會產生更為深遠的影響。

　　整體而言，未來的臺灣教育史研究，除了應持續深化理論基礎與方法論探討之外，更應積極回應當代教育現象與社會變遷，使研究成果不僅有助於學術討論，也能夠提供當前教育改革、課程發展與政策制定歷史視角的借鏡。唯有如此，教育史的研究才能兼顧歷史深度與現實關懷，在學術與社會層面皆發揮更具影響力的作用。

參考文獻

江文瑜（1996）。口述史學。載於胡幼慧（主編），**質性研究：理論、方法及本土女性研究案例**（頁249-269）。巨流。

李新元（2021）。國民中學校園生活圖像記憶之變革——以田寮國中畢業紀念冊為例（1971~2014）。**史蹟勘考，復刊1**，173-188。

楊蓮福（2016）。**臺灣棒球私藏寫真照片（1906-1970）**。博揚。

胡清華（2013）。數位出版內涵及廣告行銷策略分析探討。**中華印刷科技年報，2013**，109-128。

彭煥勝（2009）。近60年來臺灣教育史學發展的回顧與省思。**教育科學研究期刊，54**(1)，1-21。

鈕文英（2021）。**質性研究方法與論文寫作（三版）**。雙葉書廊。

葉至誠、葉立誠（2011）。**研究方法與論文寫作**。商鼎數位。

蔡元隆、張淑媚（2021年10月21日）。百年校史專刊中的日治校史、照片呈現之評析與建議：以嘉義地區的國小為例〔口頭發表〕。2021年社會變遷下的教育創新與實踐學術研討會，嘉義縣，臺灣。

蔡元隆、張淑媚（2022）。日治時期嘉義中學校與嘉義農林學校的校歌、校徽與校旗之符號意象探究與比較。**樹德科技大學學報，24**(2)，63-79。

蔡元隆、黃雅芳（2020）。**讀冊真趣味——從懷舊老物件看日治時期臺灣教育**。秀威。

蔡錦堂（2019）。嘉義農林學生的修學旅行——以1937年滿洲、朝鮮、日本內地的旅行論述為中心——。**師大臺灣史學報，12**，37-66。

鄭玉卿（2011）。畢業同學錄校長贈言之歷史意義探析（1945~2010）——以臺北市立教育大學為例。**教育學刊，36**，175-213。

闞正宗（2015）。**日治時期臺灣寫真照片集1895-1915（臺灣教育會版）**。博揚。

趙干城、鮑世奮（譯）（1990）。**史學方法論**（Shafer, R. J.著）。五南。

杜維運（2001）。**史學方法論**。三民。

輯一｜臺籍教師的教育實踐

第一章　日治時期公學校臺籍教師的「教育信念」在課程與教學上的實踐之探究：以劉煥文為例

> 教育是讓孩子成為快樂自信的人，
> 教育的手段和方法也應該是快樂的。
> 就像一根吸管，這頭吸進去如果是苦澀的汁水，
> 另一端流出來的絕不會是甘甜的蜜汁。
>
> ——英國教育哲學家 Herbert Spencer（A.D. 1820-1903）

壹、春風化雨臨西螺——日治時期西螺地區的教育推手漢文（煥文）先生

　　民國107年（2018），筆者受蔡獻其教育基金會之委託，執行「日治時期雲林西螺地區學校文物調查計畫」，展開對於西螺地區近代教育發展的研究。在細雨紛飛的天氣裡，筆者漫步於雲林縣西螺鎮的延平老街，除了欣賞沿街矗立的古色古香建築，當步行至街尾時，赫然發現一座具有百年歷史的校園——文昌國民小學（日治時期稱西螺公學校），此校矗立於此，見證了西螺地區百年來的教育變遷與社會發展。當筆者在當地進行教育相關的訪查時，頻頻聽聞長輩們談論著「漢文老師」、「煥文老師」的故事。筆者百思不得其解之際，一位高齡老先生——林明生，這位在地經營水果店超過一甲子的西螺耆老，熱情地向筆者分享，漢文老師（即劉煥文先生）不僅是他公學校時期的恩師，更是當地教育界的傳奇人物。在西螺地區，劉煥文可謂「桃李滿天下，德澤遍西螺」，他的教育精神與奉獻精神深受後人敬仰，傳為佳話。

　　「教育信念」（educational belief）是支持教師繼續從事教育「志業」的

核心理念，包含積極性、認知性與主動性（王淑俐，1993；胡金枝，1988）。教育信念不僅影響教師對教育目的、課程、教學方法、學生特質與師生關係的理解，也直接關聯到教師對自身角色與責任的詮釋（黃敏，1994）。因此，身為教育者，教師的信念與價值觀將深刻地影響學生的學習經驗與成長發展（許孟琪、蔡明昌，2009）。

然而，日治時期的劉煥文，身為臺籍公學校教師，在異族統治下，他真的甘願成為日本殖民教育體制下的「政策執行者」嗎？在殖民地教育體制下，教師往往被視為「國家機器」的運作者（state apparatus），並被迫成為意識形態的傳遞者（蔡元隆，2008）。日本統治階級透過各種國家社會機構來建構霸權，使教師成為「知識傳遞者」與「精神國防的尖兵」（黃嘉雄，1996），並要求其高度服從殖民政策，以確保統治階層的穩定（Dahrendorf, 1969）。教師甚至被比擬為軍人的象徵，必須在品德、思想、操守等方面展現「忠誠與紀律」（翁福元，1996），並肩負起推動殖民統治正當化的責任（許誌庭，2002）。

日治時期，臺籍教師與日籍教師的地位仍存在明顯的歧視與差別待遇，例如日籍教師的薪資加給比臺籍教師多六成（周婉窈，1997）。在此背景下，許多臺籍教師逐漸意識到自身的被殖民處境，並透過隱性抗議（hidden protest）的方式，來抵抗日本的殖民統治。他們白天在學校用日語進行教學，夜晚則在私塾或書房教授漢文與臺灣傳統文化，展現出「明修棧道，暗渡陳倉」的策略（島嶼柿子文化館，2004；柿子文化，2016）。根據張淑媚等人（2014）、蔡元隆、黃雅芳（2020）研究，這種行為已被學術界認定為「隱性抗議」的典範。在學術研究中，「隱性抗議」的動力來源主要有三點：一、殖民歧視與差別待遇：臺籍教師在制度上受到不公平對待，促使他們產生民族意識。二、漢民族文化認同：教師仍然保有對傳統文化的情感，不願完全接受日本皇民化教育。三、教育愛（educational love）：臺籍教師認為，教育不應該只是殖民統治的工具，而應該是一種提升民族文化與學生素質的方式（蔡元隆、朱啟華，2010）。

在日治時期，教師往往被賦予「忠誠執行殖民政策」的角色，然而，劉煥

文選擇用另一種方式實踐他的教育信念。他堅信「教育應當回歸學生本位」，而非只是為了符合殖民政府的政策需求。因此，他不僅在學校教授公學校課程，更在課後私下補習，教授學生漢文、四書五經，甚至教授臺語讀本，強化臺灣學童的母語能力。他的教學方式，不只是單純的知識傳授，而是一種文化傳承與身分認同的培養。這樣的教學策略，與後殖民教育（postcolonial education）的核心思想不謀而合——即透過教育來解構殖民話語，培養學生的文化認同與批判思考能力。

　　日治時期的教育政策雖然以同化政策為主軸，試圖透過語言教育來建立日本帝國的「忠誠國民」，然而，許多臺籍教師選擇在教學中巧妙地進行知識轉化，讓學生除了接受正式的學校教育外，也能接觸到漢文與臺灣傳統文化，這種隱性的抵抗方式，不僅展現了臺籍教師的文化意識，也凸顯出「教育愛」如何成為一種抵抗殖民意識形態的動力。劉煥文的教育信念與實踐，正是這場教育抗爭中的一頁鮮活篇章，值得後人深入研究與傳承。透過本文，筆者希望能夠進一步還原這位日治時期的教育推手——劉煥文先生，如何在逆境中堅持他的教育理念，並透過教育讓西螺的學子能夠擁有更多的文化自信與學習機會。故本文以日治時期西螺地區的臺籍教師劉煥文為案例，透過口述歷史（oral history）的方式，訪談四位曾受教於劉煥文的學生，並輔以相關史料，以探討其教育信念——「教育愛」在課程與教學上的實踐與轉化。本文關注以下兩個核心問題：一、劉煥文的生平與教育信念「教育愛」的實踐表現為何？二、他如何在課程（對教材的察覺與質疑）與教學（教學技巧的應用與轉化）上展現其教育信念？

貳、劉煥文的生平概述與教育信念

一、劉煥文的生平概述

劉煥文（1881-1945），字育英，乳名文章，出生於清光緒7年（1881）8月12日，家族世代居住於臺灣府雲林縣西螺的村落（蘇志鴻纂修，2000）。清光緒21年（1895），臺灣因甲午戰爭割讓予日本，自此開啟長達五十年的日本殖民統治，這場歷史變局深深衝擊了當時的臺灣社會。當時14歲的劉煥文，親眼見證同輩孩童高舉著太陽旗、唱著《桃太郎さん》，在殖民教育的規訓下搖頭晃腦地上學，這一幕對他的心理產生了極大的震盪，讓他對於教育的重要性有了深刻的認知。隨著日治時期的教育政策逐步推行，明治32年（1899），年僅18歲的劉煥文考入臺中師範學校就讀，成為臺灣第一代接受新式師範教育的臺籍學生之一。他於明治35年（1902）3月19日自臺中師範學校畢業，成為該校創校以來的第一批畢業生（侯禎塘，2019）。畢業後，他立即投入教育界，於明治35年（1902）4月奉派任教於斗六廳他里霧公學校（今雲林縣斗南國小），開啟其長達35年的教育生涯。

劉煥文執教兩年後，因個人因素申請調回家鄉，轉任西螺公學校（今雲林縣文昌國小）（圖5）。這一待，就是整整33年，直到昭和11年（1936）4月，於西螺公學校光榮退休，一生奉獻於教育界共計35年（雲林縣西螺鎮文昌國民小學，2000；蘇志鴻纂修，2000）。在其教學生涯中，劉煥文表現卓越，獲得諸多表彰，尤以昭和2年（1927）於臺灣總督府教育會大典前接受州知事表揚最為殊榮。之後，他的教育表現一路獲得肯定，最終官拜從七位、勳八等（蘇志鴻纂修，2000）。昭和9年（1934），他更獲邀赴日本東京參加帝國教育會的表彰，並接受日本天皇召見。此項殊榮全臺僅有六名教師獲選[1]，可見他在

---

[1] 另外五位分別為：三好照藏、瀨上寅雄、廖重光、林振聲、廖學昆（臺灣日日新報，1933年12月5日；蘇志鴻纂修，2000）。

殖民教育體系下的卓越表現。值得一提的是，在昭和1年（1926），當時的日籍校長高橋茂雄因公務繁忙，突然病倒無法視事，學校短期內無人主持校務（臺南州，1927；蔡元隆、黃雅芳，2020）。在此關鍵時刻，劉煥文臨危受命，擔任代理校長，領導學校直至新任校長到職，顯示其在學校體制內的影響力與教育領導能力（圖6）。

昭和11年（1936），劉煥文退休之際，西螺地區無人不知、無人不曉他的名字[2]。當地學生與社會人士為表達對恩師的感謝與敬意，決定集資813日圓作為紀念品，贈予這位桃李滿天下的教育家。起初，劉煥文堅決推辭，因他向來奉公守法，從不假公濟私。但在學生與社會人士的再三請求下，他才勉為其難收下。然而，他隨即將這筆資金轉存於西螺信用組合（類似今日之農會），以設立獎助學金，資助當地貧困學生，展現其教育愛的精神（蘇志鴻纂修，2000）。

圖5 劉煥文著文官服照
資料來源：作者自行收藏

圖6 西螺公學校卒業證書，劉煥文擔任代理校長
資料來源：作者自行收藏

---

[2] 漢文先生的由來主要是因劉煥文課堂上常常講授中國的文化、藝術、歷史給學生聽（蘇志鴻纂修，2000）。筆者認為另有其他原因，例如：「煥文」與「漢文」在語音上非常相似，快速朗讀後兩者的讀音就易被以為是同音。再者，劉煥文在公學校內以教授「漢文」為專長，所以家長及一般人都稱他「漢文先生」。

昭和16年（1941），他安排次子赴上海南洋醫科大學就讀，四子則前往上海暨南大學附屬中學。昭和17年（1942），老當益壯的劉煥文則赴香港港灣局工作。隔年9月，第二次世界大戰烽火連天，他不顧戰爭的危險，毅然決然帶著全家六人遠赴北京，與大兒子團圓。惟高齡65歲的他水土不服，加上長期勞累，終致病倒，最終於昭和20年（1945）6月26日病逝於北京虎坊橋「福建義地」，結束了他的一生（蘇志鴻纂修，2000）。

二、教育信念之於「教育愛」

　　教師的教育信念是一種長期的、隱藏的和對社會化壓力預期的無形產物；教師教育信念是面對一群人密集互動的共同結果，或是學校體系的結構特徵與教師抱負交互作用的結果；甚至有提出更單純的觀點認為教師的教育信念是一種累積的教學經驗（林清財，1990）。信念的本質除了具有認知意義外，尚有情感的意義（Reighart, 1985）。而「教育愛」的信念，一直是劉煥文實踐他教育理想的核心。他除非不得已才會動手處罰學生（如屢勸不聽話或故意嚴重搗蛋等），主要以打手心或屁股為手段，這時候，他一定嚴格要求學生站直身體，兩腳不可分開，以免傷及學生的重要部位（蘇志鴻纂修，2000），蔡元隆、侯相如（2009）研究指出，臺籍教師在體罰方面比較偏重生活常規，且在體罰的處理上較不會宣揚皇民思想，政治意味大大降低許多。而劉煥文的想法似乎也符合上述的論述。被劉煥文教導過的廖聯圳回憶指出：

> 一年級的恩師劉煥文先生，他是日據時西螺最早的「訓導」。敦厚敦實、循循善誘，從不屬聲叱責學生；打屁股時高高舉上，輕輕放。（雲林縣西螺鎮文昌國民小學，2000，頁40）

　　另一位劉煥文的學生高木枝也回憶指出：

> 我是農家子弟，因為要幫忙種田，所以體力很好，也很調皮搗蛋，常常被日籍老師修理，但是漢文老師對我總是很有耐心的開導我，除非是在學校裡闖什麼大禍，他才會「真的」狠狠揍我一頓。（訪談自高木枝，1070611）

再者，歐鐵爐接著說：

> 以前愛玩、愛搗蛋，外號叫「鐵頭」，在學校習慣講臺語，常常被日籍老師聽到而被狠狠揍一頓，煥文師仔就會眼神充滿愛的跳出來解圍，然後揍一下我屁股，並質問我為什「故意」不講日語。（訪談歐鐵爐，1080514）

歐鐵爐的同班同學—林明生則回應歐鐵爐的話，說：「他對我們很有愛，我常跟鐵頭一搭一唱，在班上胡鬧搗蛋，但遇到漢文師仔我就乖乖的」（訪談林明生，1080514）。又林順昌也不好意思的回憶指出：

> 我以前功課不太好，又愛調皮搗蛋，常被日籍老師打耳光跟罰站，漢文老師看到時就會過來解圍，並打圓場，很嚴肅的說：他來接手處理。轉個身，他就會「很有愛的眼神」看著我，問我做錯什壞事？並用「愛的眼神」教導我正確的想法，導正我錯誤的行為。（訪談自林順昌，1080111）

由上述五位學生各自的回憶可間接知悉，在劉煥文的教育愛信念中，他與學生間的互動關係，就如同M. Buber所提出的「我－汝（I-Thou）」關係。賈馥茗（1997）指出，教育愛的具體實踐方式，即是教師以和悅的言詞表達對學生的關懷、尊重與同理心，讓學生能夠感受到教師的真誠，並在這種互信的關係下，促進師生間深厚的情感交流。劉煥文正是這樣的典範，他並非以嚴厲的

懲罰來威嚇學生，而是透過愛的教育方式，潛移默化地引導學生建立正確的價值觀（圖7）。

此外，劉煥文也深刻體認到自身作為教師的角色與責任，在執行體罰時，他並非單純地透過暴力威懾學生，而是希望學生能夠體悟「生理上的痛楚」來認識自身的錯誤，並進一步思考行為修正的必要性。他的處罰方式通常是打手心或屁股，但過程中，他嚴格要求學生站直身體、雙腳不可分開，以免傷及學生的身體重要部位（蘇志鴻纂修，2000）。他對於體罰的態度，也與許多日籍教師不同，不強調順從皇民教育的思想，而是更側重於品格的培養與行為規範的建立。這極有可能與他對殖民體制的深刻認識有關，作為一位臺籍教師，他對於自身的被殖民處境有高度的警覺，因此在潛意識中發展出一種特殊的教育愛，以此來疼惜與保護臺灣囝仔，避免他們淪為皇民化政策的犧牲品。根據周

圖7▎西螺公學校卒業式合影留念（劉煥文為第一排右起第9位）
資料來源：作者自行收藏

愚文、方永泉（2014）的研究，思想的產生會與思想者的文化背景、社會經歷及教育環境密不可分。當一個人察覺到事物之間的特殊關聯性，便會在內心建立起一種信念（Bem, 1970）。這種信念不僅影響其個人價值觀，也會透過認知、情意與行為的交互作用，發展為一套完整的信念系統（Pajares, 1992）。劉煥文的「教育愛」正是在這樣的歷史環境下應運而生，並透過教育場域中的「教學轉化」，形成一套獨特的教育哲學。

值得注意的是，劉煥文的「教育愛」不僅僅是一種單純的關懷與愛護，它的核心同時蘊含了一種「武裝愛」（armed love）的抗拒性。這種抗拒性使他在教育的場域內，能夠以一種極具策略性的方式進行文化抗爭。他表面上遵循日本政府的教育政策，使用官方指定的課程教材，然而在實際的課堂互動中，他卻藉由語言、課程選擇、教育理念的詮釋，巧妙地在殖民教育的夾縫中，保護臺灣學生的文化認同。蔡元隆等人（2013）指出，在殖民體制下的臺籍教師，為了生存，往往必須使用「虛偽化的語言」遊走於剃刀邊緣，表面上遵守官方規範，實則暗中進行「隱性抗議」。Freire（1998）則進一步強調：「教師沒有愛是無法教育學生的，但僅有愛是不夠的，還需要一種武裝的愛。」在困頓的社會條件與政治壓迫下，教師若沒有這種武裝愛，將無法在專斷的體制內存活，更無法繼續為學生奉獻教育心力。換言之，劉煥文的「教育愛」，並非只是單純的情感流露，而是一種帶有戰略性質的教育實踐。他希望透過教育影響臺灣囝仔，讓他們意識到自身的被殖民處境，進而啟發更深層次的民族意識。他所推動的「隱性抗議」，不只是為了學生的學習權利，更是為了幫助這些學子透過知識的力量，進行社會流動，進而翻身。

由於劉煥文深受學生與家長的愛戴，他在學校內部經常被委以重任，尤其是負責低年級學生的教育。他不僅擔任「教學」的重要角色，更因其高度的責任感與影響力，被學校指派為招生的主要負責人。在日治初期，由於公學校的教育制度尚未受到臺灣社會的廣泛認可，再加上清朝時期的傳統家庭對於西式教育的理解有限，許多家長並不願意送子女進入學校就讀。當時的公學校教

師，為了提升學生的入學率，往往需要親自下鄉拜訪家長，進行動員與宣導。在這個過程中，劉煥文成為了西螺公學校的「招生王牌」。他不僅具有出色的溝通能力，更因為在當地深厚的人際網絡與個人聲望，成功說服許多家長讓子女接受公學校教育。甚至，許多家長在送孩子進入學校前，會特地詢問：「是『漢文老師』要教的嗎？如果是的話，我才願意讓孩子去讀書！」這種信任感，不僅顯示出劉煥文的個人魅力，也反映出他在西螺地區的教育影響力。林順昌回憶著說：「我當初能到公學校唸書，就是爸爸衝著漢文老師的面子讓我去唸的」（訪談自林順昌，1080111）。高木枝接著說：

> 先生（老師）告訴我們，我們是中國人（漢民族），雖然被日本統治，但是讀書是唯一可以改變未來的機會，要我們好好讀書，很鼓勵我們繼續讀書。所以老師也很努力教導我們，我也很努力讀書，他退休的隔年我就考上高等科，我爸媽非常高興，很感謝漢文師仔。（訪談自高木枝，1070910）

林明生也說：

> 我很敬重漢文師仔，因為我不愛唸書，阿爸覺得唸書浪費時間，不如去種田，但漢文師仔並沒放棄我，漢文師仔叫我阿爸讓我去試試，並督促我至少要把算數學好，因為以後算錢（薪水）才不會吃大虧。（訪談林明生，1080514）

歐鐵爐則說：

> 我們家是賣水果的，漢文師仔常來光顧水果，我阿爸都不算他錢，但是他堅持都要付錢，並告訴我阿爸，如果不收錢，他就不好好教我唸書，

我阿爸就會偷偷少算他幾錢，或是偷塞幾顆龍眼給他。（訪談歐鐵爐，1080514）

由此可見，劉煥文在家長與學生間的好人緣，而這也推展了劉煥文用深厚的人際關係合法掩護「武裝愛」的作為，讓其在對抗日本霸權下，可以合理的運用教學專業來營造師生之良好互動，也回應了他「武裝愛」理念的真諦，因為教育信念的範疇不光是指教師在課程與教學上的表現，更包含著教師、家長與學生間三者的互動關係，甚至是親師活動等（林子雯，2007；Kagan, 1992）。劉煥文在這樣「教育愛」的信念下，也開始將此信念延伸至課程與教學上的實踐與轉化。

參、劉煥文在課程與教學上的實踐與轉化

劉煥文的漢民族意識立場堅定，他常在課堂上向學生講授中國的文化、藝術與歷史，展現對於中華文化的欽慕與嚮往（蘇志鴻纂修，2000）。即便身處於日本殖民統治下，他仍秉持著對於中國文化的深厚情感，這份民族意識不僅影響了他的教育理念，更滲透於其教學實踐當中。即使在昭和17年（1942）退休後，他依然未曾放棄對祖國的憧憬，甚至選擇前往華北香港港灣局工作，以期能更貼近中國本土，親身體驗祖國的現況。關於這點，劉煥文的長媳莊葡萄曾如此回憶：

雖然劉煥文在日治時期擔任教育者的工作長達三十多年，然而其對中國民族思想的情懷與文化熱情，頗為深厚，因此講日語的行為對其而言，只不過是外族統治下，所必備謀生的工具之一。（蘇志鴻纂修，2000，頁12之30）

劉煥文的民族思想並非現今所謂的大中國意識，而是植根於傳統儒家學說與漢民族文化的歷史情懷。他認為臺灣人的血緣與文化與中國本是一體，臺灣只是因為清朝戰敗而被割讓給日本，其根本仍屬於漢民族。他的長孫劉承淑進一步補充：

> 祖父雖是臺灣極少數的教育功勞者（日治時期），不僅受過勳而且特蒙天皇召見於東京皇宮，可是民族思想之重是任何引誘都無法改變他的。
> （蘇志鴻纂修，2000，頁12之33）

　　透過劉煥文之長孫劉承淑的回憶，更間接證實其祖父劉煥文「漢人魂」之強韌性度與草根性。也由於這樣的民族意識激催化下，劉煥文在教師生涯中除了秉持教育愛的信念外，更有透過「隱性抗議」的模式進行臺日教師間教學成效的較勁，讓其他臺籍教師透過認真努力地教書，並鼓勵臺籍學童在體制內與日本人競爭，以此來轉化其身為殖民者工具的矛盾情結（葉律均，2013；張淑媚等人，2013）。可見劉煥文在民族意識與教育愛的交互影響下，透過課程教材的質疑、教學技巧的轉化與潛在的「隱性抗議」，讓臺灣囡仔能夠在被殖民的環境下，仍然保有對自身文化的認同與自覺。

一、面對課程教材的察覺與質疑

　　日本殖民政府雖然帶來了現代化的教育體系，但其教育目標並非單純提升臺灣人民的知識水平，而是作為統治工具，藉此灌輸皇民思想，使臺灣人成為忠誠的「日本臣民」（姜添輝，2002）。德國批判教育學者W. Klafki 提出，透過省思政治意識形態的課程，可以讓學生理解社會中的權力運作，進而對抗知識壟斷，爭取思想解放（朱啟華，2013）。這樣的觀點，也正好契合劉煥文的教育理念。高木枝帶著感激的心回憶著說：

> 我二年級時被「漢文老師」教過國語（日語），因為那時候日本話不太會講，所以上課時老師怕我們太小聽不懂，都是日語與臺語夾雜著講課。不只是單純的講課，還會教我們反省整篇課文背後的意義，受益非常良多。（訪談高木枝，1070910）

因課程與教科書反映了國家霸權的支配狀態，他們的內容不僅僅是一種知識體系，更代表政治社群中所共同具有的一套信仰與規範，是政治意識形態的灌輸（譚光鼎，2000）。劉煥文的教學策略，顯示出他對於官方教材的深刻察覺與質疑。課本內容雖然表面上只是語言教育，但其背後卻潛藏著文化同化的意圖。因此，他刻意以雙語授課的方式，讓學生保有對母語的使用習慣，並進一步引導他們對課本知識進行批判思考，十足實踐了「隱性抗議」的能動性（agency）。緊接著，歐鐵爐激動地述說：

> 我對教到「國語家庭」的課本內容印象非常深刻，因為昭和12年開始實施。雖然漢文師仔已經退休，但他都會回來學校找老師或學生們聊天，講到「國語家庭」漢文師仔直接劈頭就罵，臺灣人好好的，為什麼要變「國語家庭」？就是要洗腦臺灣人，你們要知道。（訪談歐鐵爐，1080514）

昭和6-9年（1931-1934）間尚未全面實施皇民化政策，而劉煥文身為公學校教師被要求以身作則「改日本姓名」跟「申請國語家庭」，惟劉煥文不為所動，拒改日本姓名，但由於身處地位的尷尬，被迫消極的成為了「國語常用家庭」的一員，而那塊銅牌從申請、取得直到他離世，一直塵封在他書桌抽屜內，未曾掛在門前過，因為他曾向子女說：「無此必要，臺灣人講臺語是理所當然」（蘇志鴻纂修，2000，頁12之30）。這些例證都顯示，劉煥文除了質疑「國語家庭」正當性外，他對於日本殖民政策的抗拒，並非直接的對抗，而是

一種內在的文化抵抗。他透過課堂上的言論與私下的行動，不斷提醒學生與家人保持文化自覺，不要輕易被同化。再者，林明生說：

> 漢文師仔常常透過教授漢文的課程，延伸出很多做人的大道理。除此之外，更警惕我們要有覺察力，要明辨是非，因為課本的內容，不一定都是真的，要多唸點書多思考。（訪談林明生，1080514）

又林順昌也意有所指的回憶說：

> 漢文師仔說臺灣囝仔要知道臺灣事（中國傳統漢儒文化），學漢文是最佳途徑，他常常叫我晚上有空就去他們家學漢文，說可以增長學問跟學習做人道理，還有可以知道自己的「角色」（國家認同），所以千萬不可以忘本。（訪談林順昌，1080211）

從上述四位的回憶中，可以知悉劉煥文在課堂上針對課本或教材中的文本內容進行評論的行為，似乎是師生間都有覺察能力與反省能力的進一步實踐。Freire（1970）強調教師要有課程意識（curricular consciousness）覺醒，並與教學行動結合，進而產生「對話關係」。師生之間仍圍繞著「教育愛」的信念，劉煥文怕學生們被教材上的知識霸權所宰制，所以希冀透過對話進行澄清。因為教室內「合法知識」的代理人是教師（洪振華，2012），所以教師在課堂上的教學自主性在「教育愛」的武裝下，可以翻轉與挑戰霸權，進而解放知識。亦即對課程的反省與教學的轉化是雙向進行的，否則有教學行動力而缺乏課程意識覺醒，將使其淪為盲目的教學行動（周梅雀，2006）。

公學校修身課程一直是日本殖民臺灣灌輸思想的重要課程，修身在公學校初等科中是要教導人道的要義，漸進地教導人倫道理的要旨，是對國家社會之責任義務，重視國法崇尚公德，務必助長盡力於公益的風氣（臺灣教育會，

1939）。該課程類似民國57年（1968）教育部為了加強兒童生活教育，新增國民小學「生活與倫理」、國民中學「公民與道德」的課程。蔡錦堂（2009）指出，修身科在某些意識形態上有著愛國思想，例如修身科中教導的四大綱領：國民精神涵養、從順、誠實、勤勞。再者，昭和3年（1928）至昭和16年（1941）所使用的第二期修身教科書中卷四第24課課名，以及卷六最後4課（22至25課）課名均為「教育勅語」，而教育勅語則意涵著「忠君愛國、忠孝一致」的終極愛國理念。

　　公學校修身課程大體而言，都為日籍教師所教授，臺籍教師除非是很資深的教師才有機會分配到教學。因為該科目強調極高的國民精神涵養與國家意識，當時臺灣人被視為次等國民，所以公學校中能教授修身科的臺籍教師極為少數。劉煥文雖然沒有教授該科目，惟有趣的是四位訪談者都曾與劉煥文討論過修身科的相關內容。高木枝提到：

> 小時候根本不知道忠什們君、愛什麼國，也根本不知道臺灣以前是清朝領土，只知道現在是昭和天皇，但漢文師仔就會告訴我們，我們不是日本人，是臺灣人（漢民族），不可忘本。（訪談高木枝，1070910）

歐鐵爐說：「師仔說可以學修身的精神：孝順、廉潔、正直、德行、知恥等，但是愛國則另當別論」（訪談歐鐵爐，1080514）。

再者，林明生回憶著說：

> 沒被漢文師仔教過修身，但師仔說：修身科上講的愛國已經超越對父母的愛，國家叫你犧牲，你也要挺身而出。這非常嚴重，身體髮膚，受之父母，父母親都無法盡孝照顧了，談什麼忠君愛國，根本荒唐。（訪談歐鐵爐，1080514）

林明生亦說：

漢文師仔常跟我們說：父母親生我們、養我們，去趟參拜神社後就可以忠君愛國，為國犧牲，那你書都白讀了，好好想想，國家重要還是父母重要，當時我認真想了一下，挺有道理的。（訪談林明生，1080514）

林順昌也說：

漢文師仔雖然沒有教我們修身，但是當我產生困惑時，我都會去問他，就像是他常常叫我晚上有空就去他們家學漢文一樣，讓我反思我是臺灣人還是日本人。（訪談林明生，1080514）

教科書的文本知識不只是純粹的學術或教育內容，其本質帶有強烈的政治性，不僅反映當權者的統治需求，更蘊含意識形態的塑造與傳播（Apple, 1990）。在任何時代，課程與教科書都是由社會權力結構主導，最終成為塑造集體價值觀的重要工具。而在殖民統治下，教育更是支配階級進行文化霸權（cultural hegemony）的關鍵手段，日本政府透過公學校的課程，進一步推行語言同化政策與皇民化教育，試圖讓臺灣學生接受「大和民族」的價值觀，進而將自身納入日本國家體系。然而，劉煥文卻選擇挑戰這樣的意識形態，他的教學策略並非直接對抗，而是透過「武裝愛」的教育理念，以一種隱蔽但深具抗爭性的方式進行教學轉化。這種模式呼應了Freire（1970）的教育哲學，即教師不僅要傳授知識，更要幫助學生建立批判意識，質疑知識的來源與權力運作。劉煥文並未在課堂上直接批判日本統治，而是巧妙地透過語言、文化與教材的選擇，引導學生進行深層思考，培養他們對自身文化認同的覺察，從而對抗日本的殖民意識形態。Gibson & Dembo（1984）指出，教師的教學效能感（teacher efficacy）是影響學生學習成果的重要因素，具有強大教學信念的教

師，即便身處不利的體制環境，仍能夠發揮積極作用，帶領學生突破限制。而劉煥文正是一位能夠排除外在不利因素，在受制於殖民教育的框架內，依然能夠透過課程選擇、知識轉化、課堂互動等策略，讓學生擁有獨立思考與自我省思能力的教育者。

此外，王秋絨（1997）亦提到，若學生被視為被動的知識接受者，僅僅機械式地吸收教師灌輸的內容，而無法透過學習開展自身的生命經驗，則教育將淪為統治階級的馴化工具。換言之，教師的角色並不僅是傳授教科書的內容，而是引導學生反思知識的形成過程，理解其背後的意識形態與權力關係。當學生沒有機會停下來思考：「教科書的知識是如何產生的？是經由何種程序被選定為官方教材的？為何這些知識被認為是值得學習的？學習這些內容後，我們如何在社會文化脈絡中運用它們？」——這將使學生淪為知識的被動接受者，完全喪失對自身文化與歷史的主體意識。在日本殖民體制下，這些問題尤為關鍵。殖民政府透過精心編撰的課程內容，塑造臺灣學生的價值觀與認同，使其逐漸接受日本帝國的統治正當性。而劉煥文的「教育愛」或「武裝愛」則使他選擇透過教學實踐，讓學生開放式地面對課程教材的質疑與反省，進一步促進學生的知識啟迪與反身性（reflexivity）。反身性是一種個體在社會結構中不斷自我覺察與重新建構知識的過程，這種能力將幫助學生辨識知識中的權力運作，並在未來發展出更具批判性的思維能力。更進一步來看，這種隱性的教育抗爭，其影響並不僅限於課堂，而是潛移默化地影響學生的文化認同與歷史觀。透過教師的課程轉化與引導，臺灣囝仔得以在學習過程中，逐步形塑自己的歷史意識，並對於殖民政權的教育內容產生批判性的反思。這不僅是單純的課堂教學策略，更是一場深遠的教育文化抵抗運動。

總結而言，劉煥文的教學實踐正是透過課堂對話、教材詮釋、歷史講述等方式，讓學生得以發展批判意識，重新思考自身的文化與身分認同。他所傳遞的不僅僅是知識本身，更是一種對抗殖民霸權的教育哲學，其影響力將深遠地影響整個世代的學生，使他們擁有對抗文化同化的力量，進而保有屬於自己的

文化記憶與歷史認同。

二、教學技巧的運用與轉化

張明麗（2002）認為，教育信念是教師在教學過程中對教育所持的觀點，而這些信念不僅決定教師的教學行為與表現，更影響其對教育目標、課程內容、教學方法與學生學習方式的選擇。換言之，教師的教育信念形塑其教學行為，並影響學生的學習體驗與學習成效（王受榮，1992；孫志麟，2001；Gibson & Dembo, 1984）。Kagan（1992）指出，教育信念影響教師自我效能（teacher efficacy），亦即教師對於自己能否有效地影響學生學習結果的信心。因此，在「教育愛」的信念催化下，劉煥文展現出高度的教師自我效能，並在教學過程中運用靈活多變的教學技巧，不僅影響學生，甚至影響同儕教師。

劉煥文在學校中不僅是學生的老師，更是日籍教師的學習對象，特別是在漢文造詣與教學方法上，他的表現讓日籍教師們深感敬佩。這種跨文化的師資互動，顯示出劉煥文作為「知識傳遞者」的關鍵角色，不僅鞏固了臺籍教師的專業地位，也在學校內部建立起良好的師生關係。林順昌回憶著說：

> 因為當時日籍老師也要會一點漢文（臺語），所以日籍老師常會去跟漢文師仔請教，但他一點都不會驕傲，而是更謙虛的教導對方，並有問必答。（訪談自林順昌，1080111）

林明生也提到：「他曾經親口聽到一群日籍老師在討論並稱讚著漢文師仔高超的文學造詣，讓他們欽佩不已」（訪談林明生，1080514）。歐鐵爐也說：「連日籍的三好校長都非常敬重他的漢文能力，直呼太厲害」（訪談歐鐵爐，1080514）。高木枝更接著說：

> 漢文師仔上課時，常常出口成章，一口流利的漢文詩詞，聽的我們暈頭轉向，但是他是肚子裡有真材實料的師仔，他唸漢文時抑揚頓挫的語調，至今我都餘音繚繞。（訪談自高木枝，1070910）

從上述回憶可以看出，劉煥文不僅是學生眼中的良師，也是學校內備受推崇的知識典範。他的謙遜與專業不僅提升了臺籍教師在學校中的地位，也展現了「教育愛」所帶來的知識傳播與文化影響力。此外，這也顯示他擁有高度的教師自我效能，相信自己的教學能力能夠影響學生，並願意將知識傳遞給不同族群的教師。這樣的現象即是教師自我效能的象徵，教師自我效能是教師對自己是否具備有效教學能力的一種信念（黃正鵠、鄭英耀，1996）。這在殖民統治的教育體制下，是極為不易的成就。

再者，課堂上劉煥文面對學生的教學作為，同樣在教育愛的信念催化下，擁有超群的教師自我效能展現。教師的自我效能是以「教學」為特殊情境所形成的概念，且強調教師本身對完成某種教學行為的能力判斷（孫志麟，2003；Eron, 2008；Helenrose & Michelle, 2010）。劉煥文精彩的教學圖像烙印在學生們的記憶中，歷歷在目，林順昌回憶說：

> 漢文師仔最擅長用實物教學法，如果教加法，算數不太好的同學不懂，他就會帶到外面草地上，叫我們撿一堆小石頭，然後用小石頭，一個石頭再加一個石頭是幾個石頭的方式教導我們，來來回回不斷練習，讓每個同學都學會，我們都很開心，馬上就學會。（訪談林順昌，1080111）

林明生也說：

> 一年級時學日文單字，都不太會唸，但漢文師仔很會教，會叫我們用聯想法，例如：硬い，因為很硬，所以要用「腳踏」（臺語）。我學的很

快。（訪談林明生，1080514）

　　從林順昌學習數學與林明生學習國語（日語）的過程中，林順昌學習數學的「實物教學法」就是 J. H. Pestalozz所倡導的「直觀教學法」（intuition teaching），利用石頭作為感官傳遞物，通過一定的方式、方法向學生展示，達到提高學習的效率或效果的一種教學方式；而歐鐵爐學習國語（日語）的「聯想法」，則是運用創造力與聯想力透過語句將其連結起來的記憶法。就如同 A. Bandura所言，一個有高教師自我效能的教師，是透過個體與外體環境不斷互動與調整、適應的動態歷程（Bandura, 1997）。在過程中，教師會不斷將自我能力、成就經驗與外在環境產生交互作用，再做一次能力的評估，排除外在的因素影響，掌控學生學習與表現（蕭如伶，2021），因為教師可能改變其教學行為來適應教學環境（顏銘志，1996）。

　　緊接著，歐鐵爐說：

> 我會沒錯，一年級學日文單字我也背不太起來，他的聯想法讓我馬上學會了，師仔也很高興，讓我畢業後接阿爸水果攤做生意時可以跟日本人溝通。（訪談歐鐵爐，1080514）

　　最後，高木枝也回憶著說：「漢文師仔很會教，我三年級讓他教了，日語突飛猛進，後來還考上高等科，我爸媽非常高興，很感謝漢文師仔」（訪談自高木枝，1070910）。從四位受訪者的回憶來看，他們對劉煥文的教學技巧或策略十分讚賞。教師會因為教學環境與學生狀況而作不同的教學決定，惟教師如何決定，當然是由其如何思考所決定產生的，因此教師如何面對教學情境的思考與其決定後表現出來的行為必有某種關聯性（李錦雯，2010）。

三、小結

　　盱衡整個劉煥文的作為，我們可以確知劉煥文是一位具備高度教學技巧與策略的教育者，其教學方法不僅靈活應變，更能有效針對不同的對象（教師同儕與學生）進行差異化的應對與調整。他在日治時期的教育場域中，透過「教育愛」的實踐，展現了教師自我效能，並發展出獨特的教學策略與課程轉化方式。Eron（2008）指出，一位優秀的教師必須具備教師效能，相信自己能夠透過教學影響學生的學習成果，並能夠有效地組織與規劃課程，以達成預期的教學目標（Helenrose & Michelle, 2010）。教師效能的高低，直接關係到教師在面對課堂環境與學生學習需求時，能否做出適切的回應與調整。劉煥文正是一位高教師效能的典範，他不僅能夠在教學場域中展現卓越的專業能力，更能透過課程內容的調整與教學方法的轉化，使學生在當時的社會環境中獲得學習與成長的機會。

　　此外，當我們進一步檢視劉煥文在面對教師同儕與學生時的教學行為，可以發現他在教學上的雙重意涵：

（一）面對教師同儕時

　　他展現出高度的自信與學術優越感，成為日籍教師請益的對象。在漢文教育與文化素養上，他不僅是學生的師長，甚至連日籍教師也對他的知識深感敬佩。他並不因日籍教師的身份而有所保留，反而以開放與包容的態度教授漢文知識，展現出「知識傳遞者」與「文化承載者」的角色，進而鞏固了臺籍教師在公學校體制中的專業地位。這種行為模式，也符合當代教育學者所強調的教師應該成為「學習型社群」（professional learning community, PLC）的核心成員，透過專業對話與知識共享，提升教育場域內部的學術氛圍與教學品質。

（二）面對學生時

　　他則展現出截然不同的教學風格，強調以學生為本（student-centered learning），注重培養學生的自律學習能力，並鼓勵學生勇於追求知識，以翻轉自身的社會階層。在教育心理學的脈絡下，這種教學策略與L. Vygotsky所提出的「最近發展區」（zone of proximal development, ZPD）理論相吻合──教師透過適當的引導，提供學生學習上的鷹架（scaffolding），幫助學生逐步發展更高層次的認知能力與學習自主性。從訪談中可以發現，劉煥文的學生對他的教學方法充滿高度的認同，並認為其教學策略不僅能夠幫助他們在學習過程中獲得成就感，也能夠應用於日常生活與未來職涯發展。

　　Mansour（2009）提及，教師信念與教學實踐的關係並非單向的，而是一種動態互動的歷程。教師的信念雖然並非直接影響教學行為，但卻透過教學場域的脈絡與環境因素，間接影響教師的教學選擇。這也說明了，劉煥文之所以能夠在不同的教學對象之間靈活調整其教學策略，正是因為他深信「教育愛」能夠改變學生的命運，而這種信念成為他持續優化教學方法的重要驅動力。從Mansour的論述來看，劉煥文的教育愛信念在面對不同的教學對象時，展現出不同的層次與深度：一、對於教師同儕而言：他以知識傳遞與文化承載的方式，讓日籍教師認識到臺籍教師的專業價值，並在學校內部創造跨文化的知識交流，進而提升臺籍教師的學術地位與專業認同。二、對於學生而言：他則透過「教育愛」的實踐，以各種創新教學策略來提升學生的學習動機，並幫助學生在當時的殖民教育體制下，掌握生存競爭的能力，進而突破社會階層的限制，翻轉自身命運。

　　綜合而言，劉煥文的教學策略與方法，並非單純的知識傳遞，而是深植於他對教育的信仰與使命感。他以「教育愛」為核心，發展出多樣化的教學模式，使他在面對教師同儕時展現專業自信，在面對學生時則展現關懷與耐心，

透過「知識轉化」與「課程批判」，建立起一套符合自身信念的教育實踐模式。這樣的教學哲學，不僅影響了當時的學生，也深遠地形塑了臺籍教師在日治時期教育體系中的能動性，成為當時社會中極具影響力的知識份子群體。

肆、結論與啟示

「教育愛」無疑是作為教師最重要的信念基石，不僅是教師專業精神的展現，更反映了社會文化對於教師的教育責任、角色功能的尊崇與高道德期待（李雅莉，2020）。教育愛並非單純的情感表現，而是由情感之愛轉化為理性之愛，從「仁」的出發點延伸至教育現場，進而影響教師的專業行為與教學實踐（謝雅如，2009）。換言之，教育愛的內涵不僅包含了對學生的關懷與付出，更體現了教育的理想與過程：即透過知識的傳遞與價值的塑造，使學生從無知邁向有知，最終成為具備品格與價值觀的公民。這樣的歷程不僅是學生的成長軌跡，也讓教師在付出中獲得心靈的滿足與快樂，正所謂「春風化雨，樂在其中」，這正是教育最動人的魅力與可貴之處（賈馥茗，2003）。

劉煥文的一生，橫跨清領與日治兩個時代，在大歷史的洪流中，他的民族情感與文化認同始終深植於心。然而，隨著統治者的更迭，他的命運也被時代推著前行，使他不得不在日治時期的教育體制中奉獻一生（蘇志鴻纂修，2000）。然而，他並未因身處殖民體制而選擇順應，而是秉持「教育愛」的信念，在政治壓迫與文化矛盾中尋找自我調適之道。他以高度的教育覺察力與行動力，透過知識與價值的傳遞，潛移默化地影響臺灣囝仔的認同與未來發展。這份「愛」不僅是對教育的熱忱，更帶有一種抗拒的意涵，在日治時期的特殊情境下，這份愛成為他對抗殖民統治、維護臺灣文化的重要力量。

在課程層面，劉煥文透過對課程教材的批判與轉化，催生臺灣囝仔的課程意識覺醒，讓學生能夠在學習過程中思考課程內容的合理性，並進一步對官方課程進行反省與質疑。這種對課程的覺察與批判，促成了師生之間的對話關

係，讓學生不再只是知識的被動接受者，而能夠在教師的引導下，進行獨立思考與反思，形成批判性的學習能力。在教學層面，他則靈活運用各種教學技巧與策略，例如：透過實物教學法強化學生對數學的理解，或是運用聯想法幫助學生學習語言，讓學生能夠透過多感官體驗來深化學習成效。他的教學目的，並不僅止於傳授知識，更在於解放學生的智識自由，讓每位學生透過獨立思考來進行學習探究，並培養其邏輯思維與創造能力。由此可知，劉煥文的教育信念與教學實踐，無論是在課程的教材覺察、教學技巧的運用，或是教學方法的轉化上，都展現出極高的教師自我效能。他深信自己的教學能力能夠影響學生的學習成效，並透過師生互動來維持學習關係，相信只要給予學生適當的引導與機會，他們便能夠超越當時教育環境的限制，創造更好的學習成果（蔡介文，2020）。這種對教學的信念與信心，使他成為一位能夠影響學生生命、改變學生未來的教育工作者。

　　然而，當我們回望歷史，並將劉煥文的教育精神與現今的教育環境進行對照時，可以發現「時代變遷雖然改變了教師的職責，卻並未改變教師對教育的熱忱與使命感」。在今日民主自由普及的時代，教師不再需要肩負殖民體制下的文化抗爭與民族意識傳承的壓力，但他們所面臨的挑戰卻比以往更為多元與複雜。在當代教育體制中，教師不僅需要適應家長的高度期待，還需要因應3C世代的數位學習轉型、課程內容與時俱進的快速變化、全球化視野的建立，以及跨文化與跨領域的教育整合，更遑論近年來因疫情所帶來的遠距教學挑戰，這些因素無疑使當代教師承受前所未有的壓力與責任。過去的教師，背負著國家政治意識形態的包袱，並以「民族教育」作為教學的動力來源；而今日的教師，則面臨來自社會文化與教育現場的高度關注與績效壓力。少了外來政權的壓迫，但卻多了來自社會與家長的期待；少了「愛國教育」的政治包袱，但卻多了對教育品質與學生學習成果的即時監測與要求。在這樣的環境中，如何在高度壓力下維持源源不絕的教學動能？如何在教學現場實踐「教育愛」，讓學生從被動學習轉變為與教師平等對話的自主學習者？如何在資訊爆

炸的時代，透過有效的教學策略來因應不同世代的學習需求？這些問題，正是當代教師所面臨的重大挑戰。

　　面對這樣的教育環境轉變，當代教師應如何學習劉煥文的精神？答案或許就在於「回歸教育愛的初心」。無論教育環境如何變遷，真正的教育核心仍然在於「人」的培育與關懷。教師的影響力，來自於他對學生的用心與投入，來自於他是否願意付出愛與耐心，陪伴學生走過學習的每一步。劉煥文當年在殖民體制下，仍能秉持教育愛，將「知識」轉化為「力量」，讓學生突破環境的限制，翻轉自身的命運。這種精神，在今日的教育場域中，仍然值得我們學習與實踐。畢竟，無論是日治時期的教育困境，或是現今社會文化的教育挑戰，「教育愛」始終是教師最重要的信念與動力。

參考資料

一、中文文獻

王受榮（1992）。我國國民中小學教師自我效能感及其影響因素之研究（未出版之碩士論文）。國立臺灣師範大學。

王秋絨（1997）。成人教育的思想與實務：現代、後現代的論辯。心理出版社。

王恭志（2000）。教師教學信念與教學實務之探析。**教育研究資訊**，8（2），84-98。

王淑俐（1993）。「好」「導師」的教育信念。**師友月刊**，309，39-41。

朱啟華（2013）。臺灣國際教育的反思——以《中小學國際教育白皮書》為例。**嘉大教育研究學刊**，30，1-20。

江文瑜（1996）。口述史學。載於胡幼慧（主編），**質性研究：理論、方法及本土女性研究案例**（頁249-269）。巨流出版社。

吳文星（1983）。**日據時期臺灣師範教育之研究**。國立臺灣師範大學歷史研究所專刊（8）。國立臺灣師範大學。

李心楡（2018）。高屏地區師資培育生教育信念與生涯發展關係之研究（未出版之碩士論文）。國立屏東大學。

李雅莉（2020）。新時代良師——教師圖像與教師專業素養指引。**師友雙月刊**，621，9-11。

李錦雯（2010）。基層鋼琴教師教學信念與教學行為探討。**藝術教育究**，19，149-180。

汪慧玲、沈佳生（2009）。幼兒保育系應屆畢業生專業信念之研究。**幼兒保育學刊**，7，63-77。

周婉窈（1997）。**臺籍日本兵座談會記錄并相關資料**。中央研究院臺灣史研究所籌備處。

周梅雀（2006）。教師課程意識覺醒的社會解放潛力。**課程與教學季刊**，9（4），67-78。

周愚文、方永泉（2014）。思想比較法在教育研究中的應用。載於林逢祺、洪仁進（主編），**教育哲學：方法論**（頁273-294）。學富。

林清財（1990）。**我國國民小學教師教育信念之相關研究（未出版之博士論文）**。國立政治大學。

林進材（1999）。從教師教學信念與決定談教學實施與效能。**中等教育**，50，9-12。

侯禎塘主編（2019）。**永續與超越——中教大雙甲子紀念專刊**。國立臺中教育大學。

姜添輝（2002）。九年一貫課程政策影響教師專業自主權之研究。**教育研究集刊**，48（2），157-197。

柿子文化（2016）。**大人的小學時代：一堂最有趣的臺灣史，從小孩子看大時代**。柿子文化出版社。

洪振華（2012）。意識形態與課程的理論分析。**臺灣教育評論月刊**，1（11），28-35。

胡金枝（1988）。一個教育工作者的信念。**師友月刊**，254，52-53。

孫志麟（2001）。教師自我效能與教學行為的關係——實徵取向的分析。**國立臺北師範學報**，14，109-140。

孫志麟（2003）。教師自我效能的概念與測量。**教育心理學報**，34（2），139-156。

島嶼柿子文化館（2004）。**臺灣小學世紀風華：第一本臺灣孩子的百年校園紀事**。柿子文化出版社。

翁福元（1996）。九〇年代初期臺灣師資培育制度的反省：結構與政策的對話。載於中華民國教育學會等（主編），**師資培育應具備的新課題**（頁1-24）。師大書苑。

高強華（1992）。教師信念研究及其在學校教育革新上的意義。**臺灣師範大學教育研究所集刊**，34，85-112。

張淑媚、蔡元隆、黃雅芳（2013a）。「矛」與「盾」的衝突：論日治時期初等學校臺籍教師「隱性抗議」之意涵及其在臺灣教育史上的啟示。**中等教育季刊**，62（2），61-77。

張淑媚、蔡元隆、黃雅芳（2013b）。日治後期（1943-1945）臺籍教師在初等學校中抗拒殖民霸權的形式分析：以嘉義地區為例。**南臺灣研究**，2，143-167。

張淑媚、蔡元隆、黃雅芳（2014）。**圖解臺灣教育史**。五南。

許孟琪、蔡明昌（2009）。國小教師教育信念及其生命態度關係之探討。**教育心理學報**，41（1），91-110。

許誌庭（2002）。教師做為轉化型知識份子的可能性限制與實踐方向。**教育研究集刊**，48（4），27-52。

陳雅莉（1994）。**教師教育信念與班級經營成效關係之研究（未出版之碩士文）**。國

立臺北教育大學。

雲林縣西螺鎮文昌國民小學（2000）。**文昌情・教育心——慶祝創校百週年紀念特刊**。雲林縣西螺鎮文昌國民小學。

黃素惠、黃子瑄（2005）。教育實習生教育專業信念與任教意願之內涵探析。**教育暨外國語文學報**，2，15-26。

黃敏（1995）。國民小學教師教育信念之研究：以兩名國小教師為例（未出版之碩士論文）。國立臺北教育大學。

黃嘉雄（1996）。**轉化社會結構的課程理論：課程社會學的觀點**。師大書苑。

黃儒傑（2003）。國小初任教師教學信念及其有效教學表現之研究。**教育研究集刊**，49（2），171-197。

楊祥銀（1997）。**口述史學**。揚智。

葉律均（2013）。日治時期臺灣師範生皇民化的形塑之研究（未出版之碩士論文）。國立臺灣師範大學。

葉連祺、王春展、林松濬（1997）。「教師信念問卷」（PTQ）之簡介。**教育資料文摘**，39（2），21。

賈馥茗（1997）。**教育的本質**。三民。

賈馥茗（2003）。**教育認識論**。五南。

臺南州（1917）。**臺南州報31號**。臺南州。

臺灣日日新報（1933年12月5日）。祝受教育表彰。4版。

臺灣教育會（1939）。**臺灣教育沿革誌**。臺灣教育會。

劉煥文（1917）。贈君遜先生告別。**臺灣教育**，183，9。

蔡介文（2020）。校長科技領導、教師自我效能與有效教學行為關係之研究：結合後設分析與結構方程式模型（未出版之碩士論文）。國立政治大學。

蔡元隆（2008）。日治時期嘉義市公學校的思想掌控及學校生活之研究（未出版之碩士論文）。國立嘉義大學。

蔡元隆、朱啟華（2010）。日治時期臺灣初等學校課後補習經驗初探。**嘉大教育研究學刊**，25，95-117。

蔡元隆、侯相如（2008）。初探日治時期（1939-1945年）公學校臺籍教師的隱性抗議——從薪俸制度的差別待遇談起。**人文研究期刊**，4，75-94。

蔡元隆、侯相如（2009）。日治時期臺灣初等學校體罰現況初探：口述歷史研究。中

等教育季刊，60（1），36-52。

蔡元隆、張淑媚、黃雅芳（2013）。日治時期臺灣的初等教育：校園生活、補習文化、體罰、校園欺凌及抗拒殖民形式。五南。

蔡元隆、黃雅芳（2020）。讀冊真趣味——從懷舊老物件看日治時期臺灣教育。秀威。

蔡錦堂（2009）。日治時期臺灣公學校修身教育及其影響。師大臺灣史學報，2，3-32。

蕭如伶（2021）。國小教師自我效能與工作壓力之相關性研究：以休閒調適為干擾變項（未出版之碩士論文）。私立靜宜大學。

謝雅如（2009）。賈馥茗思想中的教師圖像。教育科學期刊，8（2），55-70。

鍾任琴（1994）。國小實習教師教育專業信念發展之研究（未出版之博士論文）。國立政治大學。

鍾任琴（1996）。國小實習教師專業信念及專業踐行之研究。嘉義師院學報，10，147-184。

簡瑞良、張華美（2009）。教師新法的根本——談教師心態與教學成效的關係。教師之友，50（5），90-100。

顏銘志（1997）。國民小學教師教學信念、教師效能與教學行為之相關研究（未出之碩士論文）。國立屏東大學。

譚光鼎（2000）。國家霸權與政治社會化之探討——以「認識臺灣」課程為例。教育研究集刊，45，113-137。

蘇志鴻纂修（2000）。西螺鎮志。西螺鎮公所。

二、外文文獻

Apple, M. (1990). *Ideology and curriculum*. Routledge.

Bandura, A. (1997). *Self-efficacy: The exercise of control*. W. H. Freeman.

Bem, D, J. (1970). *Beliefs, Attitudes, and Human affairs*. Brooks Cole.

Brousseau, B. A., Book, C. & Byers, J. L.(1988). Teacher beliefs and the cultures of teaching. *Journal of Teacher Education, 39* (6), 33-39.

Bussis, A. M., Chittenden, E. S., & Amarel, M. (1976). *Beyond Surface Curriculum: An Interview Study of Teachers' Understandings*. Westview Press.

Dahrendorf, R. (1969). *The service class. In T. Burns (Eds.)*. Industrial man. London:

Penguin.

Eron, K. (2008). An investigation of primary and high school teachers' perception levels of efficacy of measurement and evaluation in education in Turkey. *Social Behavior and Personality, 36* (8), 1111-1122.

Freire, P. (1970). *Pedagogy of the oppressed*. Penguin Press.

Freire, P. (1998). *Teacher as cultural works: Letter to those who dare teach*. Trans. By Macedo, D. ,Koile, D. & Oliveira, A. Westview.

Gibson, S., & Dembo, M. H. (1984). Teacher efficacy：A construct validation. *Journal of Education Psychology, 76*, 569-582.

Helenrose, F., & Michelle, M. B. (2010). Examing the factor structure of the teachers' sense of efficacy scale. *The Journal of Experimental Education, 78*, 118-134.

Huang, Y. P. (2014). University instructors' use of English as a medium of instruction in Taiwan: Functions of contextual beliefs. *Hwa Kang English Journal, 20*, 27-66.

Kagan, D. M. (1992). Professional growth among preservice and beginning teachers. *Review of Educational Research, 62*(2), 129-169.

Levin, T., & Wadmany, R. (2007). Teachers' beliefs and practices in technology based classrooms: a developmental view. *Journal of research on technology in education, 39*(2), 157-181.

Mansour, N. (2009). Science teachers' belied and practices: Issues, implications and research agenda. *International Journal of Environmental & Science Education, 4*(1), 25-48.

Munby, H. (1983). *A Qualitative Study of Teachers' Beliefs and Principles*. Paper presented at the annual meeting of the American Educational Research Association, Montreal, April.

Pajares, M. F. (1992). Teacher' beliefs and educational research cleaning up a messy construct. *Review of Educational Research, 62*(3), 307-332.

Reighart, P. R. (1985). *A Questionnaire to assess preservice teacher beliefs about teaching*. Unpublished doctoral dissertation, The Ohio State University.

Thompson, P. (1988). *The Voice of the Past: Oral History*. Oxford University Press.

第二章　日治時期國民學校臺籍教師的課程意識與教學實踐之圖像：以音樂教師林妹為例

> 教育要不就是用來馴化人民、要不就是解放人民。
> ——動搖巴西國本的批判教育學家 Paulo Reglus Neves Freire（A.D. 1921-1997）

壹、研究動機與目的

　　2019年筆者受蔡献其教育基金會委託執行「日治時期大稻埕地區初等教育校園文物調查計畫」前導計畫案，來到清代即成為臺北最繁華的物資集散中心，特別是茶葉與布料的貿易港——大稻埕，由於位居地理樞紐，外國商船貿易往來頻繁，清光緒年間大稻埕陸續出現南洋殖民地式建築——洋樓。濛濛細雨下，筆者走在大稻埕的老街上，古色古香的類西方建築物盡收眼底，如果不細查所處的場域時空，可能會誤以為自己置身於1930、1940年代的大稻埕。筆者在調查日治時期大稻埕地區初等教育文物的現況及各學校教育史料保存狀況的過程中，經地方文史工作者介紹所認識了98歲的林妹老師。林妹老師畢業於日治時期臺北州立臺北第三高等女學校（現今臺北市立中山女子高中），父親是個讀書人，因為戰爭，父親體察到日後的局勢，建議她多讀一年補習科，往後有機會可以擔任臨時教員。而孝順的林妹也聽從父親的建議，繼續修讀補習科，並於昭和15年（1940）畢業後，陰錯陽差地進入國民學校擔任教員心得（代用教師）（圖8、圖9）。

　　依稀記得，在前往拜訪林妹老師的那個下午，因對周遭環境不熟悉，筆者於大稻埕老街的街巷間迷路，但從街尾的那一端偶然傳來陣陣輕快且動人的琴聲，不由自主地驅使我前往。循著琴聲，筆者奇蹟似地來到林妹老師的住家，

老師驚訝地從窗戶探出頭微笑，精神抖擻地對著我大喊：「お元気ですか」（你好嗎？）。打開門看到林妹老師坐在落地窗前，靈巧地彈奏鋼琴，口中還哼著優雅的日文歌，這場景至今仍歷歷在目。那一輩受過日本教育的臺灣女性，不僅身上散發出一種高雅氣質，格外重視自己的儀表，家裡也打理得井然有序。此外，更能讀日本的書報雜誌，說得一口流利的日文。這種高雅且不疾不徐的典雅氣質，至今仍令筆者印象深刻。

　　國民政府接收臺灣後，林妹老師經由媒妁之言與先生締結良緣，並辭去教職在家相夫教子，她笑稱日治時期國民學校那五年的教書生涯是她最懷念的日子之一。言談中，溫文儒雅的林妹老師乍看似乎如同郭木山（2011）及黃嘉雄（1996）等學者眼中的形象：教師是忠於服從上級命令、勤於執行教育政策的行動者，亦即教師在反殖民論述觀點中，被標籤為傳遞意識形態的幫凶（張淑媚等人，2013a）。但經過筆者與林妹老師長達整個下午的聊天互動與學術上的請益後，發現林妹老師是一位思想前衛且獨立有智慧的時代女性，而非傳統印象中萬般順從的附屬品角色：婚前附屬於父母親，婚後則附屬於夫家角色。作者推測：除了她受當時所受高等教育啟迪外，父親為高知識份子的

圖8▎林妹老師婚前照
資料來源：林妹老師提供

圖9▎林妹老師（前）任職第一年與同事合影留念
資料來源：林妹老師提供

知識觀應也略有影響。

從與林妹老師閒話家常的言談間，筆者意外發現在她溫文儒雅的背後，竟然展現了不同高度的臺灣意識，身處殖民時代卻擁有自我警惕與居安思危的敏感度，她透過音樂課程中歌詞價值澄清的解釋方式，對校園中的囝仔們進行課程內容的解說與轉化，這樣的論點不啻回應了Freire（1998）的論述——「教師從來就不是技術人員」，也正意味著教師應具有覺察能力與反省能力，因為在這環境中能改變的主導者只有教師，儘管資本社會賦予中上階級制定課程內容的權限，但其執行過程卻需仰賴教師，同時教師也享有高度的教學自主權（蔡元隆等人，2013）。訪談徹底顛覆了一開始筆者對她溫文儒雅的刻板印象——「教師僅是命令、政策忠實執行者的角色」。

爰此，本文將以林妹老師為案例，透過口述歷史的方式取得珍貴的口述訪談作為分析主軸，更嘗試輔以相關研究作為研究工具，初步探討林妹老師在家庭教育的薰陶及學校教育的啟蒙下，如何透過音樂的方式在課程意識[1]與教學

---

[1] 課程意識係指教師在教學時要思考與反省「課程」的相關問題，強調教師知覺與意識到課程的目標、組織及實踐的內涵和關係，進而通盤考量及確認課程目標的具體項目、選用或編擬適合的教材與教科書、設計活動實踐課程等教育層面的反思意識（簡良平，2004）。Clandinin與Connelly（1986）認為，課程意識是教師對課程本質的認識、學科內容知識的掌握及其如何進行教學、學生應該如何學習等方面的信念，其間涵蓋了教師對課程目標的訂定、課程內容的選擇、教師與學生的角色、教學的評估等層面的想法。而奠基於P. Freire的批判意識基礎上，甄曉蘭（2003）更進一步指出：課程意識除了包括教師對內在實務知識的知覺之外，也涵蓋了將內在實務知識轉化成與外界互動及實務實踐的心智思考，以及其對教學實踐行動的理由、價值及成效的深層批判反省。方竣憲與馮丰儀（2017）認為，課程意識是教師對於課程知覺的動態歷程，其中蘊含對自我內在的省思、調整與適應，對於課程與教學的信念、實踐與評估，對於環境的詮釋、組織與應用，從不斷批判的角度建構出的課程價值觀與行動策略；再者，龔心怡與林素卿（2009）認為，課程意識的內涵不僅包括原本的意涵，也展現了批判意識的特徵與重點，亦即將課程意識視為帶有反省、批判與實踐的成分，因為課程意識不單指教師的內在狀態，更包括了教師對外在教學實務的一種涉入與作為。綜上所述，課程意識所強調的是一個有主體意識的教師觀，需要主動為接受到的課程內容進行自我反思與重構，進而產生課程批判意識。周梅雀（2004）認為，教師在其日常生活中，對自我的課程實踐行動以及自我的課程信念加以批判性的關注，而使自我對課程的意識產生覺察，並促使自己能採取行動轉化課程實踐場域中不合理的條件，就是一種課程意識覺醒的實踐。又如，教師可以在教科書內容中覺察權力的關係，因教科書的內容呈現影響課程意識的課程觀、建構教師的實務知識內容（洪雪玲，

實踐[2]中發揮及表現。本文提出兩個問題進行了解：一、林妹老師的課程意識為何？她又是如何面對課程教材時的察覺與質疑、進行內在自省的對話？二、林妹老師如何透過歌詞價值澄清的解釋方式或策略進行實踐，並將內在實務知識轉化成與外界互動及實務實踐的心智思考？

貳、林妹老師的課程意識內涵與質疑作為

一、課程意識內涵的建構

　　課程意識是一種教師對於課程的想法，影響教師教學；教師實務知識是建構教師教學的要素，在課程意識中，對於教師實務知識的覺知也是課程意識的

2007），上述之論述即教師對課程意識覺醒的表現。

[2] 課程意識與教學實踐，單就字面上而言，兩者貌似毫無相關，但是透過以「教師」為主體的脈絡論述後，教師的教學實踐就不只是一種外顯教學作為的表徵，更是一種內在深處課程意識的縮影，因為課程是一個「跑動的動態歷程」，是奔跑路程上，個人經驗與歷程的結合，亦即教師與學生的經驗互動與實踐的歷程（周淑卿，2002），上述師生間經驗的互動與實踐歷程牽涉了複雜的課程意識啟迪及教學實踐的開展，所以，我們可以明確知悉兩者間的關係耳不離腮；再者，課程意識形態是一種課程觀，包含教師對實務知識內容的覺察，轉化為教學實踐的覺知與行動，並進行教學反思重新整理與確定課程意識的內涵，其實是交互循環的過程，因為課程意識與教學息息相關：課程、教學、教師、學生之間的交互作用下，形成課程意識的變動與革新（洪雪玲，2007），所以，我們可以知悉教師的課程意識並非靜態、被動學理的內容而已，而是一種動態、主動的實務知識知覺的過程；教師的課程意識與相關知識必須要能夠轉化成為回應教學情境的行動實踐，才能稱得上「知道」、「理解」這些知識，進而產生適當的教學實務作為（葉心怡、林素卿，2009）。教師的教學是一種認知的能動性展現，更是一種具有批判及審思意味的實踐解放（Greene, 1974）。進一步而言，透過教學實踐，教師進行自我反省、慎思、批判、行動與解放，並在與學生、學校及外在環境交互作用的關係中，將課程內容適當地呈現給學生，其歷程包含了教學前的教學準備、教學進行中的教學活動與教學後的反省思考（甄曉蘭，2003；Freire, 1970）。換言之，教學實踐則為教師在對課程實踐與轉化的過程中，對於課程決定、教材選擇、教學實施，每位教師透過對課程、學生的了解，將實務知識具體表現於教學中的決定，就是課程意識中的教學實踐與轉化（洪雪玲，2007），而且教學實踐可以激發潛在的課程意識，因為課程意識主導著教學轉化的作為，唯有對課程批判意識的反省才能促進課程與教學再進化與精進（甄曉蘭，2003）。

重要內涵（洪雪玲，2007）。歐用生（2003）指出，教師應當賦予課程生命，唯有對課程理論產生覺醒才行。而這個覺醒的歷程，教師應具備何種課程意識內涵才足以啟迪與持續，亦即教師對課程的自覺及敏感度，能不斷地進行批判與反省的經驗。林妹老師回憶著說：

> 我是音樂老師，我昭和15年第一年教書時是日本時代的後期，課本內有出現過《愛國行進曲》、《海行兮》等愛國歌曲，很多歌詞內容很不合理、很違背人性，講白的就是洗腦。（1080202訪談）

從林妹老師對音樂教材的質疑，可見她已經知覺到教材內容的矛盾點，且察覺到國家意識形態的意圖與走向，並點燃教師對課程意識的火苗。傳統的課程強調目的，而課程發展過程中教師則轉化為「課程創生者」，所以教師的教學則成為一種手段，但教師並不因此成為被動的課程傳遞者或忠實者，而是擔負起選擇和安排學生經驗的重責大任（甄曉蘭，2004）。昭和16年（1941）4月，臺灣總督府將小學校及公學校改制為國民學校，並頒布〈臺灣公立國民學校規則〉，公學校時的音樂科目則併入國民學校的藝能科中（臺灣教育會，1943）。林妹老師回憶著說：

> 改為國民學校後，「唱歌」的科目被改為「藝能科」，且在尊崇「修鍊皇民之道」的目標下，臺灣總督府出版的多種唱歌本，出現更多有關戰爭、歌頌軍人、宣揚國威等歌曲。很多歌詞描述，我不是很認同，甚至覺得不倫不類，完全是以洗腦民眾為導向，我都會反省，不會照本宣科教給學生。（1080202訪談）

在國民學校新制中規定，藝能科下的音樂旨在：養成正確唱歌、鑑賞音樂的能力、醇化國民情操（阪本一郎，1940），而隨著日本殖民臺灣在後期軍國主義

的風潮，國家試圖雙管齊下，透過音樂教科書傳遞愛國思想、灌輸忠君愛國等意識形態。因為教科書知識的管理，透過思考、感覺與理解規範的載入，同樣也在約束兒童的分際（Popkewitz, 1998）。林妹老師說：「我不知道，我的雞婆（批評或批判），會不會影響囡仔，但如果我不做，我會對不起自己」（1080202訪談）。林妹老師緊接著說：「阿爸說，查某囡仔也可以是讀書人，要關心國家、社會及教育，所以我有聽進去」（1080503訪談）。而從林妹老師自我反省的作為中，我們可以了解她的課程意識覺醒，除了自我意識解構外，尚深受父親所影響，這些都有助於扭轉技術取向與工具理性下「教書匠」的角色，並擺脫P. Freire所稱的「被殖民者的心理狀態」，而願意在課程與教學的實務上積極地展現其專業自主的能力（甄曉蘭，2004）。課程意識的認知與批判反省層面，或有出於直覺的反應，但絕大部分是有意識的活動與省思（甄曉蘭，2003）。

綜上所述，林妹老師在課程內容上的察覺與自我省思的對話中，建構出自我的課程意識，透過意識的覺醒，延續後面要探討她對課程教材的察覺與質疑，進而催生林妹老師的教學實踐與轉化，並透過師生間彼此不斷對話，互相反饋（圖10、圖11、圖12、圖13）。

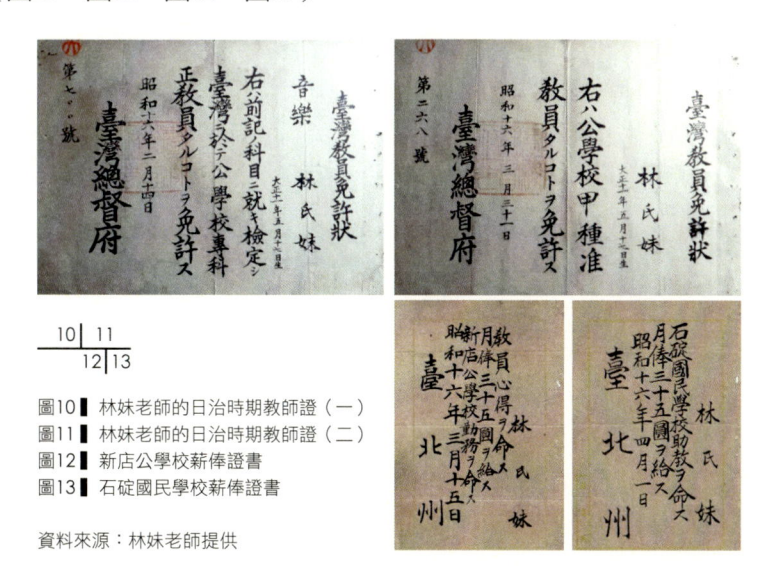

10	11
12	13

圖10 林妹老師的日治時期教師證（一）
圖11 林妹老師的日治時期教師證（二）
圖12 新店公學校薪俸證書
圖13 石碇國民學校薪俸證書

資料來源：林妹老師提供

二、面對課程教材的察覺與質疑

「教育」是意識形態國家機器所行使的一種重要手段，因為學校知識的體制化可以變成一種社會的形式和經濟控制（Young, 1971），且學校在高階知識中生產極大化所扮演的角色（Apple, 1990）。臺灣進入日本殖民時期，儘管它帶來現代化的教育體系，惟教育卻變相成為達到政治雄圖的教化工具，教師面臨更制式化的官方意識形態之課程與教材（姜添輝，2002），因為教科書被「製成」真實的事物，律定進度，提供學習標準，定義公式，使學生可以達到真理之所在（Popkewitz, 1998）。課程與教科書反映了國家霸權的支配狀態，它們的內容不僅僅是一種知識體系，更代表政治社群中所共同具有的一套信仰與規範，是政治意識形態的灌輸（譚光鼎，2000）。林妹老師批判地指出：

> 音樂科目教授的內容不一定都是愛國思想或天皇子民，當時（昭和15年）部分歌曲都跟生活、大自然有關，例如：《春の曲》、《蜻蛉》、《農夫》、《新高山》等，不可否認的也有跟愛國有關，例如：《大和魂》、《青年の歌》等等。但到後期歌詞內容改得愈來愈荒腔走板。（1080202訪談）

由林妹老師的回憶觀之，她中立的認為公學校時期，音樂課本的內容其實沒有太多愛國思想的傳遞，但到了戰爭後期卻逐漸明顯與誇張。有關軍歌的傳唱在日治後期的國民學校中其實很常見，如服務於臺南州東門國民學校（現今嘉義市民族國小）的林淑慧老師就曾提及，學校的音樂課程後來成為日本灌輸軍國主義思想的利器，她說：「我教書的第一年，我有教過他們唱軍歌，像是《愛國進行曲》、《夫燃ゆる大空》等」（蔡元隆等人，2013，頁26）。因為早期的公學校唱歌功能從作為「輔助國語、修身教育」的唱歌教育，到作為

「以藝術教育為志向」的唱歌教育之歷程（岡部芳廣，2007），至日治後期，音樂教育被廣泛運用於軍事方面，成為以「養成皇國民」為目的的音樂教育（賴美鈴，2007）。林妹老師能在她日常音樂教學中保持中立與覺察時局實屬不易，課程的批判意識是要喚醒教師重視不同知識的立場與階級的聲音，教師若無法注意到平時視為理所當然的課程則是沒有批判意識的，教師要能突破傳統的教學思維與習慣，其課程才可以活絡起來（甄曉蘭，2004）。

課程批判意識並非只是對於課程認知與教學實踐的表面反省，更應該深入的批判檢視其中的權力關係，重新概念化課程、教學與世界的關係，進一步轉化其中不公平、不正義的社會結構，致力於發展解放的教育內容，改善教育的壓迫情境（洪雪玲，2007）。林妹老師激動地說：

> 課本中一首《海行兮》，歌詞中提到可為天皇犧牲命，死而無憾。根本亂七八糟，據說這首歌還曾被當時臺灣執行任務的神風特攻隊〔應用在〕執行任務前要大聲齊唱，現在想起來根本荒唐至極，我也曾經在課堂上嚴厲批判這歌詞，並要求囝仔說說自己看法。（1080503訪談）

從上述林妹老師的回憶，可以察覺到她本身對課程教材的質疑外，她也把意識形態的政治議題拋給囝仔們思考與質疑，雖然可能囝仔們年紀尚小，無法全面知覺被壓迫的窘境，但朱啟華（2013）指出，德國批判教育學者W. Klafki認為透過省思政治意識形態的課程，可以讓學生了解社會中的權力運作以及造成的社會不平等現象，提供學生反省，並尋求自我解放，幫助社會他人也得到解放的機會。綜上所述，林妹老師除了自身面對課程教材的察覺與質疑外，也提點臺灣囝仔對課程意識覺醒的思考，進一步對課程內容進行反省與質疑，而上述作為中，亦蘊含林妹老師對自我內在的省思、調整與適應的體悟。

參、林妹老師的教學實踐與轉化

一、歌詞的價值澄清與解釋

「唱歌」是音樂教育的要領，更是最自然的音樂表現方式。戰爭末期霸權的國家機器技巧性地將軍歌導入初等學校的音樂課程，而這也使音樂的本質變樣，成為一種符應軍國主義的洗腦工具，更開啟學校中開始教唱軍歌的現象，導致軍國主義席捲整個校園（蔡元隆等，2013）。而擁有高度覺察力的林妹老師也在她教導的唱歌內容中做了些許的教學轉化——「價值澄清」，林妹老師回憶指出：

> 課本《愛國進行曲》中歌詞：「效忠一脈相承的天皇，凡我臣民皆有追隨皇威之大使命」。這很明顯是軍國主義、洗腦教育。所以只要校長一離開，我就開始向囝仔說，其實這些愛國歌詞都是不對的，你們只需對自己負責，沒有人可以要求你為他犧牲，活著就是一種幸福。（1080202訪談）

林妹老師透過歌詞價值澄清的解釋方式進行轉化，並將內在實務知識轉化成與外界互動及實務實踐的心智思考，無疑都是踐行「價值澄清」的真諦。因為價值澄清可以幫助學生滿足其發現我們社會環境意義與秩序的需要（Curwin & Curwin, 1974），同時價值澄清法強調價值教學為首務，以形塑一個不受干擾和反對的氣氛下，讓學生表達自己的觀念與情感的情境（吳明清，1978）。在林妹老師對課本中的歌詞反思並提出澄清的脈絡下，囝仔們也紛紛有了回饋與反應，林妹老師接著說：

> 有一次，囝仔們就問我：「老師，歌曲裡一直鼓勵我們上戰場打仗、報

效國家，但是我家裡還有家人、小黑（囝仔養的狗），可以不要去打仗嗎？為什麼我們要聽話為日本人打仗？我又不是日本人」。其實我聽到這些發問時，我心裡是欣慰與振奮的。（1080202訪談）

教師根據個別兒童的所作所為、所說所感，加以適時、適地、適人的回應，期能引發其動機，刺激其思想，在不知不覺中對自己所做的抉擇，所完成的事功，以及所重視的事物等，做一番慎思明辨的內省功夫，藉以澄清其價值觀念（邱連煌，1978）。在時代的巨輪中，潛移默化的「皇民赤子」思想在經過國家機器的加工後，也讓臺灣子民在「國家」巨大的身影底下，背負著無從逃脫被擺弄的非自主命運，在「自我認同」上產生了極大的困惑，在日本宣稱的「聖戰」中，臺灣子民竟是為誰而戰？囝仔無從得知，但小小的頭腦在林妹老師的引導下，自主思考的行為已經慢慢開始發酵。

綜上所述，依據林妹老師的口述回憶，從價值澄清的概念出發，我們可以知悉當時教師的教學與學生的學習是互有連結並有溫度的，因為教師在學生面前所說的任何話與所表現的行動，都含有積極地暗示和建設性的鼓舞（邱連煌，1978），而囝仔們也在價值澄清的過程中更了解自己的處境，所以，透過價值澄清能進而幫助他們建立更明確的價值目標，並在澄清的過程中培養敏銳的批判思考力（Simon & de Sherbinin, 1975）。

二、師生間彼此對話的教學互動

Freire（1970）強調教師要有課程意識覺醒，並進一步與教學行動結合，進而產生「對話關係」。在教與學的過程中，「對話」的過程則是扮演意識覺醒啟迪的引導力，王秋絨（1999）指出，教與學的溝通是參與者共同對話的過程。林妹老師說：

> 我通常教三、四年級的音樂課，孩子們會跟我討論歌詞的意涵，哼唱過程中我也會透過生活的例子讓他們連接知識學習，而對於不正當的觀念（軍國主義），我會向他們曉以大義，並鼓勵他們發問與反省，甚至質疑，而不被蒙蔽。（1080202訪談）

教室內「合法知識」的代理人是教師（洪振華，2012），而教師的教學是知識生產過程中的時間控制，所以教學是解救兒童的治理實踐（Popkewitz, 1998）。林妹老師對教學實踐行動的理由、價值及成效的深層批判反省也再次表露無遺。緊接著，林妹老師又說：「歌詞的解釋過程，我會與囝仔互相討論」（1080202訪談）。因為她認為：

> 教學過程中應該停下來與學生互相反省教科書的知識從何而來？哪些知識為何需要學，學了之後它們如何在社會中被使用？課程內容對或不對，心裡都要有一把尺，這都是被殖民下的囝仔所要覺醒的，而非盲從。（1080503訪談）

教師帶領著學生，針對教科書的批判性閱讀方式，質疑官方知識，進而修正或轉化官方知識，並透過學生間開始設想閱讀的多元性與可能性，進而探究其他的界線（Popkewitz, 1998）。所以，教師更應深入反省自己工作所蘊含的政治和道德意義，不能將教育工作簡化為只是知識傳遞的工作，不自覺地成為結構再製的工具，而是要進一步將其轉化為批判的行動，在教室內加強批判思考教學，開展學生行動能力（黃嘉雄，1996）。爰此，教師不再只是授業者，在教師與學生的對話過程，教師本身也蒙受益處；學生在接受教師教育的過程中，其本身反過來也在刺激教師成長省思並學習，彼此教學相長（施宜煌，2015），讓每個學生都能依據獨立思考的心靈進行探究行動，擁有強調智識運作及邏輯思考的行動自由。

肆、結論：日治時期音樂教育中的課程意識與教學實踐

音樂不僅能陶冶性情，更能成為一種潛移默化的思想傳遞工具，甚至在某種情境下，成為意識形態塑造與政治宣傳的手段。在日治時期的臺灣，唱歌教育不僅限於學校課堂，更被廣泛運用於遊藝會、唱遊課、校外集會、軍事動員及各種公共場合。表面上，音樂課程似乎只是單純的文化或藝術教育，然而從更深層的角度來看，它其實隱含著殖民政權對臺灣學童的思想控制與價值塑造。早期的唱歌教育強調唱歌科與國語科的結合，目標在於讓學生透過音樂更快學習日語，而在日治後期，音樂教育則逐漸與軍事意識形態掛鉤，學生透過反覆唱頌戰爭歌曲與皇民化歌曲，在群眾氛圍與音樂情境的感染下，無形中接受了日本軍國主義的價值觀。這樣的教育模式，使音樂成為殖民地學生日常生活中極為重要的精神動員工具，不僅影響了學生的語言能力，也塑造了他們對於國家、民族與忠誠的概念。

在這樣的歷史脈絡下，林妹老師的教學經驗與課程意識，正好成為理解殖民體制內部知識份子如何進行「隱性抗議」（hidden protest）的重要案例。雖然她任教的時間僅有五年，但從她對於唱歌課的教授心態與教學策略來看，可以發現她的教育理念並非單純順應殖民政府的政策，而是帶有反省意識與教學轉化的批判性實踐。她的成長背景、家庭教育、以及個人受日本學校教育的影響，使她在課堂上展現出高度的課程意識，不僅能夠察覺殖民教育的問題，還能夠在一定範圍內進行知識的轉化與價值的重塑。林妹老師所展現的，不只是「教師」的職責，而是「具有能動性、批判性與轉化力的知識份子」，透過自己的教育實踐，在殖民教育體制內部進行了細膩而有效的知識抵抗。

透過對林妹老師的個案研究，本文綜合歸納出兩項核心發現：

一、課程意識的反省與批判

　　林妹老師的課程意識並非單向接受官方教材，而是帶有反省、監控、批判與實踐的成分。她不僅察覺到教材中潛藏的殖民意識形態，更進一步對其進行質疑與篩選。這種反思並未止步於個人，而是透過教學過程間接催生了學生的課程意識覺醒。在她的課堂上，師生之間的對話不再只是單向的知識灌輸，而是透過討論、辯證與批判，讓學生對課程內容進行更深層的理解與反思。這樣的教學方式，某種程度上突破了官方對於知識傳遞的控制，使學生在接受日式教育的同時，仍保有一定的批判思考能力，甚至能夠對自身的文化與價值進行反思。

二、教學實踐的轉化與知識解放

　　在教學實踐方面，林妹老師透過歌詞的價值澄清與解釋，進行知識的轉化與重新詮釋。她不僅讓學生學習歌曲，更透過深入剖析歌詞內容，引導學生思考其中隱含的價值觀，並將其與自身的文化背景進行對比。透過這樣的教學策略，學生不再是被動接受知識的容器，而能夠主動將課堂上的學習內容與外在世界進行連結。此外，林妹老師的教學方式也強調心智思考的鍛鍊，讓學生不只是機械地背誦歌詞，而是透過思辨的方式，釐清知識的真正內涵。最重要的是，她透過教學實踐，使學生能夠發展出自我反省與批判的能力，這種能力讓學生能夠在更成熟的時候，做出屬於自己的價值判斷。

　　綜合以上研究發現，我們可以發現，林妹老師的課程意識與教學實踐，最終指向的是「知識的解放」與「智識的自由」。她的教學目標，不只是讓學生掌握唱歌技巧或記住歌詞，而是希望透過音樂課程，讓學生發展出獨立思考的能力，進而在心靈上尋找自己的價值定位。這樣的教學方式，與Freire（1998）所強調的「批判教育學」理念高度相符，因為它並不將學生視為被動

接受知識的對象,而是視其為具有能動性與批判力的學習者。在這樣的教學模式下,教師與學生之間的關係不再是單向的權力結構,而是一種透過知識對話建立起來的相互成長關係。另一方面,這樣的教學模式也顯示出,在殖民教育體制下,教師並非只能選擇順從或抵抗這兩個極端,而是能夠在有限的空間內,進行策略性的抗拒與知識轉化。透過細膩的教學策略,教師能夠在不直接挑戰政權的前提下,仍然影響學生的價值觀與批判能力。這樣的教育模式,不僅讓學生能夠在體制內尋找自我的定位,也讓他們在面對未來更嚴峻的政治環境時,能夠擁有更堅定的文化認同與自我意識。

　　回顧日治時期的教育場景,林妹老師的教學案例讓我們看見,在一個充滿意識形態控制的教育體制下,教師仍然能夠透過策略性的方式,進行知識的轉化與學生思維的啟蒙。這樣的「隱性抗議」,不僅展現出臺籍教師的教育智慧,也成為日治時期文化抵抗的一個重要縮影。或許這樣的抗議方式不像政治運動般轟轟烈烈,但它所產生的影響卻是長遠而深刻的。透過林妹老師的個案,我們可以進一步理解,教育不僅是知識的傳遞,更是價值的建構與思想的培養。即便在最受壓制的時代,仍然存在著那些願意透過教育來改變社會的人。他們或許沒有站上政治運動的最前線,但卻在課堂內部悄悄地埋下知識解放的種子。這些種子,最終將影響一整代臺灣囝仔,讓他們在面對未來的挑戰時,仍能夠保有自己的文化認同與思維自主性。

　　未來的研究,應進一步探討其他臺籍教師在不同課程領域中的抗拒策略與知識轉化方式,並透過更多的口述歷史與史料分析,還原日治時期教育場域中的知識抵抗圖像,以此深化我們對於臺灣近代教育史的理解,也為當代教育提供更多值得省思的借鏡。

參考文獻

一、中文文獻

方竣憲、馮丰儀（2017）。南投縣實施學習共同體教師之課程意識研究。**教育理論與實踐學刊**，35，1-30。

王秋絨（1999）。二十世紀的成人教育思想家。心理。

朱啟華（2013）。臺灣國際教育的反思——以《中小學國際教育白皮書》為例。**嘉大教育研究學刊**，30，1-20。

江文瑜（1996）。口述史學。載於胡幼慧（主編），**質性研究：理論、方法及本土女性研究案例**（頁249-269）。巨流。

吳明清（1978）。澄清「價值澄清法」的幾個問題。**師友月刊**，138，12-17。

周梅雀（2004）。尋找心中的那朵玫瑰花：一趟教師課程意識的敘事探究之旅〔未出版之博士論文〕。國立臺灣師範大學。

周淑卿（2002）。教室層級的課程設計：課程實踐的觀點。**教育資料及研究**，49，1-9。

邱連煌（1978）。價值教育之新方法——價值澄清（上）。**師友月刊**，133，2-7。

姜添輝（2002）。九年一貫課程政策影響教師專業自主權之研究。**教育研究集刊**，48(2)，157-197。

施宜煌（2015）。Paulo Freire意識覺醒歷程觀的回應——發展學生批判意識的教學方法。**教育實踐與研究**，28(2)，149-180。

洪振華（2012）。意識形態與課程的理論分析。**臺灣教育評論月刊**，1(11)，28-35。

洪雪玲（2007）。論教師課程批判意識及其在教學上的啟示。**課程與教學季刊**，10(3)，91-104。

范斯淳、陳君瑜（2021）。第二專長教師投入生活科技教育之動機、課程意識建構與教學實踐初探。**教育科學研究期刊**，66(3)，31-59。

張淑媚、蔡元隆、黃雅芳（2013a）。「矛」與「盾」的衝突：論日治時期初等學校臺籍教師「隱性抗議」之意涵及其在臺灣教育史上的啟示。**中等教育季刊**，62(2)，61-77。

張淑媚、蔡元隆、黃雅芳（2013b）。日治後期（1943-1945）臺籍教師在初等學校中抗拒殖民霸權的形式分析：以嘉義地區為例。南臺灣研究，2，143-167。

郭木山（2011）。國小教師教學生活世界宰制與覺醒。臺灣教育社會學研究，11(2)，87-127。

黃嘉雄（1996）。**轉化社會結構的課程理論：課程社會學觀點**。師大書苑。

楊祥銀（1997）。**口述史學**。揚智。

甄曉蘭（2003）。教師的課程意識與教學實踐。教育研究集刊，49(1)，63-94。

甄曉蘭（2004）。**課程理論與實務──解構與重建**。高等教育。

歐用生（2003）。誰能不在乎課程理論？老師課程理論的覺醒。教育資料集刊，28，373、387。

蔡元隆、朱啟華（2010）。日治時期臺灣初等學校課後補習經驗初探。嘉大教育研究學刊，25，95-117。

蔡元隆、黃雅芳（2020）。**讀冊真趣味──從懷舊老物件看日治時期臺灣教育**。秀威。

蔡元隆、張淑媚、黃雅芳（2013）。**日治時期臺灣的初等教育：校園生活、補習文化、體罰、校園欺凌及抗拒殖民形式**。五南。

賴美鈴（2007）。日治時期臺灣公學校「式日唱歌」與校歌。臺灣風物，57(4)，103-143。簡良平（2004）。教師即課程決定者──課程實踐的議題。課程與教學季刊，7(2)，95、114。譚光鼎（2000）。國家霸權與政治社會化之探討──以「認識臺灣」課程為例。教育研究集刊，45，113-137。

譚光鼎、康瀚文（2006）。論九五高中課綱改革──意識形態與課程的辯證關係。課程與教學季刊，9(6)，19-31。

龔心怡、林素卿（2009）。教師課程意識與教學實踐模式之建構──以英語科為例。課程與教學季刊，12(1)，99-124。

二、外文文獻

臺灣教育會（1913）。**臺灣學事法規**。作者。

臺灣教育會（1929）。**臺灣學事法規**。作者。

臺灣教育會（1939）。**臺灣教育沿革誌**。作者。

臺灣教育會（1943）。**臺灣學事法規**。帝國地方行政學會。

阪本一郎（1940）。**國民學校教則解說**。明治圖書株式會社。

Apple, M. (1990). *Ideology and curriculum*. Routledge.

Au, W. (2012). *Critical curriculum studies: Education, consciousness, and the politics of knowing*. Routledge.

Clandinin, D. J., & Connelly, F. M. (1986). Rhythms in teaching: The narrative study of teachers' personal practical knowledge of classrooms. *Teaching and Teacher Education, 2*(4), 377-387.

Curwin, R. L., & Curwin, G. (1974). *Developing individual values in the classroom*. Education Today.

Freire, P. (1970). *Pedagogy of the oppressed*. Penguin Press.

Freire, P. (1973). *Education for critical consciousness*. Continuum.

Press. Freire, P. (1998). *Teacher as cultural works: Letter to those who dare teach*. Westview Press. Greene, M. (1974). Cognition, consciousness, curriculum. In W. Pinar (Ed.), *Heightened consciousness, cultural revolution, and curriculum theory* (pp. 69-84). McCutchan.

Popkewitz, T. S. (1998). *Struggling for the soul: The politics of schooling and the construction of the teacher*. Teachers College Press.

Simon, S. B., & de Sherbinin, P. (1975). Values clarification: It can start gently and grow deep. *Phi Delta Kappan, 56*, 679-683.

Thompson, P. (1988). *The voice of the past: Oral history*. Oxford University Press.

Young, M. F. D. (1971). *Knowledge and control: New directions for the sociology of education*. Collier-Macmillan.

第三章 「隱性」遊走、教學「抗議」：日治時期國民學校臺籍教師的意識覺醒與教學實踐

> 喚起受壓迫者在爭取自由解放中的意識醒悟，
> 去除沉默文化的枷鎖，轉而投入行動、轉化世界。
> ——動搖巴西國本的批判教育學家 **Paulo Reglus Neves Freire**（A.D. 1921-1997）

壹、探討動機與目的

　　翻開日治時期的臺灣抗爭運動史，滿滿是楊逵、張文環、鍾理和、楊肇嘉等作家與林獻堂、蔣渭水等民族鬥士的知識份子，他們靠著銳利的文筆努力地對抗日本殖民的不公，在這些前仆後繼的烈士寫下一頁頁抗日歷史時，是否曾想過扮演傳遞知識重要角色的臺籍教師其歷史定位何在？[1]他們身為時代的知識份子，這時候他們能為臺灣作些什麼呢？每當對抗日英雄歌功頌德時，臺籍教師鮮少會被提及，因為在國家機器（state apparatus）概念中，只要提到「文化」及「意識形態」（ideology）的塑造[2]，往往都會與教育宰制作相關連結，而教師也被連帶認為是傳遞意識形態的幫凶，因學生在學校與生活文化的場域中無從察覺自身的處境（張淑媚等人，2013a）。

---

[1] 本文所探討的臺籍教師限縮為初等教育時期的臺籍教師，初等學校廣義來說泛指公學校，甚至是昭和16年（1941）後所通稱的國民學校，文章中則不另外再行解釋或說明，在此合先敘明。

[2] 在L. Althusser意識形態國家機器的理論範疇中，其認為意識形態主要是由國家機器所塑造而成的，它專門利用意識形態去塑造個人為國家機器服務的合理性，這些意識形態的國家機器包括宗教、教育、家庭、法律、政治、工會、傳播媒介、文化等機器，顯而易見的國家運用了這些機器作為一種灌輸意識形態的手段，傳遞國家所希望我們學到的知識與文化。參見杜章智譯（1990，頁164-165）。

「抗拒」（resistance）這個詞彙，一開始只重視負面的意涵，過去都把抗拒的人視為一種破壞者，直到近年來抗拒才被賦予正面的積極意涵（Bennett et al., 2005）。批判教育學者H. Giroux（1983）認為權力不是單向的，一旦產生支配模式，另一面就是反彈力量的開始，那就是所謂的「抗拒」，所以被壓迫群體的內在理念「拒絕」支配全體的文化詮釋，是抗拒的基本要件（蔡明哲，2004），惟抗拒的前提則是「意識覺醒」（conscientization），因為意識覺醒能使人們看到問題與衝突，唯有透過意識覺醒，才不會曲解對社會實在的認知，並能反思自我的責任，成為恢復自我人性的主體（Freire, 1973）。換言之，要使人具有批判意識，須經由「自覺」與「意識覺醒」的過程才能達成。

傳統中華文化，從古至今一直把教師塑造成權威的圖像，這種道德規範流傳已久，特別是以身作則的典範，教師亦屬天地君親師的「五恩」之一，理應以自身作為量尺標準以供學生敬仰與仿效，世俗間對於教師亦描繪出相同意象，甚至用更嚴格的尺度檢視之。教師身為殖民教育先鋒，成為日本政權首要皇民化目標（尹子玉，2004）。例如服務於新竹州新坡國民學校（現今桃園市觀音區新坡國小）的鄭來進老師，昭和17年（1942）間學校奉派其參加皇民奉公紀念會活動，又因當時國語家庭的推動，校園中的教師亦須以身作則參加國語家庭的座談會，這一系列的皇民化活動，促使鄭來進為了作表率，乃身先士卒地改日本姓名──「松久進」，以自身作為最高典範的楷模（蔡元隆、朱啟華，2019）。一直以來教師的角色往往將自己定位為確實執行上級命令的公務員，因此被認定擁有濃厚的「官方意識」（許誌庭，2002），而這也使得教師往往被要求需具有較高的政策服從性，以便符應統治階級傳播合於統治階級利益的思想，所以在這種特殊身份下，也讓日治時期的臺籍教師背負著國防精神的任務，更造就了他們當時特殊的身份（張淑媚等人，2013a；蔡元隆、黃雅芳，2020），而鄭來進老師就是一個典型的範例。

但日治時期的臺籍教師就真的成了日本霸權操弄的傀儡嗎？其實並不然，近年來有部分學者研究發現（葉律均，2013；張淑媚等人，2013a；張淑媚、

蔡元隆、黃雅芳，2013b；蔡元隆，2008；蔡元隆、朱啟華，2010；蔡元隆、侯相如，2008a，2008b），當時已有少數臺籍教師開始反省自身被殖民的地位與處境，但礙於他們特殊的身份，而只能透過努力教學的方式——「隱性抗議」（hidden protest）[3]對抗日本殖民霸權，筆者爬梳近年來出版的口述歷史叢書（臺北縣文化中心編，1996；蔡慧玉，1997）、個人自傳（黃煌雄，1992；楊鴻儒譯，1996）亦發現少數臺籍教師有自我反省的現象，但上述的文本內容仍缺乏深入地描繪整體的情境脈絡及內心層面的時代經驗。

爰此，為彌補此類研究之不足，本文主要是透過口述歷史的方式，針對五位曾於日治時期（1927-1945年）服務或就讀於國民學校的教師或畢業校友，取得珍貴的口述訪談作為主軸，更輔以現有的相關研究佐證，試圖透過理論分析與詮釋，讓訪談的內容完整度更加紮實。本文欲就三個問題進行瞭解：一、服務於國民學校的臺籍教師是如何察覺被壓迫？二、這些臺籍教師如何意識覺醒？三、他們又是如何透過教學的轉化進行「隱性抗議」與對抗？

貳、臺籍教師的意識覺醒

進入日本殖民時期，儘管它帶來了現代化的教育體系，但教育卻成為達到政治意圖的教化工具，教師面臨更制式化的官方意識形態的課程與教材（姜添輝，2002），因為支配階級或統治階級會運用國家社會的各種途徑和機構來建構與實施霸權（黃嘉雄，1996）。臺籍教師受限於國家機器的宰制更是要依據規定行事，在校園中照本宣科的執行各種學科的教導與課本中的知識傳遞，究竟這些

---

[3] 「隱性抗議」係指，日治時期初等學校的少數臺籍教師受到知識的啟蒙後，察覺到自身的被殖民處境，但由於身份矛盾，所以僅能透過努力教學以達「隱性抗議」來抗拒日本的殖民統治。再者，日治時期初等學校的少數臺籍教師透過課堂教學、課後補習教學等途徑進行「隱性抗議」，讓臺灣囡仔們能在社會流動中躍升至中、上階級，所以課堂教學、課後補習已不僅是教師單純展現個人能力的方式，更帶有反思後殖民地的情結存在（張淑媚、蔡元隆、黃雅芳，2014；蔡元隆、張淑媚、黃雅芳，2013；蔡元隆、黃雅芳，2020）。

國民學校的臺籍教師如何「真正」意識到自己正被殖民霸權的意識形態壓迫呢？訪談對象中的侯寶服與周燎煌他們倆人是如何意識覺醒的呢？周燎煌提及：

> 臺南州奮起湖公學校在郊區，班級數跟學生數不多，那個資深日籍教頭鈴木老師沒事做[4]，幾乎每堂課都巡堂，有時候教到比較敏感的國族話題時，他還會瞪大著眼站在門後「觀課」，讓我很不舒服。有一次，我講的太忘我，把總督府的政策帶有歧視臺灣人罵進去，下課後他就站在教室前門開始「糾正」我。讓我十分不爽！我也對那個日籍教頭有所戒心。（A-2-1）

侯寶服接著說：

> 因為我非師範本科畢業，常被日籍老師糾正我的發音不標準，我非常不服氣，當我要回嘴時，日籍老師就會開始吆喝說我沒有大和魂精神，只配當日本二等皇民，我開始對學校歧視產生反感並質疑公平性。（A-1-1）

從侯寶服與周燎煌心態觀之，他們在教學上備受質疑，且像被國家機器一樣監視著他們的思想行為，這也催化了他們意識覺醒的到來。而意識覺醒就是除去阻礙人們、使人們無法清楚知覺實際存在的障礙，在此過程中，個人若產生批判意識，便能真實地知覺實際存在，瞭解行為的可能與限制，察覺適當的原因與環境關係，進而透過行動與反省的統合來達到解放，並獲得自由與自主（Freire, 1985）。但更進一步追根究柢其意識覺醒的源頭，則來自他們的童年

---

[4] 此段周燎煌的訪談回憶——「教頭」應該是其任職於臺南州林子尾國民學校時的記憶，因為依據昭和16年（1941）至昭和20年（1945），因〈國民學校令〉中規定，國民學校編制為學校長、訓導、養護訓導及准訓導等，必要時得設置教頭（首席教員，相當於教務主任）。爰此，此段訪談內容的呈現則有內部考證瑕疵之疑義，須在此澄清之。以上參見臺灣教育會（1939）出版的《臺灣教育沿革誌》。

或求學經驗的過往，周燎煌說：

> 我是臺灣囝仔，家裡務農種甘蔗，家境不好，收成時常被日本人的糖廠會社佔便宜，所以小時候對日本人印象不好，加上中學校時曾被日籍同學欺負，所以我想證明我不比日本學生差。（A-2-1）

而侯寶服也說：

> 我考中等學校時發現，為什日本人的名額比較多，而臺灣人名額非常少，這是非常大的差別待遇，為了證明我能力不輸日本人，我很努力唸書考上中等學校，替家人跟臺灣人爭一口氣。（A-1-1）

就訪談內容的回憶，似乎感受到兩位老師有著臺灣囝仔草根性的強烈民族意識，緊接著周燎煌說：

> 在中等學校唸書的日子裡，接觸了很多課外讀物，我發現，讀書似乎可以改變我的社會地位，不被日本人欺負，所以我立志畢業後要當老師，幫助更多的臺灣囝仔透過教育，找到更好的工作，並證明臺灣囝仔不輸日本囝仔。（A-2-2）

侯寶服也說：

> 當我考上中等學校時，我就知道我不比日本人差，求學階段我更加努力，發現唸書可以得到尊敬，進而可以改變自己的社會地位，更可以證明我不比日本人差的事實。後來我到學校教書時，都時時刻刻提醒著孩子們要認真唸書，不要讓家人失望。（A-1-2）

追本溯源，兩個人在童年或求學經驗早已點燃了他們意識覺醒的小火苗，直到他們實際在教育現場任教時才真正的察覺，是以往的受壓迫者經驗，助燃了這把意識覺醒的小火苗。Kraft（2009）、張淑媚（2016，2020）指出，教師的童年經驗確實會影響日後教師的理念、教育思想或教育行為，諸如J. J. Rousseau、J. H. Pestalozzi 等著名的教育家。而類似的說法也曾於張淑媚等人（2013b）、蔡元隆等人（2008a、2013）相關的研究中得到論證。緊接著是有關任教於學校後所受的思想掌控與牽制，昭和19年（1944）服務於臺南州蒜頭北國民學校的侯寶服回憶指出：

> 其實在念中學時，班上有少部分日籍學生對我們臺籍學生是有歧視與敵意的，但是大多數的日籍學生都是好相處的，畢業後我參加臨時教員的講習，通過臨時教員的甄選，後來分發到蒜頭北國民學校服務，第一天上班馬上被日籍資深的中馬老師精神訓話。要求身為教師更有皇民精神，並以身作則。嚇得我立正站好，不敢亂動。（A-1-1）

而昭和14年（1939）初任職於臺南州奮起湖公學校的周燎煌也回憶起當年初次到學校報到時的震撼教育情形：

> 印象中飄著雨，剛踏進校長室向臺籍張東山校長報到時，看到校長是臺灣人非常開心，但是接著踏入到校長室的則是一位留著兩撇八字鬍的日籍老教頭──鈴木先生，開始對我展開一連串的「思想查察」，看得出來張校長很敬畏他。（A-2-2）

其實到了昭和14年（1939）前後，臺灣總督府已經開始陸續推展皇民化運動，也就是希望讓臺灣人逐步認同日本國族與日本天皇，並漸進式的同化為完全的日本人。由兩位教師初到學校報到的體驗，可以察覺日本當局認為教師的

品格與思想將影響皇民化政策的推行，而身為教師更應該作為表率，所以進行一連串的思想整肅。就義大利後現代社會學家A. Gramsci觀點，教師是國家塑造的知識傳遞者，且是精神國防的尖兵，所以他們常被賦予傳遞霸權知識份子的表徵（黃嘉雄，1996），但這樣的作為除了引起侯寶服與周燎煌心中的反感外，周燎煌更回憶起在學校與同事相處的情形，他指出：

> 日籍老師通常會看不起臺籍老師，更何況我只是個代用教師，所以言行舉止間都帶有歧視。還會冷言冷語的說，你們臺灣人好好教書，以免沒工作，這工作是大日本帝國給你的恩惠，聽了確實讓人很生氣，難道臺灣人真的比較差嗎？（A-2-1）

而侯寶服面對他在校園中同事之間的相處狀況，他回憶著說：

> 因為我比較晚進學校服務，所以很多事不懂，我都會請教較資深的臺籍同事，但是這樣不行。比較資深的日籍同事就會靠過來說，你們臺灣人日文不是講得很好，但應更有日本精神一點，不要私下臺灣同事間一直講臺語。我很生氣，都懷疑是不是自己不好，我可是中等學校第三名畢業的。（A-1-1）

從侯寶服與周燎煌的經驗看來，在其所處大時代下所框架的教育體制中，他們是依附於其中，但當面對日籍教師的質疑時，他們又無法與之斷絕關係或直接回擊去脫離那個場域，且要遭受他們惱人或愚蠢的評價，而引起自我矛盾的衝突，成為壓迫者的宿主，這樣的「依附模式」完全符合P. Freire眼中受壓迫者的特質。Freire（1970）認為，受壓迫者心理排斥壓迫者卻又拒斥他們，也因已經適應宰制的結構，無法有所作為，加上被壓迫者施壓的負面評價，而缺乏自信甚至自我貶抑。此外，受壓迫者的情感上往往是依賴的心理，而這更

導致受壓迫者無法清楚知覺他所處的「體制」或「秩序」，其實是為壓迫者的利益服務。換言之，壓迫者總是利用受壓迫者的依賴性，將周圍的所有人納為可支配的範圍，或藉由偽裝的慷慨使不正義的情況持續（李奉儒，2003）。而檢視整個脈絡，這兩位臺籍教師矛盾的經驗也開啟了兩人意識的覺醒與教學轉化的抗拒能動性。

參、轉化型知識份子：教師教學轉化的圖像

葉律均（2013）指出，臺籍教師被視為國家意識形態的工具，在殖民政府巧妙的政策下，在社會、在學校的身分和威望逐步增強，並利用教科書內容來確保臺籍教師「正確」的國家意識。臺籍教師在殖民體制內的身分敏感，教師們又難以違背國家教育體制和文官體制，始終不敢有太大作為，但又為了表現自身民族意識的責任，只能認真努力地教書，並鼓勵臺籍學童在體制內與日本人競爭，以此來轉化其身為殖民者工具的矛盾情結（葉律均，2013；張淑媚等人，2013a），這般矛盾的情結，邱家宜（2013）舉吳濁流為例，分析他矛盾的衝突點：吳濁流生長於舊傳統的客家族群中，他對於「變成日本人」一事始終心存抗拒；但另一方面，他又接受了完整的日本式教育，所能掌握的「知識語言」其實是日語（母語、客語是「生活語言」）。而上述的現象即造就了少數臺籍教師「矛」與「盾」的衝突──「隱性抗議」的開展與抗拒，然而回歸「隱性抗議」的意識主軸，主要是歸咎於臺籍教師已經知覺到被壓迫的處境。Freire（1970）認為，當人們發現自己是壓迫者的宿主時，就會促成「解放教育」（libratory education）（又稱提問式教育）意識的覺醒。教育作用在Freire的眼中是一種「解放教育」，所有參與教育的人們都獲得「賦權增能」（empowerment）；解放教育是解放性實踐的一部分，其目標是為了要改造社會秩序（Freire, 1970）。爰此，教育並非是中立的，因為教育要不用來馴化人民，就是解放人民；教育若不是為統治者掌控人民、維持社會現狀的工具，就

是替受壓迫者爭取自由、求得解放的工具（黃聿芝，2008）。

對少數的臺籍教師而言，透過課堂教學、課後補習教學的途徑進行「隱性抗議」，讓臺灣囝仔能在社會流動中躍升至中、上階級，所以課堂教學、課後補習已不僅是教師單純展現個人能力的方式，更帶有反思後殖民地的情結存在（張淑媚等人，2014）。德國批判教育學者W. Klafki認為透過一些政治意識形態的課程，可以讓學生了解社會中的權力運作以及造成的社會不平等現象，提供學生反省，並尋求自我解放，並幫助社會他人也得到解放的機會（朱啟華，2013）。就讀於嘉義市東門公學校的蔡廷英，回憶起對他影響最深的朱華山老師的圖像為：

> 朱華山老師，很有正義感，上課不會照本宣科，遇到宣揚帝國主義的課文，他會提出意見，並要我們反思，而且還會免費幫我們課後補習，並鼓勵繼續升學。（B-1-1）

而高木秋帶著感激的心回憶起恩師劉煥文老師，他說：

> 我二年級時被「漢文老師」（煥文老師）教過國語（日語），因為那時候日語不太會講，所以上課時老師怕我們太小聽不懂，都是日語與臺語夾雜者講課。不只是單純的講課，還會教我們反省整篇課文背後的意義，受益非常良多。（B-2-1）

緊接著蔡廷賢回憶其印象中最敬重水師仔先生（張耀水）的教師圖像：

> 水師仔先生（張耀水）小時候跟我祖父獻其公學過漢文，所以他有滿滿的臺灣意識，也對我特別照顧。他上課時很強調「思考」，就是要動腦。會提出問題讓我們思考。此外，他還鼓勵我們升學，不能輸日本人。（C-1-1）

由此可知，他們三人眼中的臺籍教師相較其他教師更有知覺意識，似乎有「隱性抗議」的影子，而教師們在課堂上提出評論的行為，似乎是覺察能力與反省能力的進一步實踐。批判教育學中強調教師的課程意識（curricular consciousness），覺醒必須與教學行動結合，進而產生「對話關係」（Freire, 1970）。倘教師已經有意識覺醒的作為，但缺乏教學行動力，仍只是空談，發揮不了轉化的力量；反之，如果僅有教學行動力而缺乏課程意識覺醒，將使其淪為盲目的教學行動（周梅雀，2006）。張淑媚等人（2013b）研究中發現臺籍教師楊秀竹等五人已會從自我反省過程中，作一種民族情懷的轉化，變成另一種用教書的「隱性抗議」模式來抗拒日本霸權。同樣的現象或行為也在蔡元隆（2010）、蔡元隆等人（2008a）及張淑媚等人（2013a）的研究中以不同臺籍教師出現[5]。在P. Freire眼中這就是「解放教育」的教學方式，它是一種人性與解放的實踐，可以使學生成為批判的思考者（Freire, 1970）。而他們又是如何透過教學轉化抗拒日本殖民國家文本、記憶呢？周燎煌說：

　　例如教到國語家庭跟改姓名，傳達意識就是要成為「真正日本人」，但這很荒唐，且一切根本不合理，臺灣人就是臺灣人，怎會是改了日本名字就變日本人呢？根本軍國主義作祟。對一個三、四年級的囝仔來說，根本不可能知道。這都是國家洗腦政策。（A-2-1）

侯寶服（圖14、圖15）也說：

　　戰爭後期，參拜神社頻率增多，歡送出征的活動也變多，通常我會跟學

---

[5] 三篇文章中有覺察能力與反省能力的臺籍老師，在蔡元隆（2010）研究中有賴彰能、黃足治、林淑慧等人。再者，蔡元隆、侯相如（2008a）研究中有吳德恩、許漢、賴福德、賴彰能、張俊宏等人。最後張淑媚等人（2013a）研究中有羅光明、劉波、郭雪霞等人。上述三篇研究中僅有賴彰能一人重複。以上參見蔡元隆（2010）、蔡元隆、侯相如（2008a）、張淑媚等人（2013a）。

圖14▋周燎煌老師上課時影像

圖15▋周燎煌老師教授體操時影像

兩圖資料來源：作者自行收藏。

生說要報效國家前，請你先好好想一下，你有沒孝順父母，父母親都無法照顧好了，談什麼報效國家？看在我們眼裡都覺得不可思議，更何況是教給囝仔呢？（A-1-1）

由上述兩段訪談內容得知兩位受訪者對課堂上教授給囝仔的知識讀本，再一次進行反思與回饋，他們質疑這些「知識性」是否得宜？這樣觀點也呼應了H. Giroux在批判教育學中的中心思想，他認為：批判教育學需要非權威性的社會關係；這種關係是質疑知識的本質或意義不可或缺的對話及溝通的條件，同時也是揭開社會事實潛在結構的必備要素（Giroux, 1981）；換言之，欲促使每一個受教個體均能達到實質的啟蒙與幸福，必須與社會批判緊密結合，揭露權力結構與知識分配是否不當的窄化教育過程（楊深坑，1988），所以教育要避免淪為宰制的工具，則需要以人性追求自主、自由的普遍性為起點，運用人類的「對話」，來啟蒙人類「反省」與「行動」的實踐意識（王秋絨，1997）。除此之外，教師更應深入反省自己工作所蘊含的政治和道德意義，不能將教育工作，簡化為只是知識傳遞的工作，而不自覺地成為結構再製的工具，而是要將其轉化，為批判的行動，在教室內加強批判思考教學，開展學生的行動能力（黃嘉雄，1996）。

從訪談的內容看出周燎煌等人透過教學的轉化將正確的知識觀傳遞給了囝仔，並鼓勵他們思考，認為教育不應淪為強迫學習者接受反應某種意識形態的死知識或背誦政治教條的囚籠。Giroux（1988）認為教師需要把教學視為一種解放的實踐；以P. Freire觀點，他認為教與學的溝通是參與者共同對話的過程（王秋絨，1999）。所以在教與學的過程中，「對話」的過程則是扮演意識覺醒啟迪的引導力。周燎煌回憶說：

我喜歡在課堂上教書時，每段課文講解完時，我都會加上「でも」（但是），因為某些課本內容的意識形態帶有國家主義，怕孩子們真的思想偏

差,且一直鼓勵孩子們反省自身處境,跟認真唸書出人頭地。(A-2-2)

侯寶服接著說:

我喜歡用「擴充」的概念對課文進行講解,就是舉一反三,跟前因後果的邏輯,讓孩子辨別真假,好壞。並澄清他們的價值與信念,而不是課文中的文字記載。(A-1-2)

而身為學生的高木秋回憶著說:

漢文師仔(煥文老師)白天在學校時,課堂上他也常常發表批評日本政府對臺灣人的不公言論,但當校長來巡堂時,他總是有辦法把上課課本內容轉回來,「一語雙關」,繼續講課,非常厲害。校長聽到了還頻頻點頭認同。(B-2-2)

同樣的,蔡廷英指出:

朱華山老師對家人重視,例如,課本內容中提到忠愛國家,其實並不一定就要犧牲奉獻,這是一種愚忠,如果你死了,家裡父母親誰照顧?根本就是不孝。出征的那些勇士,他們並非志願的,要認清真相。(B-1-2)

蔡廷賢亦回憶說:

水師仔先生(張耀水老師)他很重視上課與學生的互動,他覺得小孩子就是不懂,老師才要教導,老師教了學生有反應,才是真正的學習。因為身處殖民,教科書一定有軍國主義,所以他一定會澄清,並導正我們

是臺灣人。（C-1-1）

　　因為教科書的文本知識是政治性的，其內容知識必然符應某優勢社群的意識形態，更是一群權力主體競逐後的結果，當支配階級為了要讓人相信其知識是合法的，因而就要教導人們以所謂「正確」（right）的方式去思考，以限制人民的意識形態（Apple, 1979）。而課程與教科書反映了國家霸權的支配狀態，他們的內容不僅僅是一種知識體系，更代表政治社群中所共同具有的一套信仰與規範，是政治意識形態的灌輸（譚光鼎，2000）。但從上述兩位教師及三位學生的訪談內容，我們發現教師的教學行為與學生的上課感受，都質疑了殖民霸權教科書所傳遞的知識觀，更間接讓囡仔們思考朝向真正知識與價值澄清的正途。楊深坑（1985）認為，透過隱含在批判背後的規範，試圖改善教育實踐，可達到個人人格的完全開展。此時教師不再只是授業者，在教師與學生的對話過程，教師本身也蒙受益處；學生在接受教師教育的過程，學生本身反過來也在教導老師，他們彼此教學相長（施宜煌，2015）。除此之外，王秋絨（1997）認為，倘學生僅被當作沒有生命經驗與主動開展自我生命的物體，只能被動接受教師所推銷的知識。師生沒有機會停下來反省教科書的知識從何而來，透過什麼樣的過程編製而成？那些知識為何需要學，學了之後如何在社會文化情境中被使用？而王秋絨的論點似乎完全呼應了德國批判教育學家K. Mollenhauer對教育論述的中心理念：他認為教育過程中，學生應該被當作溝通的主體來看待，而且師生的溝通行動是建立在平等基礎上（Mollenhauer, 1972）。

　　此外，臺籍教師教學自主的能動性，來自教師們的自我本體的批判與反思，此概念正如同引述P. Freire主張：教學者在培育個人自我覺察，自我負責的能力，以及參與社會文化的創造與批判意識，而非傳遞既定的知識（王秋絨，1997）。綜觀之，臺籍教師已經知覺到自身被殖民的處境且進一步的反省自我，嘗試透過「教學」的方式對抗日本霸權，並展現出疼惜臺灣囡仔的一面，進而朝向P. Freire眼中的轉化型知識份子（transformative intellectuals）邁

進，因為解放的教學行動是教師課程意識覺醒的目的，更是批判教育學理念的落實（周梅雀，2006）。

肆、結論：隱性抗議與殖民體制下的教育抵抗

　　Freire（1998）在《教師作為文化工作者：致有勇氣從事教學者》（Teacher as cultural works: Letter to those who dare teach）一書中提及，進步的教師應在實踐中逐步培養謙讓、愛、勇氣、容忍、果斷與安全、以及「沒有耐心的耐心」等特質，這些素養不僅能讓教師在教育現場發揮影響力，也能成為社會變革的關鍵角色。將這些特質與日治時期少數臺籍教師的行事風格相對照，不難發現，這群教師們正是Freire理論的最佳實踐者。他們身處殖民體制之下，卻不願完全屈服於政權的宰制，而是選擇以隱性的抗議方式來維護自身的價值信念，並透過教育場域潛移默化地影響下一代臺灣囝仔。他們在學校內外展現了高度的適應力與策略性，一方面在體制內運作，一方面尋求抗拒與轉化的可能性，使自身成為一種「遊走邊緣的知識份子」，在殖民教育體制的夾縫中進行抗爭。

　　這些臺籍教師內心所承受的衝突與矛盾，並非表面上所見的臣服與順從，而是一場長期的「自我鬥爭」。作為受過高等教育的知識份子，他們的思想啟蒙來自日本的教育體制，然而，當這些教師在學校內教授「皇民教育」時，他們的身份卻始終處於被殖民者的次等國民地位。他們既是日本知識與價值觀的傳遞者，又是殖民統治下被壓迫者的教育者，這樣的矛盾，使他們的抗拒與反抗呈現出一種「矛」與「盾」並存的情境（張淑媚等人，2013a）。

　　如黃嘉雄（1996）所述，教師不僅是知識的創造者，也是價值的建構者、政治行動者與社會結構的轉化者。在日治時期，臺籍教師表面上遵循日本總督府的教育政策，但私底下卻透過教材選擇、教學風格、課堂對話等細微的方式，進行知識的重塑與價值的隱性傳遞。他們並未如殖民者所期望的那樣，完全成為皇民化運動的推手，反而在「教學場域」中以文化抵抗的方式，實踐

知識解放與價值對抗。這樣的策略性抗拒，不僅讓他們避免遭受政權的嚴厲制裁，也使臺灣學生能夠在學校體制內，潛移默化地保有屬於自己的文化認同與民族意識。黃聿芝（2008）認為，作為批判的文化工作者，教師必須意識到自身角色的政治性，檢視與反思其所處的立場與價值觀。即便無法完全擺脫殖民政權的控制，他們仍應以批判性思維理解知識的建構過程，並有意識地避免成為單純傳遞官方意識形態的工具。這群遊走邊緣的臺籍教師正是如此，他們不僅沒有盲從於殖民體制，反而選擇透過細膩而隱晦的方式，傳遞批判意識，並在教育場域中埋下反抗的種子。

　　回顧臺灣的抗爭運動史，過去我們往往將焦點放在那些拋頭顱、灑熱血的革命烈士，然而，臺籍教師們在教育現場所進行的「隱性抗議」，同樣是那段歷史中不可忽視的重要篇章。他們透過教學內容的篩選、學生價值觀的塑造、知識話語的轉譯等方式，在校園內進行了一場「寧靜的革命」。這些教師的抗拒行為並非以公開對抗的形式展現，而是選擇在體制內部尋找可行的縫隙，在日本統治者的監視之下，透過「陽奉陰違」的方式進行策略性抗爭。這種「隱性抗議」雖然不像武裝鬥爭那般轟轟烈烈，卻對臺灣社會的文化認同與知識傳承產生了深遠的影響。這群教師在教育場域中的抗拒行動，與當時政治環境中的民族運動（如臺灣文化協會、臺灣民眾黨）產生了某種程度的互動與呼應。他們雖然無法直接參與政治運動，但卻在自己的崗位上，藉由教育這項最有力的工具，進行潛移默化的啟蒙，讓臺灣學生在接受日式教育的同時，也能夠培養獨立思考的能力，甚至對殖民政權的意圖產生懷疑與反思。

　　歷史的研究與詮釋，應避免落入單一視角的陷阱。長久以來，日治時期的臺籍教師被簡單地歸類為「順從皇民化政策的體制內官僚」，然而透過史料與口述歷史的爬梳，我們發現，這群教師並非全然順服於殖民政權，他們透過教育場域的「隱性抗議」，成為臺灣抗爭運動史上不容忽視的關鍵角色。這些教師的教育實踐，表面上看似順從，實則包含了許多策略性的轉化與抵抗。他們透過知識的選擇與價值觀的傳遞，影響了臺灣囝仔的思想，並在長期的文化

交流與衝突中,形塑出一種「既受日本教育影響,但又意識到自身殖民處境」的特殊民族認同。這種矛盾的處境,使得臺籍教師在當時的社會結構中,既是被殖民者,也是文化抗爭的隱形戰士。透過本文,我們希望喚起對日治時期臺籍教師角色的重新理解與再詮釋。這些教師們雖未能在政治舞臺上發聲,卻透過「教育的力量」,在學校內部執行了一場場無聲的抗爭。他們的故事提醒我們,在殖民體制下,抗爭不一定是正面對決,教育場域內的「隱性抗議」,同樣是抵抗霸權、維護文化與價值觀的重要方式未來的研究,應進一步探索這些教師在不同時期、不同地域的抗拒方式,並透過口述歷史、校史檔案、日誌文件等史料的交互分析,深入理解這場「寧靜革命」的影響力。唯有如此,我們才能真正還原那段被忽視的歷史,並讓這群無名英雄的貢獻得到應有的評價與尊重。

參考文獻

一、中文文獻

尹子玉(2004)。日治時代小說中的教師形象。**國立中央圖書館臺灣分館館刊**,10(1),119-131,

王秋絨(1997)。**成人教育的思想與實務:現代、後現代的論辯**。心理。

王秋絨(1999)。**二十世紀的成人教育思想家**。心理。

臺北縣文化中心編(1996)。**臺灣人教師的時代經驗**。臺北縣文化中心。

朱啟華(2013)。臺灣國際教育的反思——以《中小學國際教育白皮書》為例。**嘉大教育研究學刊**,30,1-20。

江文瑜(1996)。口述史學(頁249-269),載於胡幼慧(主編),**質性研究:理論、方法及本土女性研究案**。巨流。

吳文星(2000)。**鹿港鎮志——人物篇**。鹿港鎮公所。

李奉儒(2003)。P. Freire的批判教學論對於教師實踐教育改革的啟示。**教育研究集刊**,49(3),1-30。

杜章智譯(1990)。**列寧和哲學**(原作者:L. Alt husse)。前衛。

杜維運(1979)。**史學方法論**。三民。

周梅雀(2006)。教師課程意識覺醒的社會解放潛力。**課程與教學季刊**,9(4),67-78。

邱家宜(2013)。失落的世代:以吳濁流為例看戰後初期的臺灣本土報人。**中華傳播學刊**,23,229-166。

姜添輝(2002)。九年一貫課程政策影響教師專業自主權之研究。**教育研究**,48(2),157-197。

施宜煌(2015)。Paulo Freire意識覺醒歷程觀的回應——發展學生批判意識的教學方法。**教育實踐與研究**,28(2),149-180。

柿子文化(2016)。**大人的小學時代:一堂最有趣的臺灣史,從小孩子看大時代**。柿子文化。

島嶼柿子文化館(2004)。**臺灣小學世紀風華:第一本臺灣孩子的百年校園紀事**。柿

子文化，2004。
國立臺中教育大學（2019）。**永續與超越——中教大雙甲子紀念專刊**。五南。
張淑媚、蔡元隆、黃雅芳（2013a）。「矛」與「盾」的衝突：論日治時期初等學校臺籍教師「隱性抗議」之意涵及其在臺灣教育史上的啟示。**中等教育季刊**，62(2)，61-77。
張淑媚、蔡元隆、黃雅芳（2013b）。日治後期（1943-1945）臺籍教師在初等學校中抗拒殖民霸權的形式分析：以嘉義地區為例。**南臺灣研究**，2，143-167。
張淑媚、蔡元隆、黃雅芳（2014）。**圖解臺灣教育史**。五南。
張淑媚（2016）。教育者心裡的小孩——以教師敘事探討多元的教育價值觀。**嘉大教育研究學刊**，36，55-79。
張淑媚（2020）。教育者心裡的小孩——教師成績觀點發展歷程之敘事探究。**教育科學期刊**19(2)，99-122。
許佩賢（2005）。**殖民地臺灣的近代學校**。遠流。
許誌庭（2002）。教師做為轉化型知識份子的可能性限制與實踐方向。**教育研究集刊**，48(4)，27-52。
黃聿芝（2008）。P. Freire批判教育學對於教師角色的啟示。**東海教育評論**，1，1-16。
黃煌雄（1992）。**蔣渭水傳・臺灣的先知先覺**。前衛。
黃嘉雄（1996）。**轉化社會結構的課程理論：課程社會學的觀點**。師大書苑。
楊深坑（1985）。教育理論與實踐的關係。**國立臺灣師範大學教育研究所集刊**，27，213-235。
楊深坑（1988）。意識形態批判與教育學研。**國立臺灣師範大學教育研究所集刊**，30，25-56。
楊祥銀（1997）。**口述史學**。揚智。
楊鴻儒譯（1996）。**我的抗日天命**（原作者：林歲德）。前衛。
葉律均（2013）。日治時期臺灣師範生皇民化的形塑之研究〔未出版之碩士論文〕。國立臺灣師範大學。
趙干城、鮑世奮譯（1990）。**史學方法論**（原作者：L. Alt husse）。前衛。
蔡元隆、朱啟華（2010）。日治時期臺灣初等學校課後補習經驗初探。**嘉大教育研究學刊**，25，95-117。

蔡元隆、朱啟華（2019）。桃園市觀音區教育的推手──鄭來進校長史料簡介與考證。**桃園文獻**，7，81-93。

蔡元隆、侯相如（2009）。日治時期臺灣初等學校體罰現況初探：口述歷史研究。**中等教育季刊**，62（1），36-52。

蔡元隆、侯相如（2008）。日治時期皇民化的幫凶？──五位國民學校臺籍教師對抗殖民霸權的反省實錄。文化研究月報，80，http://hermes.hrc.ntu.edu.tw/csa/journal/80/criticism01.htm

蔡元隆、侯相如（2008a）。初探日治時期（1939-1945年）公學校臺籍教師的隱性抗議──從薪俸制度的差別待遇談起。人文研究期刊，4，75-94。

蔡元隆、張淑媚、黃雅芳（2013）。**日治時期臺灣的初等教育：校園生活、補習文化、體罰、校園欺凌及抗拒殖民形式**。五南。

蔡元隆、張淑媚（2001）。日治時期（1937-1945）臺、日籍教師與臺灣囝仔的校園生活經驗：以嘉義市初等學校為例。**嘉義研究**，3，49-92。

蔡元隆、黃雅芳（2020）。**讀冊真趣味──從懷舊老物件看日治時期臺灣教育**。臺北：秀威。

蔡元隆（2008）。日治時期嘉義市公學校的思想掌控及學校生活之研究〔未出版之碩士論文〕。國立嘉義大學。

蔡元隆（2010）。從抗拒到轉化：談日治後期嘉義市國民學校臺籍教師的臺灣意識及其教學實踐。文化研究月報，101，98-101。

蔡明哲（2004）。H. Giroux批判取向的課程美學：抗拒與轉化對教師教學實踐的啟示。高應科大人文社會科學學報，1，169-186。

蔡慧玉（1997）。**走過兩個時代的人──臺籍日本兵**。中央研究院臺灣史研究所籌備處。

謝佩錦（2005）。日治時期臺灣公學校教師之研究〔未出版之碩士論文〕。國立新竹教育大學。

鍾肇政譯（1988）。**臺灣連翹：臺灣的歷史見證**（原作者：吳濁流）。前衛。

譚光鼎（2000）。國家霸權與政治社會化之探討──以「認識臺灣」課程為例，**教育研究集刊**，45，113-137。

蘇志鴻纂修（2000）**西螺鎮志**。西螺鎮公所。

二、外文文獻

嘉義市役所編（1936）。嘉義市制五週年記念。嘉義市役所。

臺灣教育會（1939）。臺灣教育沿革誌。臺灣教育會。

臺灣教育會（1913）。臺灣學事法規。臺灣教育會。

臺灣教育會（1929）。臺灣學事法規。帝國地方行政學會。

臺灣教育會（1943）。臺灣學事法規。帝國地方行政學會。

Apple, M. W. (1990). *Ideology and curriculum*. Routledge.

Bennett, T., Grossberg, L., & Morris, M. (2005). *New keywords: a revised vocabulary of culture and society*. Blackwell.

Freire, P. (1970). *Pedagogy of the oppressed*. Penguin.

Freire, P. (1973). *Education for critical consciousness*. Continuum.

Freire, P. (1985). *The politics of education: culture, power and liberation*. Bergin & Garvey.

Freire, P. (1998). *Teacher as cultural works: Letter to those who dare teach* (Macedo, D., Koile, D. & Oliveira, A. Trans.)Westview Press.

Giroux, H. A. (1981). *Ideology culture and the process of schooling*. The Falmer Press.

Giroux, H. A. (1983). T*heory and resistance in education: A pedagogy for the opposition*. Bergin & Garvey.

Giroux, H. A. (1988). *Teachers as the intellectuals: Toward a Critical Pedagogy of Learning*. Bergin & Garvey.

Kraft, V. (2009). *Padagogisches Selbstbewusstsein: Studien zum Konzept des Padagogischen Selbst*.Verlag Paderborn; Verlag Ferdinand Schöningh.

Mollenhauer, K. (1972). *Thoerien zu Erziehungsprozesse*. Juventa.

Thompson, P. (1988). *The Voice of the Past: Oral History*. Oxford University.

附錄

一、研究受訪者資料

本文針對五位經歷了日治時期（1927-1945年）服務於國民學校（公學校）的教師或畢業校友作詳細的口述歷史資料（表1、表2）。

表1｜二位教師基本資料

姓名	性別	年齡	日治時期服務時期	日治時期服務的學校	擔任職務[6]	健康狀態
侯寶服	男	95	1944-1945	臺南州蒜頭北國民學校（現今雲林縣六腳鄉蒜頭國小）	助教	尚可
周燎煌	男	99	1939-1941	臺南州奮起湖公學校、臺南州奮起湖南國民學校[7]（現今嘉義縣竹崎鄉中和國小）	助教、教員心得	良好
			1942-1945	臺南州林子尾國民學校（現今嘉義縣民雄鄉秀林國小）	准訓導	

資料來源：作者自行整理

---

[6] 關於正式教師的種類與職稱演變。明治31年（1898）至明治41年（1908）年分為：公學校教諭（日籍教師）與公學校訓導（臺籍教師）。明治42年（1909）至大正11年（1922）分為：公學校甲、乙、丙種、專科教諭（日籍教師）與公學校訓導（臺籍教師）。大正12年（1923）年至昭和15年（1940）年分為：公學校甲、乙、丙種本科、專科正教員（日籍教師）與公學校甲、乙種准教員（臺籍教師）。昭和16年（1941）年至昭和20年（1945）分為：國民學校訓導、初等科訓導、專科訓導、養護訓導（日籍教師）與國民學校准訓導、初等科准訓導（臺籍教師）。再者，關於代用教師的種類與職稱演變。明治31年（1898）至大正6年（1917）年分為：囑託（日籍教師）、雇（臺籍教師）。大正7年（1918）至大正10年（1921）分為：教務囑託、助手、教諭心得（日籍教師）與訓導心得（臺籍教師）。大正12年（1923）至昭和15年（1940），一律稱教員心得。昭和16年（1941）至昭和20年（1945），一律稱助教。且每一個時期，不同性質的正式臺日籍教師均有其區分之工作範圍。以上參見臺灣教育會（1913，頁121；1929，頁164-165；1939，頁375；1943，頁164）、張淑媚等人（2014，頁67）、謝佩錦（2005，頁15-16，頁20）、蔡元隆、黃雅芳（2020，頁220）。

[7] 昭和16年（1941）2月29日頒布〈國民教育令〉，接著3月26日以勅令第二五五號修正《臺灣教育令》，將臺灣的初等教育一律改為〈國民學校令〉實施，並在同年4月1日實施國民學校令，

表2｜三位學生基本資料

姓名	性別	年齡	日治時期就讀時期	日治時期畢業的學校	健康狀態
蔡廷英	男	92	1934-1940	嘉義市東門公學校（現今嘉義市東區民族國小）	良好
高木枝	男	94	1931-1937	臺南州西螺公學校（現今雲林縣西螺鎮文昌國小）	良好
蔡廷賢	男	99	1927-1933	臺南州中埔公學校頂六分教場（現今嘉義縣中埔鄉頂六國小）	良好[8]

資料來源：作者自行整理

二、口述歷史資料的編碼

（一）逐字稿的抄謄及整體閱讀

首先將每一份訪談錄音內容謄寫成逐字稿，成為日後閱讀及分析的文本。在謄寫逐字稿前，我們先紀錄文本編號、受訪時間及訪談地點等，謄寫時，我們反覆聽錄音帶內容，一字不漏的將其轉化成文字。接著將謄寫完畢的文本列印之後，做每份文本初次的整體閱讀，秉持著客觀的角度視野、跳脫先前刻板印象及經驗詮釋，儘量融入受訪者的情境脈絡中。

（二）進行編碼

本文使用質性軟體ATLAS.ti 8.0版作為輔助工作進行編碼[9]。首先按照訪

也就是將原本小學校及公學校雙軌制一律改為日治後期我們所稱的「國民學校」，所以臺南州奮起湖公學校改制為臺南州奮起湖南國民學校。此外，有關表2中的畢業學校雖是公學校，但為了文章的通順度，文中統一稱為國民學校，在此合先敘明，不再於內文中的註贅述說明之。

[8] 本文撰稿時蔡廷賢老先生已經於民國107年（2018）逝世，但當時訪談時其健康狀況良好，筆者認為該口述內容有一定的信度與效度，故仍採用其口述內容作為訪談資料之文本。

[9] ATLAS.ti 8.0是一套質性分析軟體，其最大特色是可針對大容量文本、圖像、聲音和影片資料進行統整式的質性分析。透過內建精密完善的工具幫助我們以創造性、系統化的方式對資料進行整理、整合、管理。它可以將各類資料轉換成我們所需要探討的學術知識，有系統的及高創造性的方式來管理資料，並從資料中編碼比較探索各種資料新可能性及關聯性，進而重

談對象分為男性與女性臺灣囝仔兩類,,教師代碼為「A」、學生代碼為「B」,分別獨立編號(表3)。第一位教師為「A-1」,接著第一位學生為「B-1」,最後一碼為訪談次數。並在編碼時給予標示如「努力教學」註記,例如「A-1-1努力教學」。

表3│編碼表

類別	姓名	代碼
教師	侯寶服	A-1
	周燎煌	A-2
學生	蔡廷英	B-1
	高木枝	B-2
	蔡廷賢	B-3

資料來源:作者自行整理

新集合拼湊出新的問題意識。加上質性軟體ATLAS.ti 8.0版有提供筆記本功能,可提供使用者即時在筆記欄處先記下幾點初次閱讀後研究者感受到的重要訊息、評語及省思,並與之相關段落作連結,甚至可以幫忙我們在編碼與寫完札記反思後,將每份文本中以關鍵字命名編碼部分的段落與反思的文字,全部幫我們匯整出來,讓我們方便分析與瞭解(蔡元隆、黃雅芳,2017)。

輯二｜教育制度及其影響與意義

第四章　日治時期嘉義中學校與嘉義農林學校的校歌、校徽與校旗之符號意象探究與比較

> 建築物永遠既是夢想物又是功能的體現者，
> 既是某種空幻之表現，也是某種被使用的工具。
>
> ——法國符號學家 Roland Barthes（A.D. 1915-1980）

壹、鋤頭與鋼筆的角力：「嘉農」與「嘉中」的瑜亮

民國103年（2014），臺灣寶島內上映了一部由馬志翔執導、魏德聖等人編劇，名為《KANO》的熱血電影，該片生動再現日治時期嘉義農林棒球隊如何在臺灣三族群（日本人、漢人及原住民）共融的背景下，團結奮戰，最終打進甲子園的動人故事。這部電影的推出，不僅在臺灣引發廣大迴響，也在日本與香港獲得不俗的票房成績，掀起一股懷舊與棒球文化的熱潮（維基百科，2021）。然而，《KANO》這部電影除了以嘉農棒球隊進軍甲子園為主軸外，也巧妙刻畫了嘉義地區兩所中等學校——嘉義中學校[1]（嘉中；今國立嘉義高級中學）與嘉義農林學校[2]（嘉農；今國立嘉義大學）之間，在棒球領域的競爭與

---

[1] 嘉義中學校為今日的嘉義市國立嘉義高級中學前身，該校創設於大正13年（1924）4月1日，學制為五年，首任校長為日籍教諭三屋靜。並於同年4月25日，借用嘉義高等女學校舊址的校舍內舉行開學與入學儀式。大正15年（1926）6月9日，嘉義市山子頂新校舍竣工，師生遷往該處上課與辦公，亦即今日之校址所在地（臺南州立嘉義中學校，1942a）。民國34年（1945）日本戰敗，派嘉義中學校友會校友會長黃文醫師代理校長，同年12月由臺灣省政長官屬教育處派徐敘賢先生接任校長，並改名為臺灣省立嘉義中學，後續校名的更迭為：民國58年（1969）稱臺灣省立嘉義高級中學、民國89年（2000）稱國立嘉義高級中學。以上參見臺南州立嘉義中學校（1942a）、嘉義市政府（2003）。

[2] 嘉義農林學校為今日的嘉義市國立嘉義大學前身，該校創設於大正8年（1919）4月2日，創

較勁,這種競爭不僅限於球場上,更深植於兩校學生的校園認同,形成了象徵「鋤頭」與「鋼筆」的角力,造就了「嘉農」與「嘉中」兩校長久以來的瑜亮情結。昭和3年(1928)與昭和5年(1930)分別為嘉農與嘉中棒球隊的創立之年,自此,嘉義地區的棒球運動開始興盛發展,並逐步崛起成為全臺棒球的競爭重鎮。這兩所學校的棒球隊,在短短十餘年間,不僅打破了臺北學校長期壟斷臺灣棒球競技的局面,更在全島範圍內掀起一股南北抗衡的局勢。從昭和4年(1929)至昭和9年(1934)之間,嘉農在六年內五度奪得全島冠軍;而昭和10年(1935)至昭和16年(1941)的五年內,嘉中則三度贏得全島冠軍(郭盈良,2014)。換言之,在這段期間內,嘉義地區的這兩支棒球勁旅共包辦了八次全島冠軍,兩校爭鬥之激烈與實力之接近,可見一斑。

除了棒球競爭外,日治時期的嘉義市更以其中等教育機構的密集度而聞名。當時小小的嘉義市內竟高達五所中等學校,包括嘉義中學校、嘉義高等女學校、嘉義農林學校、嘉義商業學校、嘉義工業學校等,這樣的學校密度在全臺灣可說是數一數二(蔡元隆、黃雅芳,2020)。這些學校的設立,為許多臺灣囝仔提供了接受高等教育的機會,使他們能夠透過教育改變自身命運,實現社會流動(social mobility)。嘉義中學校更被譽為「臺籍醫師搖籃」,培育了許多醫學界的菁英,如中研院院士歐陽兆和醫師、胸腔權威林新澤醫師等。此外,政壇亦有不少菁英畢業於嘉中,如曾任雲林縣長、交通部長及內政部長的林金生。而嘉義農林學校則以培養農業與運動領域的人才聞名,校友中包括總統府國策顧問蔡鴻文,以及棒球界的知名選手洪太山、吳明捷等人。

校名為:臺灣公立嘉義農林學校,學制為五年,藤黑總左衛門先暫為代理校長,而至同月18日時改任命柳川鑑藏為首任校長;大正10年(1921)4月,因行政區被劃為臺南州嘉義街,所以同年4月28日,改稱臺南州立嘉義農林學校。民國34年(1945)日本戰敗,同年11月31日奉命改名臺灣省農業職業學校,後續校名的更迭為:民國40年(1951)稱臺灣省立嘉義高級農業職業學校、民國43年(1954)稱臺灣省立嘉義示範高級農業職業學校、民國54年(1965)稱臺灣省立嘉義農業專科學校、民國70年(1981)稱國立嘉義農業專科學校、民國86年(1997)稱國立嘉義技術學院、民國89年(2000)與國立嘉義師範學校合併為國立嘉義大學。以上參見臺南州立嘉義農林學校(1942a)、嘉義市政府(2003)。

日治時期的嘉中與嘉農學生除了接受學校正式課程（formal curriculum）的薰陶外，無形的潛在課程（hidden curriculum）與非正式課程（informal curriculum）[3]所產生的影響更是不容忽視（吳韻儀，2012）。這些潛在課程涵蓋了學校日常生活中的各種符號、規範與價值觀，塑造學生的人格與行為模式，使其在不知不覺間內化學校的精神與文化。校園符號的影響力無所不在，例如校名、校歌（school song）[4]、校訓、校徽（school badge）[5]、校旗（school

---

[3] 潛在課程是指學校正規課程以外，有意、無意安排具有教化內在意涵的課程。此外，「潛在的」（hidden）「未被學習的」（unstudied）、「非形式的」（informal）、「不明顯的」（invisible）或「暗喻的」（implicit）等課程，均通稱為不顯著課程，意指不在課程設計者或實施者直接或有意識之控制下的學校課程。參見姜得勝（2020）、歐用生（1979）。

[4] 校歌是全校師生經常傳唱的歌曲，透過不斷的練唱，師生都會產生耳濡目染的效果，經由分析校歌歌詞，有助於瞭解當時教育政策、學校主政者的教育理想（陳聰明，2005）。

[5] 校徽是學校辦學理念與人文精神的藝術體現，蘊含著該校的創辦精神、歷史傳統與文化積累（梁碧峯，2016）。它不僅是一種視覺標誌，更是學校文化的象徵，體現學校的教育理念、價值觀與發展願景。校徽的設計通常結合了學校名稱、創校年份、地理特色、學科專長、辦學宗旨等核心元素，這些視覺符號的組合賦予校徽深遠的象徵意涵，使其成為學校認同感與歸屬感的重要媒介（羅媛媛，2016）。在實際應用上，校徽的功能不僅限於學校的識別標誌，其主要目的是分辨人員身份、留存紀念，並透過圖案、文字來呈現學校的獨特性質與專業特色。例如，技職學校的校徽可能融入齒輪、書本、工具等元素，象徵實作與學習並重，而傳統文學院的校徽則可能運用書法字體或古典圖騰，以展現人文底蘊。佩戴校徽的行為，也在無形之中強化了學生的紀律約束，規範其行為舉止，提升學校的形象與社會影響力（梁碧峯，2016）。此外，校徽作為學校形象識別系統（visual identity system, VIS）的核心部分，其設計需考量視覺美感、文化符號與歷史淵源，並透過象徵性的圖形語言來傳遞學校的教育理念。例如，一所百年歷史的學校可能會選擇結合傳統篆刻風格與現代簡約設計，藉此體現該校的歷史傳承與創新精神。校徽的顏色與圖案也具有深刻的象徵意涵，如藍色象徵理性與學術、綠色代表生命與希望、紅色則象徵熱情與活力，這些視覺元素皆能影響學校成員的心理認同與文化歸屬感（羅媛媛，2016）。在教育社會學的視角下，校徽作為學校文化的視覺符號之一，不僅影響師生對學校的認同，也間接塑造了學校在社會上的形象與聲譽。學校可以透過校徽的推廣，使其品牌價值延伸至社會層面，提升學校的知名度與競爭力。例如，許多世界知名學府如哈佛大學（Harvard University）、劍橋大學（University of Cambridge）、東京大學（東京大学），皆透過校徽形塑自身的學術地位與全球影響力。這些校徽不僅成為校友共同的記憶符碼，也進一步強化學校與社會之間的連結。綜上所述，校徽不只是學校的標誌，更是學校文化的視覺符號、辦學理念的藝術體現、學校精神的象徵載體。它反映了學校的歷史背景、發展脈絡與未來願景，影響著學生的行為規範、校園認同以及社會對學校的形象評價。因此，透過校徽的設計與應用，學校得以傳承歷史、凝聚校園文化，並在社會上展現其教育特色與價值取向（姜得勝，2020）。

flag)⁶，以及校門、圍牆雕塑、紀念碑文、石雕銅像等，皆具有強烈的象徵意涵（姜得勝，2005a, 2005b）。這些符號不僅承載學校的歷史與精神，更在學生的日常生活中扮演著重要的教育功能。校歌，作為學校精神的象徵，透過歌詞傳遞創作者與學校主政者的教育理念，使師生在反覆傳唱的過程中，內化學校的價值觀（張淑媚等人，2014）。而校徽則透過圖騰與色彩的視覺傳達，建立學生對學校的認同感，成為學校文化的重要標誌（鄭麗君，2008）。至於校旗，則常伴隨學校慶典、運動會或對外競賽而出現，象徵著學校的榮譽與精神。

在這樣的脈絡下，嘉義中學校與嘉義農林學校的學生，除了透過正式課程接受知識教育外，他們在校園生活中所接觸的各種符號意象（symbolic images），亦在無形之中影響著他們的品格與價值觀。例如，當嘉農與嘉中的學生分別戴上鑲有校徽的帽子，莊敬地看著校旗迎風飄揚，並高唱著各自的校歌時，他們所展現的不只是個人對學校的認同，更體現了學校文化的深遠影響。這種對校歌、校徽與校旗的集體情感，進一步強化了嘉農與嘉中學生之間的群體意識與榮譽感，深深烙印在畢業生的記憶之中。筆者於民國97年（2008）碩士班時，曾訪談過兩位日治時期嘉義中學校與嘉義農林學校的畢業生，分別是賴彰能老師與張岳揚先生。他們皆提及自己對於校訓、校歌、校徽與校旗的印象至今仍清晰可見，甚至在談及往日校園生活時，仍能激動地回憶起當年唱校歌時的畫面。這種來自校園符號的集體認同，不僅影響了學生在學校期間的行為與態度，也深遠影響了他們未來的人生價值觀與對母校的情感聯繫。

在此背景下，本文將透過符號學（semiotics）與文化人類學（cultural anthropology）的視角，探討嘉義中學校與嘉義農林學校的校歌、校徽與校旗

---

⁶ 校旗，泛指學校旗幟，上面通常標有學校名，是一所學校的象徵與標誌，蘊涵學校的學術氣質，彰顯學校的文化理念，體現學校的精神風貌，展示學校的個性特色，對於一所學校具有十分重要的意義（梁碧峯，2016），所以總括而言，校旗代表著學校，為一校之象徵。陳聰明（2005）指出，日治時期的校旗設計，基本上有六種形式：（一）簡單圖案；（二）僅於圖案中將部分校名呈現；（三）僅書寫校名；（四）圖案外有學校全名；（五）圖案中有校名簡稱或性別，在圖案外有校名；（六）圖案中加入學校全名。

的象徵意涵,並比較兩者之間的異同。研究問題包括:一、日治時期嘉義中學校與嘉義農林學校校歌的符號意象分析與比較。二、日治時期嘉義中學校與嘉義農林學校校徽、校旗的符號意象分析與比較。由於日治時期的校歌、校徽與校旗的設計者與其原始設計理念已難以考證,本文將主要透過文本分析的方式,針對校歌歌詞、校徽圖騰、校旗設計等進行符號意象的詮釋,藉此理解其背後所蘊含的教育價值與文化意涵。

貳、日治時期嘉義中學校及嘉義農林學校校歌的符號意象分析

一、日治時期嘉義中學校的校歌

校歌往往「寓情於景」,不僅僅是單純的歌詞背景描述,更是一種具有教育與意識形態功能的敘事策略。歌詞中所描繪的地景、自然景觀或歷史文化元素,能夠讓受唱者在潛移默化中建立對學校、地方乃至國家認同的價值觀(陳聰明,2005)。日治時期嘉義中學校的校歌歌詞便深具此種象徵意涵,通過描繪地理環境、學校精神與國家意識,形塑學生的認同感與價值觀。在嘉義中學校的校歌中,第一、二段歌詞描繪了學校的地理環境與周邊景觀,帶有濃厚的地方意象:

> 新高昇る朝日かげわが学び舎を照らす時
> 黎明鎖す雲晴れて嘉南の平野目もはるか[7]

(臺南州立嘉義中學校,1942b)

---

[7] 中文翻譯:玉山頂生、晨曦影,破曉照耀學舍時,覆蓋黎明雲撥晴,遠眺嘉南平野進眼底。參見林鴻鈞主編(1994年,頁237)。

這段歌詞利用「新高山（玉山）」與「嘉南平原」這兩個嘉義地區的重要地景符號，營造出宏大的視野與地理空間感，使學生在日常傳唱中，無形之間建立起對學校所在地的歸屬感與認同。這種策略正如張倍純（2011）所言：透過學校周邊的自然景觀或歷史文化符號進行在地化認同，讓受教育者能夠在心理層面與校園空間產生連結，進而認同學校所傳達的價值觀。同時，透過「朝日」、「雲晴」等意象，校歌塑造出學校與自然和諧共生的畫面，進一步深化學校的教育精神。此外，歌詞第六、八段提及也分別提及：「旭ヶ丘に」、「旭陵」[8]（臺南州立嘉義中學校，1942b）等嘉義中學校的別號。「旭陵」（旭ヶ丘）一詞乃是嘉義中學校的別稱，由首任校長三屋靜所命名，其靈感來自清晨旭日東昇時太陽普照校舍的景象，象徵學子朝氣蓬勃、前程似錦（賴彰能，1996）。這樣的地景符號不僅使學生對學校產生親近感，也透過空間意象強化校園認同。

　　在嘉義中學校的校歌中，特別融入了具有「臺灣」與「嘉義」象徵意涵的符號，第一、二段：「新高昇る」、「嘉南の平野」[9]（臺南州立嘉義中學校，1942b），透過新高山（玉山）、嘉南平原等具有「臺灣」或「嘉義」的符號意象，此意象符合F. de. Saussure符號學的概念，即「同一個能指（signifier）可以與不同的所指（signified）組合，形成不同的象徵意涵」[10]。新高山（玉山）與嘉南平原在歌詞中的角色，不僅僅是地理描述，而是通過一層層的空間連結—新高山象徵臺灣，嘉南平原代表嘉義，嘉義則隸屬於大日本帝國的南方領土—最終完成

---

[8] 中文翻譯：旭陵上、旭陵。參見林鴻鈞主編（1994年，頁237）。
[9] 中文翻譯：玉山頂生、嘉南平野。參見林鴻鈞主編（1994年，頁237）。
[10] 有關符號學的學術名詞成形，主要是濫觴於瑞士語言學家F. de. Saussure（1857-1913），他試圖將人類展現出各種行為的符號系統與人類的文化整合起來，並賦予符號代表意義。他將符號分有：能指（signifier）與所指（signified）兩部份，缺一不可：「能指」係為語言的聲音形象；「所指」係為語言所反映的事物的概念。Saussure認為兩者之間的關係是在特定的系統中對應的，也是約定俗成的，兩者之間更沒有任何必然和本質的聯繫，同一個能指可以跟不同的所指組合；同時不同的能指也可以指向同一個所指（Saussure,1916）。簡言之，能指是日常的用語，所指則為語言背後的意象與概念。例如：校徽中的太陽符號，他可能是天體中的太陽星球、傳說中生命起源的太陽表徵、代表光明燦爛的前途等意涵，這即是同一個能指可以跟不同的所指組合之意。

了日本對殖民地臺灣的政治收編與意識形態建構。這種歌詞設計策略正是殖民者欲透過文化同化（cultural assimilation）來加深臺灣學生對於日本帝國的認同。

　　日治時期的校歌通常會強調「修文尚武」的精神，以培養學生堅毅不拔的品格與效忠國家的道德觀。在嘉義中學校的校歌中，這種價值觀被清楚地體現在歌詞中：

> ああ青春の朝戸でに望ゆたけき懐かな
> 剛健の意気胸に燃え不息の力身にぞ湧く
> 健児七百朝夕に心身鉄と鍛えつつ
> 協心一致の校風は旭ヶ丘に薫るかな
>
> 使命ぞ重き旭陵の名こそ惜しけれいざともに
> 修文尚武たゆみなく前途の雄飛期せんかな[11]

（臺南州立嘉義中學校，1942b）

　　這些勉勵性的詞句，與嘉義中學校首任校長三屋靜所訂定的校訓精神相呼應[12]，歌詞中的「望ゆたけき懐かな」（深感滿懷清新的希望）、「修文尚武たゆみなく」（修文尚武孜不倦）皆呼應了日本教育政策下對學生的期許，即培養具有強健體魄、堅定意志與國家忠誠的臣民（陳聰明，2005）。這些價值觀的形塑，使得校歌不僅是一種音樂文化的展現，更是政治與教育意識形態的

---

[11] 中文翻譯：「啊！青春晨出上學時，深感滿懷清新的希望，剛健之氣，滿腔燃血，自強不息力勇身，健兒七百朝至晚，鍛鍊身心成鋼鐵，協力一致的校風，永遠飄香旭陵上。旭陵肩負使命重，珍惜盛名同心赴，修文尚武孜不倦，鵬程萬里期盼殷。」參見林鴻鈞主編（1994，頁237）。

[12] 嘉義中學校訓：「質實剛健」，其意思為「晨曦照耀，質樸清新，務實純真，勤勉好學，自強奮發，修文尚武，培育育才，貢獻國家」。參見國立嘉義高級中學：〈嘉中校訓〉，2021年6月7日，取自https://www.cysh.cy.edu.tw/p/412-1008-90.php。

滲透工具。

在殖民統治時期，學校教育是日本政府進行文化統治的重要手段，校歌也成為同化政策的一環。在嘉義中學校的校歌中，特別出現以下歌詞：：「勅かしこみて大八州南の鎮め守るべき」[13]（臺南州立嘉義中學校，1942b）。這段歌詞蘊含了明確的國家意識形態，強調「鎮守南方」，呼應了當時日本的南進政策，並透過教育語言強化殖民地學生對於天皇國家的忠誠。這樣的歌詞內容，正如陳聰明（2005）所指出：校歌中的國家意識形態，往往將學校、學生、國家三者緊密聯繫，透過音樂與語言的符號機制，使受教育者在潛移默化中接受統治者所賦予的價值觀。隨著日本帝國的政策計劃與外地的想像，承載著諸多帶有帝國視角與意識形態的價值觀，就需要以「南方」作為一種識別（吳昱慧，2013），歌詞傳遞的符號意象，正灌輸著為了國家，學生們都應該奉公守法鎮守南方疆域的，並且將校歌中置入與殖民政府政治意識形態相關的詞語，這種方式的「涵養德性」，養成後便是當局政府欲成就的學童樣貌與精神，而這種「德性」所指的是以天皇制國家意識形態為中心的「臣民道德」（陳聰明，2005），這也證明了符號與其所標誌的對象之間，會產生一種約定成俗的、人為的理性聯繫，它能發生制約的反應（陳國強主編，2002）。所以校歌中的國家意識形態，往往將學校、學生、國家三者緊密聯繫，透過音樂與語言的符號機制，使受教育者在潛移默化中接受統治者所賦予的價值觀。

此外，歌詞中「南の鎮め守るべき」[14]（臺南州立嘉義中學校，1942b）的字句，也隱含著日本與臺灣之間的地理位置關係，將臺灣定位為日本帝國的南方防線之一，進一步強調殖民地的從屬地位（張倍純，2011）。在此背景下，校歌的傳唱已不單單是一種學校文化活動，而是日治時期日本政府藉由學校教育進行文化統治與帝國意識形態灌輸的具體實踐。臺灣因處戰略的重要地位，

---

[13] 中文翻譯：「勤奉守法為社稷，堅守崗位與疆域。」參見林鴻鈞主編（1994年，頁237）。
[14] 中文翻譯：堅守崗位與疆域。參見林鴻鈞主編（1994年，頁237）。

所以日治後期將之視為重要的南進基地[15]，學校除了透過正規地理的課程傳遞知識外，更透過校歌這樣的潛在課程進行意識的陶冶與形塑，或許當時的學生們已經認同守衛國境之南──臺灣，就是臺灣人民的使命與天職。

二、日治時期嘉義農林學校的校歌

嘉義農林學校的校歌，與嘉義中學校的校歌相比，在內容上更偏重於農業實作、辛勤耕耘與汗水換來豐收的精神，其象徵意象也更貼近農業教育的實際場域與價值觀。在日治時期，嘉義農林學校不僅培養了許多優秀的農業技術人才，更在地方社會中建立了扎實的職業教育基礎。而其校歌的符號意象，則反映了這所學校的辦學理念與學生的身分認同。

在嘉義農林學校的校歌中，地理位置與周邊景觀被用來形塑學校與土地的關係，強調其農業教育與自然環境的連結，有關「學校地理位置、景觀」的歌詞：「新高山の西 沃野千要路四通の 直中占めて」、「八掌溪の北 天惠充てり」、「野にも山にも 幸堆高しこれ吾が嘉農を 迎えて待つ地」[16]（臺南州立嘉義農林學校，1942b）。這些歌詞描繪了嘉義農林學校的地理位置，強調該校位於「新高山（玉山）」的西側，坐落於交通樞紐的中心地帶，且地理環境優越，緊鄰嘉南平原與八掌溪，受上天恩惠，適合農業發展。這樣的地景描寫不僅讓學生對學校產生地理認同，也潛移默化地傳達了「農業即天賜恩惠」的思想，使學生在農業學習的過程中，對土地與環境產生敬畏與感恩的情感。這種透過地理環境來塑造學校價值觀的策略，也符合教育符號學的理論，特別

---

[15] 日本政府曾於昭和15年（1940）拍攝《南進臺灣》宣傳紀錄片，宣告日本統治者期待臺灣作為一個「南進基地」，繼而遠眺並征服擁有豐富物產、礦產、土地與戰略位置的南洋群島。以上參見吳密察、井迎瑞編（2008年，頁31）。《臺灣日日新報》（1940年11月24日）。《臺灣日日新報》（1940年04月14日）。

[16] 中文翻譯：「新高山西亙沃野，四通八達要衝地，八掌溪北天惠地、田野山丘福成堆，待吾嘉農建校地。」參見陳聰明（2005年，頁197）。

是F. de. Saussure所提出的符號意象概念。在此，嘉義農林學校透過「新高山」象徵學生應當擁有崇高理想，而「八掌溪」則象徵農業的豐饒與努力耕耘的回報。這樣的符號意象，將地理環境與教育理念緊密結合，深化了學生對學校使命的認同。

「在地物產名勝或歷史環境」的歌詞中：出現了「新高山」、「八掌溪の北 天惠充てり小田に黃金は 再び稔り」[17]（臺南州立嘉義農林學校，1942b）等校園附近的地理環境與著名的景觀。這裡的「黃金」並非指真正的貴金屬，而是象徵嘉南平原最重要的農作物——稻米。歌詞巧妙地利用比喻，將豐收的稻穗比擬為金黃色的財富，不僅表達了農業帶來的富饒，也象徵學生們辛勤耕耘後的回報。這樣的象徵手法，深化了農業學校學生對於自身角色的認同，並強調了農業在社會中的重要性。這種農業象徵也與當時日本政府的農業政策相吻合。日本殖民政府推行「農業臺灣、工業日本」的政策，強調臺灣作為日本帝國的農業供應地，因此，在農業學校的校歌中，特別強調農業的價值與學生對農業發展的責任，無形中形塑了殖民地學生對於自身職業與社會角色的認同。

上述兩個嘉義指標性地景「新高山」、「八掌溪」（臺南州立嘉義農林學校，1942b）的比擬方式，即「所指」的符號意象展現。這樣的符號在某些教育政策性的意識形態上，傳達著學生們應有的抱負以及如同新高山（玉山）般高遠的理想，如同八掌溪一樣滾滾不停地努力學習。與嘉義中學校相比，嘉義農林學校的校歌更著重於學生的努力、勞動與堅持，展現出職業教育的核心價值。歌詞中多處出現對學生的勉勵與鼓舞：

浮べる雲の富 省り見ずて汗に生くるが 我等の願い

---

[17] 中文翻譯：「新高山、八掌溪北天惠地、田野山丘福成堆，待吾嘉農建校地。」參見陳聰明（2005，頁197）。

　　　　一木植うるも　一粒撒くも　誠の吹息を　こむるが誓い[18]

　　　　　　　　　　　　　　　　　（臺南州立嘉義農林學校，1942b）

　　這段歌詞表達了學生願意不計回報地付出努力，透過汗水與辛勤勞動來實現理想。「一木植うるも　一粒撒くも」這句話，則進一步強調了農業學校學生的使命，即使是種下一顆種子或種植一棵樹，都必須全心全意地投入，展現出對農業的尊重與敬畏。此外，歌詞最後一段亦提到：「見よ　五年の業　學び終へて胸に燃えたつ　理想を秘め」[19]（臺南州立嘉義農林學校，1942b）。這一段話象徵著學生在完成五年的學業後，懷抱著理想踏上職業道路，展現出農業學校學生應具備的使命感與自豪感。這與一般學科導向的中學校不同，嘉義農林學校的校歌更加強調實作與勞動的價值，突顯了職業教育的獨特性。

　　嘉義農林學校的校歌展現出的職業教育特色如：「鋤と鎌とを寶庫の鍵と」[20]（臺南州立嘉義農林學校，1942b）。這裡的「鋤頭」與「鎌刀」，象徵著農業生產的工具，也是農業技術與實作學習的核心。這樣的意象與昭和19年（1944）就讀於嘉義農林學校的林中茂的回憶不謀而合：

　　　那時候，農業尚未機械化，所以從整地、作畦、中耕、除草、培土一直
　　　到收穫，無一不靠鋤頭或鎌刀。（鄭三郎主編，1993，頁50）

　　從教育符號學的角度來看，「鋤頭」與「鎌刀」成為了職業教育學生的象徵符號，區隔了「勞動者」與「知識分子」，進一步強化了嘉義農林學校與嘉義中學校之間的身分認同差異。再者，從兩句歌詞中更可得知：「汗に生くる

---

[18] 中文翻譯：「浮雲高懸吾不顧，汗流浹背是吾願。凡植一樹或一粒，誠心誠意是吾誓。」參見陳聰明（2005，頁197）。

[19] 中文翻譯：「反觀五年學業畢，理想之火胸中燃。」參見陳聰明（2005，頁197）。

[20] 中文翻譯：「鋤犁鎌刀是寶劍。」參見陳聰明（2005年，頁197）。

が 我等の願い」、「一木植うるも 一粒撒くも」[21]。汗流浹背的場景述說著農人勞動的現象，畢業於嘉義農林學校的蔡鴻文回憶指出：

> 那時候的農場實習課程，都安排在下午進行，頂著烈日，流著汗水，或是種菜、播種，或是澆水、施肥，全身大汗淋漓，非常辛苦。（鄭三郎主編，1993，頁79）

由此可知悉，嘉義農林學校的校歌栩栩如生地述說著農場實習時的實況。

由於嘉義中學校以學術教育為導向，而嘉義農林學校強調職業技術教育，因此兩校學生的身分認同有所不同，甚至衍生出歧視與衝突。例如：

> 為什麼一樣都是在學校唸書的學生，要天天挑肥與屎尿為伍？有時下課後在嘉義街上遇見，因為嘉農的學生剛上完實習課，渾身草屑泥巴，汙穢髒亂，嘉中的學生就會戲謔的以英文大喊「farmer」，話語中帶著濃厚的歧視意味。（蔡元隆、黃雅芳，2020，頁165）

嘉義中學校的學生經常以「farmer」來嘲笑嘉義農林學校的學生，認為他們的教育屬性較低階，甚至將其視為勞動階級的代表。然而，這種對立不僅是教育制度的差異，亦隱含著更深層的殖民社會階層問題。嘉義中學校的學生主要為日本人或受日本教育影響較深的臺灣人，而嘉義農林學校則多為來自農村的臺籍學生，這種社會結構的差異，導致了兩校學生之間的對立。

---

[21] 中文翻譯：「汗流浹背是吾願，凡植一樹或一粒。」參見陳聰明（2005，頁197）。

三、小結

透過對嘉義中學校與嘉義農林學校校歌的分析，可以歸納出以下六類符號意象：

(一) 學校地理位置與景觀：兩校的校歌皆描述校園周邊的地理環境，藉此強化學生對校園的認同，例如嘉義中學校的「旭ヶ丘」和嘉義農林學校的「八掌溪の北」等詞句，不僅讓學生對學校產生歸屬感，也透過地理象徵來傳遞教育理念。

(二) 在地物產、名勝或歷史環境：嘉義農林學校特別強調農業生產與豐收的意象，如「小田に黃金は 再び稔り」，形塑出農業教育與土地耕耘的價值觀，而嘉義中學校則較少涉及此類符號。

(三) 臺灣或嘉義意象之符號：兩校皆運用了「新高山（玉山）」等臺灣地景來營造身分認同，但嘉義中學校的校歌則更進一步透過意識形態的層層包覆，將臺灣與日本的國家版圖進行連結。

(四) 對師生或學校的期許、勉勵與認同：兩校皆強調學生應該努力學習，實踐學校價值。例如嘉義中學校的「剛健の意氣胸に燃え」和嘉義農林學校的「一木植うるも 一粒撒くも」等詞句，皆展現了對學生奮發向上的期待。

(五) 國家意識形態的傳遞（嘉義中學校）：嘉義中學校的校歌特別融入了殖民統治的意識形態，例如「勅かしこみて大八州南の鎮め守るべき」，試圖塑造學生的忠君愛國思想，強化對日本帝國的效忠意識。

(六) 描繪日本與臺灣相對位置（嘉義中學校）：嘉義中學校的校歌將臺灣設定為日本帝國的南方領土，並透過「南の鎮め守るべき」等詞句，傳遞出臺灣作為日本南進基地的重要性，進一步形塑殖民地學生

對於自身國家角色的認同與服從。

綜合來看，嘉義中學校的校歌符號意象不僅傳遞了教育信念，更夾雜了軍國主義意識形態與愛國思想，作為政治宣傳的工具，試圖透過音樂來達到意識形態的規訓。大凡符號，不僅僅是裝飾用途，亦可作為政治宣傳的工具，以激起強烈的情感（劉其偉，2002）。站在殖民統治者的立場，透過校歌來讓臺灣學生內化「大日本帝國臣民」的身分認同，使其理解自身應該效忠的政權與所應保衛的國土，無疑是殖民教育的最終目的之一。從教育符號學的角度來看，校歌的歌詞不僅反映了學校的教育精神，也在無形中塑造了學生的政治認同與民族意識，進一步達成統治者的意識形態掌控。

相較之下，嘉義農林學校的校歌則較少涉及政治意涵，其符號意象主要圍繞在學生的學習態度、農業技術與社會責任，較著重於職業教育的價值與精神。校歌歌詞透過農業耕作、辛勤勞動的描寫，鼓勵學生努力向學，並強調農業技術在經濟發展中的重要性。例如「汗に生くるが 我等の願い」和「鋤と鎌とを寶庫の鍵と」等詞句，均強化了農業生產的價值觀，並建立學生對農業工作的尊嚴與使命感。

此外，嘉義農林學校的校歌也形塑了農業教育與普通中學教育的區隔。嘉義中學校的學生被視為知識階級的代表，適合從事官僚與學術研究；而嘉義農林學校的學生則被定位為技術勞動者，負責農業生產。這種身份差異，也在日後延伸為兩校學生之間的文化對立，進一步強化了「鋤頭與鋼筆的角力」的象徵意涵。

參、日治時期嘉義中學校及嘉義農林學校校徽、校旗的符號意象分析

一、日治時期嘉義中學校的校徽與校旗

日治時期臺南州立嘉義中學校的校徽，整體設計可區分為上下兩部分：

上半部為「中」字，下半部則由旭日與輻射狀的十三道光芒構成。「中」字的設計除了象徵嘉義中學校為一所中等學校（中學校）外，其筆劃亦與一本翻開的書籍相似，中間筆畫則像是一支筆的形象，這象徵著學術知識的傳承與學習歷程。此外，根據賴彰能（1996，頁2）的回憶，他指出：「校徽即以旭光四射中加一個『中』字（中學之意）為圖樣」。「中」代表中學校，陽光及光芒表示學校位在嘉義市的東邊山坡地，旭日東昇時首先得到晨曦照耀，此番描述強調了光明與智慧在校園中的象徵意涵（嘉義市政府，2003）。從昭和15年（1940）的《嘉義中學校第十二回卒業記念》及昭和16年（1941）的《嘉義中學校第十四回卒業記念》的封面、嘉中校友會出刊的《旭陵第七號》及作者自行收藏的老照片，可看到日治時期嘉義中學校的校徽全貌（圖16、圖17、圖18及圖19）。整體而言，日治時期的校徽由兩部分構成，上半部為中等學校的「中」字，下半部為代表有生命力太陽與旭日光芒。日治初期中等學校的學制在臺灣並不普遍，所以考得上的學生在學識上具備一定水準，而中等學制的強化設立則是在大正11年（1922）第二次《臺灣教育令》發布後，才大幅度增設，但對臺灣囡仔而言，仍然是少數菁英才考得上（蔡元隆、黃雅芳，2020）。而嘉義中學校設立於大正13年（1924）4月，當時對雲嘉地區而言，它是唯一一所男子普通中等學校，筆者認為校徽中的「中」字的構圖除了象徵是高階教育的中等學校外，尚似一本書本被翻開，中間有著一支筆的象形圖貌，代表著書本的知識被翻閱與學習的多重「所指」符號。而圖騰的基本內涵在於它的可描寫性或可表現性（鄭元者，1992），從圖像符號學角度分析，Kress & Leeuwen（2006）的「視覺設計語法理論」觀點指出，理想的訊息通常位於圖像上方，而現實的訊息則置於下方。套用此理論來檢視嘉義中學校的校徽，「中」字位於上方，象徵著追求卓越的學術理想，而太陽與旭日光芒位於下方，則傳遞了學校的教育理念與價值信念。

　　另一方面，太陽及十三道光芒的圖像蘊含著日本文化與天皇制的象徵意涵。日本自古以來便有「太陽崇拜」，認為天皇乃天照大神的直系後裔，而

圖16 嘉義中學校校徽（一）
資料來源：臺南州立嘉義中學校（1940）

圖17 嘉義中學校校徽（二）
資料來源：臺南州立嘉義中學校（1942b）

圖18 嘉義中學校紅樓上時鐘與校徽
資料來源：平井新主編（1936）

圖19 戴帽子的嘉義中學校學生
資料來源：作者自行收藏

第四章　日治時期嘉義中學校與嘉義農林學校的校歌、校徽與校旗之符號意象探究與比較

「天皇之子」的概念也影響了日治時期臺灣的教育體制。嘉義中學校的校徽以太陽作為主要圖騰，不僅代表生命力與朝氣，亦在潛移默化中形塑學生對日本天皇制與帝國意識的認同。此外，日章旗（太陽旗）作為日本的國旗，進一步強化了校徽與殖民統治意識的連結，讓學生在佩戴校徽時無形中接受天皇制國族意識的薰陶。當學生戴上鑲有校徽的帽子時，面對著光芒四射的太陽，他們彷彿被賦予了象徵性的使命，即「承襲太陽的光輝，發光發熱，貢獻國家」。而當他們取下校徽，看到「中」字的圖騰，則提醒著自己作為一名嘉中學生的責任，這種設計強化了學生對校園文化的認同感與歸屬感，更與嘉義中學校的校訓「質實剛健」（旨意：晨曦照耀，質樸清新，務實純真，勤勉好學，自強奮發，修文尚武，培德育才，貢獻國家）相呼應，體現出堅韌奮發的精神（國立嘉義高級中學，2021）。進一步觀察，嘉義中學校的校徽不僅在學校內部具有象徵意義，也與校歌的內容相呼應。例如，校歌第一段的「新高昇る朝日かげ」直接點出「陽光」的意象，進一步將校徽、校歌與學校教育精神三者連結在一起，形成統一的符號象徵體系。

　　校旗作為學校的象徵標誌，通常會呈現學校的名稱、標誌與教育精神。在日治時期的嘉義中學校，校旗的設計與校徽相呼應，其構造主要包含以下元素：（一）「嘉中」二字置於中央。（二）校徽內的旭日光芒向外輻射[22]。（三）下方加入新高山（玉山）的形狀，象徵臺灣的最高峰。（四）旗面周邊裝飾流蘇，增添正式與莊嚴感。根據《嘉義市志・卷六・教育志（下）》說明：日治時期嘉義中學校的校旗以嘉中兩字為主軸，並配以旭日與玉山圖案，象徵學校在臺灣的核心地位（嘉義市政府，2003）。旗幟的整體設計呈現出「圖案中加入校名簡稱」的典型格式，這種設計方式在日治時期的學校校旗中相當普遍。雖從圖像中可以證實上述對校旗圖貌的論述，故筆者為慎重起見，另行考據了昭和14年（1939）出版的《臺南州嘉義中學校中第十一回卒業記念寫真帖》與《楝花盛開

---

[22] 此校旗的光芒數的記載有誤，應為十二道，而非十三道。而校徽上的光芒數為十三道，兩者有差異。

時的回憶：日治時期畢業紀念冊展圖錄第二冊（學校建築篇／校歌校旗篇）》[23]兩冊資料（圖20、圖21），確認該校旗為日治時期嘉義中學校校旗無誤。

20	21
22	23

圖20▎日治時期嘉義中學校校旗（一）
資料來源：嘉義市政府（2003，頁433）
圖22▎日治時期嘉義中學校校旗（三）
資料來源：陳聰明（2005，頁235）
圖21▎日治時期嘉義中學校校旗（二）
資料來源：臺南州立嘉義中學校（1939）
圖23▎操場講臺上六名嘉中學生護著校旗
資料來源：臺南州立嘉義中學校（1939）

---

[23] 該書第235頁所引之日治時期嘉義中學校的校旗為《臺南州嘉義中學校中第四回卒業記念寫真帖》之文獻資料。

綜合上述的文本圖貌，可知悉日治時期嘉義中學校的校旗的圖貌與校徽有相似處，均有「嘉中」字、「旭日」、「光芒」所構成，除此之外，從圖20、圖21及圖22觀察校旗的整體樣貌亦融入新高山（玉山）的元素，而校旗整體的設計上採「圖案中加入校名簡稱」的設計方式，另外旗面周邊有流蘇。而校旗是作為校隊出場的指引，是一個學校代表和精神象徵，具有提升尊嚴的功能，常在學校慶典、級會、運動會與學校與他校舉行各項競賽時出現（陳聰明，2005）。從圖23左側的講臺上，可以明確地看到六名學生護著校旗，最前者莊敬的持著校旗，而臺下的師生則向其行最敬禮，以表達對校旗的尊敬與榮耀。日治時期的嘉義中學校校徽與校旗，不僅是單純的視覺符號，更蘊含了教育規訓、民族意識形塑與殖民統治意識的傳遞。其中，校徽的設計包含「旭日光芒」，不僅體現了學校的教育信仰，也與天皇制國族意識密不可分。這些符號的隱喻與象徵，強化了殖民政府對臺灣學生的忠誠培養，並試圖透過視覺符號潛移默化地影響學生的價值觀與國族認同。從校旗所展現出來的符號意象可以得知，校旗除了是學校精神象徵外，更代表學校的教育意涵，在校歌與校徽的交融下，建構出三位一體的「所指」形態與氛圍，這都是符號所傳達人們的訊息與潛移默化的教育功能。

　　此外，嘉義中學校的校旗與校徽設計，亦顯示出日治時期學校教育在社會階層分化中的作用。嘉義中學校作為普通中等學校，培養的是知識階級與菁英份子，而嘉義農林學校則屬於實業學校，主要訓練農林技術人員。這種學制上的區隔，也反映在校徽與校旗的符號意象中──嘉義中學校的設計突顯文化與學術優勢，而嘉義農林學校則強調土地與勞動的價值，這種視覺化的區別，深化了當時社會階級的分野，也導致了日後兩校學生之間的文化競爭與心理落差。總結而言，嘉義中學校的校徽與校旗，除了在視覺設計上展現學校的精神與文化，更透過符號隱喻傳遞了日本殖民統治的價值觀。這些視覺符號在日治時期的校園生活中，無聲地影響了學生對學校的認同，也成為統治者塑造理想臣民的重要工具。這種現象再次印證了Apple（1990）所提出的「課程與文化再製理論」，即教育機構不僅是知識傳遞的場域，更是意識形態與文化權力運作的核心。

二、日治時期嘉義農林學校的校徽與校旗

　　日治時期的臺南州立嘉義農林學校校徽，整體設計由內、外兩個層次構成，內部以「嘉農」二字為核心，外圍則由「林」字的象形文字環繞，再進一步由三枝飽滿的稻穗組成圍框（圖24、圖25）。這樣的設計不僅象徵嘉義農林學校的學科核心（農業與林業），同時也呈現嘉南平原作為臺灣重要農產區的特色。日治時期畢業於嘉義農林學校的張岳揚先生曾回憶道：嘉農的校徽裡面是嘉農兩字，外面那一層就是三把稻穗所組成，代表嘉南平原的稻米特產，稻穗粒粒飽滿（日治時期臺灣教育史小辭書，2021）。這樣的象徵意涵十分明確——稻穗代表著農業豐收與繁榮，表達對於農業教育的重視，也彰顯嘉義農林學校作為農業技術人才培養基地的重要角色。

圖24 日治時期嘉農第九回卒業記念寫真帖
資料來源：臺南州立嘉義農林學校（1932）

圖25 日治時期嘉農第十三回卒業記念寫真帖
資料來源：臺南州立嘉義農林學校（1936）

從產業經濟的角度來看，昭和12年（1937）至昭和20年（1945）期間，臺灣全島的主要生產額排名前三的農業產品分別為：稻米、甘蔗、豬隻，其中，嘉南大圳的建設大幅提升了嘉南平原的稻作產量，使嘉義地區成為全臺最重要的稻米產地之一（嘉義市政府，2005）。因此，「稻穗」成為嘉義農林學校校徽的核心符號，不僅是學校的象徵，更是一種與地理環境、產業特色、學校課程三者緊密連結的視覺符號[24]。

　　依據Kress & Leeuwen（2006）「視覺設計語法理論」檢視校徽的構圖，可以發現該校徽將「嘉農」、「林」、「稻穗」置於視覺中心，這些符號的排列顯示了學校在嘉南平原農業發展中的重要地位。從教育符號學的角度分析，校徽作為一種「能指」，透過「嘉農」、「林」、「稻穗」這三種符號，指向了相同的「所指」──即嘉義農林學校的教育目標與農業專業導向（蔡元隆、黃雅芳，2020）。這樣的符號結構，使得校徽不僅代表學校的身份，也在視覺與概念層面上進行價值傳遞。

　　日治時期的嘉義農林學校校旗，其設計風格與嘉義中學校相似，皆採取「圖案中加入校名簡稱」的模式。然而，與校徽相比，校旗的圖樣設計顯得更加簡潔明瞭，未直接採用校徽圖案，而是以「台」字紋章為底，中央繡上「農林」字樣，並搭配周邊裝飾的流蘇與掛穗（圖26、圖27、圖28、圖29）。從校旗的視覺元素來看，旗面上的「台」字紋章代表著臺灣的象徵，顯示該校的地域歸屬，這與當時的其他公立學校相似。此外，旗幟內部尚有月桂葉圖案，這一細節蘊含了更深層的文化與歷史意涵：（一）月桂葉與勝利象徵：在古羅馬時期，月桂葉象徵著榮耀、勝利與智慧，特別是在軍事與學術領域，皇帝與優秀將領常配戴月桂冠，以彰顯其成就與權威。而在日本文化中，月桂葉則被視為「太陽神的榮耀」，與天照大神有著密切的象徵聯繫。因此，嘉義農林學校

---

[24] 提及：嘉農が瑞穗の旗立て立つ地（中文翻譯：嘉農豎立瑞穗旗），此處的瑞穗旗應是指校旗，將於後段說明之。且當時就讀嘉義農林學校的許喬木、張岳揚均提及學校有個「瑞穗農場」。參考自鄭三郎主編（1993，頁131、頁143）。

校旗上的月桂葉，可能意圖表達該校學生在日本天皇庇佑下，將秉持勤奮與智慧，為國家貢獻。（二）農業教育與「勝利精神」的結合：嘉義農林學校的校旗將農業教育的符號（農林）與月桂葉的勝利象徵結合，隱含了該校不僅在培養農業人才上具有卓越地位，也希望學生具備強烈的競爭精神，能在農業技術領域爭取更高成就。這樣的象徵符碼，進一步體現了日治時期臺灣農業學校在國家發展策略中的角色，即協助殖民政府推動臺灣農業現代化，並為日本帝國提供穩定的糧食供應。

根據陳聰明（2005）的研究，校旗的主要功能不僅是學校象徵，更具有社會規訓與價值內化的作用。嘉義農林學校的校旗主要出現在學校慶典、升旗典禮、運動會、校際競賽等正式場合，並透過特定儀式賦予其象徵意義。例如，在日治時期的學校集會中，校旗通常由學生護衛隊護送進場，旗手須穿著整齊制服、姿態端正，象徵著學校秩序與集體榮耀。從圖30與圖31可以觀察到，掌旗者身著類似軍訓服裝，手持指揮刀，站姿莊重且肅穆，展現出軍事化的紀律訓練。這種儀式不僅顯示出當時教育制度中的集體主義精神，也傳遞了對於忠誠、服從與規律的強調。臺下的學生則立正站好，仰望校旗，以示敬意，整體場景塑造出一種高度規範化、象徵權力與服從的氛圍。這種場面顯示出學校教育如何透過視覺符號與儀式，使學生在潛移默化中接受統治階級所建構的價值體系。

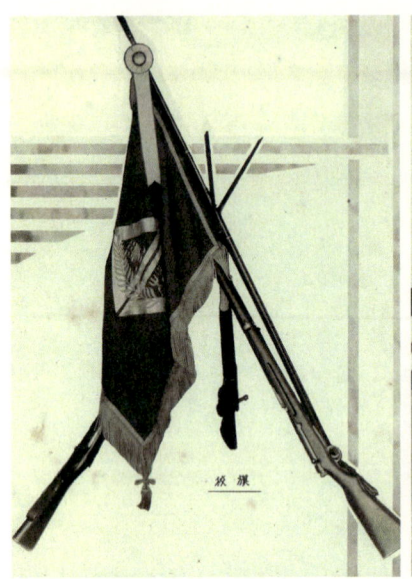

圖26 ▎日治時期嘉義農林學校校旗（一）
資料來源：臺南州立嘉義農林學校（1942b）

圖27 ▎日治時期嘉義農林學校校旗（二）
資料來源：臺南州立嘉義農林學校（1937）

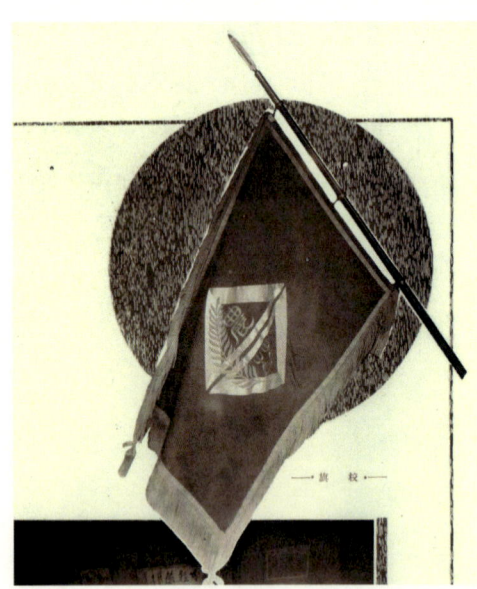

圖28 ▎日治時期嘉義農林學校校旗（三）
資料來源：臺南州立嘉義農林學校（1936）

圖29 ▎日治時期嘉義農林學校校旗（四）
資料來源：臺南州立嘉義農林學校（1932）

圖30 ▎嘉農學生集會時仰望著校旗（一）
資料來源：臺南州立嘉義農林學校（1942b）

圖31 ▎嘉農學生集會時仰望著校旗（二）
資料來源：臺南州立嘉義農林學校（1936）

三、小結

日治時期的嘉義中學校與嘉義農林學校的校徽與校旗，由上述分析可知，兩校的視覺符號皆承載了豐富的教育理念、學校精神與象徵意涵，並在設計上反映了當時的學制特色與學校定位。

（一）校徽的象徵意涵

在校徽的象徵意涵上，嘉義中學校的校徽以「中字與十三道旭日光芒」作為主要構成元素，這樣的符號組合蘊含著多重象徵：①「中」字的意涵：代表中學校的屬性，也隱喻「學問的書本被翻開」與「知識的傳承」，展現中學校學生應追求卓越學識的精神。②「十三道旭日光芒」的象徵：除了指涉嘉義中學校所在地旭陵（旭ヶ丘），亦蘊含晨曦普照、學術昌明、朝氣蓬勃等意涵，並隱含日本帝國主義的「太陽崇拜」，將天皇與學校教育建立連結，傳遞皇民化教育的意識形態。③ 視覺上的引導作用：當學生戴上有校徽的帽子，正面面對著太陽與光芒，寓意著學子應秉持質實剛健、修文尚武的精神，奮發向學。

相較之下，嘉義農林學校的校徽則以「嘉農、林的字形與稻穗的意象符號」作為核心設計，呈現更偏向實業教育與農業發展的象徵：①「嘉農」與「林」的組合：直觀地表明該校的教育領域，以農林技術為主，培養臺灣本地的農業技術人才。②「稻穗」的符號意象：嘉南平原自古以來便是臺灣重要的稻作產區，而嘉義農林學校作為該地區的農業學府，其校徽以飽滿的稻穗環繞主體，象徵豐收、生命力與希望，也間接呼應該校的校歌歌詞中關於農業發展的描述。③ 學校與在地產業的連結：不同於嘉義中學校以學術與文人精神為導向，嘉義農林學校的校徽設計更具務實性，直接反映該校的教育宗旨與嘉南農業發展的關聯。

（二）校旗的象徵意涵

在校旗的象徵意涵上，兩校的旗幟設計雖同樣以校徽為基礎，但其視覺構成與象徵意涵卻展現了不同的精神內涵。① 嘉義中學校的校旗：延續了校徽的符號設計，以「嘉中」、「旭日」、「光芒」為主體，強調學校的旭陵精神，並進一步融入嘉義的地域象徵──新高山（玉山），將嘉中學子與臺灣最高峰的雄偉氣勢連結，展現其作為高等中學學府的卓越地位與精神。此外，校旗上的旭日光芒與玉山並列，不僅呼應了校歌的意涵，也在視覺上強調學生應懷抱遠大志向，如同旭日東昇般迎向學問的高峰，這與日治時期所強調的修文尚武、報效國家的教育目標相呼應。② 嘉義農林學校的校旗：與校徽的視覺設計不同，該校校旗採用「台字紋、農林字貌與月桂圖騰」的組合，展現該校作為臺灣農業技術發展重鎮的形象。再者，「台」字紋章代表學校的地域歸屬，顯示嘉農學子對於臺灣這片土地的認同，並隱含農業教育與社會發展的密切關係。又「月桂葉」的符號意象源於西方文化的勝利與榮耀象徵，在該校校旗上則有著「勤勉耕耘、智慧求學」的隱喻，寓意嘉農學子應以務實、專業的精神發展農業技術，並在農業領域取得卓越成就。③ 最後，校旗上的符號意象也與嘉農的教育理念相呼應，強調學生應具備農林技術的專業素養與堅韌不拔的精神，這與日治時期政府推動臺灣作為「東洋穀倉」的農業發展政策息息相關。

（三）綜合討論

嘉義中學校與嘉義農林學校的校徽與校旗，皆透過視覺符號展現了學校的核心價值、學科定位與教育精神，並在當時的殖民地教育體制下，發揮了不同層次的意識形態影響：嘉義中學校的校徽與校旗強調學術、理想與精神層面的卓越追求，校徽中的旭日光芒與校旗上的新高山（玉山）皆展現其培養菁英、推動文化傳承的教育理念，同時也隱含了日本帝國主義下的國家意識與皇民化

教育色彩。嘉義農林學校的校徽與校旗則更具務實與產業導向，強調農業技術人才的培養，透過「稻穗」與「農林」的符號意象，象徵該校在嘉南農業發展中的重要角色，並隱含殖民政府對臺灣農業技術發展的規劃與期許。

　　此外，透過校旗的使用場景分析可見，這些符號並不只是靜態的學校標誌，而是透過典禮、運動會、升旗儀式等集體活動，成為規訓學生行為、形塑學校認同的重要工具。學生們在佩戴校徽、護送校旗、仰望旗幟時，無形中內化了學校的教育理念，甚至在國族認同、社會階級意識的建構上，也受到潛移默化的影響。總結而言，日治時期嘉義中學校與嘉義農林學校的校徽與校旗，不僅是學校的象徵，更是學校教育信念、殖民統治意識與社會文化脈絡交織下的產物，這些符號在日治時期的學校教育中發揮了深遠的影響，其所承載的歷史意義與教育價值，至今仍值得我們深思與探討。

肆、結論與啟示

　　本文以日治時期的嘉義中學校與嘉義農林學校之校歌、校徽與校旗為研究主軸，透過文本分析法進行系統化整理與分析，藉由深入剖析這些學校符號意象的構成與內涵，探討其在校園教育中的角色、影響力，以及它們所傳遞的教育理念與價值觀。透過這些符號意象的分析，我們得以瞭解這兩所學校如何透過視覺與聽覺的象徵語言，塑造學生的學校認同、社會價值觀，甚至是國族意識。

一、校歌的符號意象與其教育內涵

　　日治時期的嘉義中學校與嘉義農林學校的校歌，皆蘊含豐富的符號意象，經系統分類後，主要涵蓋以下四大類：

　　（一）學校地理位置與景觀：透過校歌描述學校所在地的自然環境，如嘉南平原、新高山（玉山）、八掌溪等，強化學生對學校的地域認同。

（二）在地物產名勝或歷史環境：例如嘉義農林學校的校歌提及「稻米豐收」、「沃野千頃」，彰顯該校與農業生產的密切關聯。

（三）臺灣或嘉義意象之符號：歌詞中融入嘉義、新高山、八掌溪等地域象徵，使學生對於臺灣的自然環境與文化特質有更深的認識。

（四）對師生或學校的期許、勉勵與認同：校歌中經常出現勉勵學生「奮發向上、修文尚武、鍛鍊身心」的語句，培養學生的紀律與學校榮譽感。

然而，相較於嘉義農林學校，嘉義中學校的校歌還額外包含了兩類特殊的符號意象：

（一）國家意識形態：校歌中融入「效忠天皇」、「鎮守南方」等歌詞，試圖在學童心中灌輸忠誠於大日本帝國的價值觀，這與當時的皇民化教育政策相呼應。

（二）描繪日本與臺灣相對位置：在歌詞中，臺灣常被描述為「南方之島」或「大日本帝國疆土的一部分」，藉此建構學生對於殖民統治秩序的順服與從屬認同。

因此，從校歌的符號意象分析可知，嘉義中學校的校歌不僅傳遞學術精神與教育信念，更隱含強烈的軍國主義意識形態與愛國思想；而嘉義農林學校的校歌則偏向職業教育取向，主要著重於培養農業技術人才，較少政治意識的渲染。

二、校徽與校旗的符號意象與其教育價值

校徽與校旗作為學校的核心視覺標誌，承載著學校的教育理念與學術價值。嘉義中學校與嘉義農林學校的校徽與校旗雖各有特色，但其設計皆反映了學校的辦學精神與學生的價值定位：

（一）嘉義中學校的校徽與校旗
1. 校徽由「中字」與「十三道旭日光芒」組成，象徵學問的傳承與「旭陵精神」，同時也強化皇民意識，使學生認同自己為「天皇子民」。
2. 校旗則延伸校徽的視覺符號，並加入「新高山（玉山）」的元素，象徵嘉中學子應如旭日初升般奮發向學，並寓意「臺灣是日本南方的重要據點」。

（二）嘉義農林學校的校徽與校旗
1. 校徽以「嘉農」與「林」為核心，周圍環繞「稻穗」，象徵豐收與生命力，體現該校以農業教育為主軸，培育實用型技術人才的辦學方針。
2. 校旗則以「台字紋章」與「月桂葉」構成，表現學校對於農林技術發展的專業精神與培育菁英的期待，並以勞動精神與勤奮學習作為核心價值。

從教育符號學的角度來看，這些校徽與校旗不僅僅是學校的視覺標誌，更是一種教育象徵，透過學校日常活動的儀式化運用（如升旗典禮、運動會、畢業典禮等），來潛移默化地影響學生的價值觀與身分認同。

三、啟示：教育符號學與歷史記憶的反思

本文透過分析日治時期嘉義中學校與嘉義農林學校的校歌、校徽與校旗，進一步理解這些教育符號意象在殖民統治下所扮演的角色。從中我們可以獲得以下啟示：

（一）教育符號的文化意涵與規訓作用：學校的校歌、校徽與校旗不只是視覺與聽覺上的象徵物，更是形塑學生價值觀、身分認同與行為規範的工具。即便是在現今社會，學校的教育符號仍然在學生的品格培養、群體認同與歷史記憶中發揮關鍵作用。

（二）殖民統治下的教育與意識形態滲透：日治時期的教育制度透過學校的視覺與聽覺符號（如校歌、校徽、校旗）來強化皇民化教育，潛移默化地灌輸順從統治、忠誠天皇、維護帝國秩序等價值觀。這種教育模式影響了當時臺灣學生的身分認同，甚至影響部分人對日本帝國的情感依附。

（三）當代教育的反思與符號意象的重塑：進入戰後時期，臺灣的學校開始進行教育去殖民化，部分學校的校徽、校歌、校旗經過改編，以重新建構具有本土特色的教育符號。然而，在全球化時代，我們是否能進一步思考如何透過校歌、校徽與校旗，來強化文化認同、多元價值與全球視野，仍是當代教育值得深思的議題。

　　本文透過校歌、校徽與校旗的符號意象分析，揭示了日治時期嘉義中學校與嘉義農林學校在學校文化建構、學生規訓與意識形態灌輸上的異同。透過教育符號學與歷史教育的對話，我們可以看見學校教育符號如何影響學生的思想、價值觀，甚至形成長遠的歷史記憶與文化認同。這些象徵物雖然隨著時代變遷而逐步調整，但它們所承載的歷史意義，仍值得我們深究與反思。如何在當代教育中保留歷史記憶，卻不讓意識形態綁架教育，並進一步透過符號教育來強化臺灣學子的多元文化素養，將是現今教育學界與歷史學界共同努力的方向。

參考文獻

一、中文文獻

日治時期臺灣教育史小辭書（2021年6月7日）。嘉義農林學校生徒の名刺（學生的名片）。取自https://www.facebook.com/eduationofTaiwan/。

吳密察、井迎瑞編（2008）。片格轉動間的臺灣顯影——國立臺灣歷史博物館修復館藏日治時期紀錄影片成果。臺灣歷史博物館

吳昱慧（2013）。日治時期臺灣文學的「南方想像」：以龍瑛宗為例。花木蘭文化。

吳韻儀（2011）。國民小學校園符號影響力之研究：以嘉義市博愛國小為例〔未出版碩6666士論文〕。國立臺北教育大學。

林采育（2020）。臺灣偶像劇的大齡單身女性形象再現：2009-2019年〔未出版碩士論文〕。國立高雄師範大學。

林鴻鈞主編（1994）。嘉中七十年。嘉義高級中學。

姜得勝（2005a）。校園符號與社會變遷關係之研究。**教育學刊**，24，175-197。

姜得勝（2005b）。「符號」與「學校教育」關係之研究。群英。

姜得勝（2012）。「符號」與「學校教育」關係之研究。麗文。

姜得勝（2020）。室外靜態符號的「潛在課程」意涵之探究：以「國立清華大學校本部」為例，**課程與教學季刊**，23(2)，105-128。

國立嘉義高級中學（2021年6月7日）。嘉中校訓。取自https://www.cysh.cy.edu.tw/p/412-1008-90.php。

張文龍（2001）。臺灣技職校院校徽造形意象之研究〔未出版碩士論文〕。國立臺灣師範大學。

張倍純（2001）。異調的弦歌——臺灣日治時期與國民黨時期學校校歌之比較研究〔未出版碩士論文〕。國立臺北教育大學。

張淑媚、蔡元隆、黃雅芳（2014）。**圖解臺灣教育史**。五南。

梁碧峯（2016）。漫談東海大學校徽與校旗。**東海大學圖書館館刊**，11，64-81。

莊雅如（2005）。臺灣女子高級中學校歌之論述分析（1895年～1997年）〔未出版碩士論文〕。國立臺北教育大學。

郭盈良（2014）。棒壇雙雄的爭霸嘉農VS嘉中。臺灣圖書室季刊，1，頁7-9。
陳宜真（2009）。從造形意象觀點探討臺中市國民小學校徽設計〔未出版碩士論文〕。私立嶺東科技大學。
陳國強主編（2002）。文化人類學辭典。恩楷。
陳聰明（2005）。棟花盛開時的回憶：日治時期畢業紀念冊展圖錄第二冊（學校建築篇／校歌校旗篇）。臺灣文獻館。
彭威翔（2019）。太陽旗下的制服學生。左岸。
游美惠（2000）。內容分析、文本分析與論述分析在社會研究的運用。**調查研究**，8，5-42。
辜玉如（2013）。**臺灣師範院校校歌之歌詞研究**〔未出版碩士論文〕。國立臺南大學。
黃尚譽（2014）。學校利害關係人對於校徽識別系統認知之研究：以苗栗縣同光國小為例〔未出版碩士論文〕。私立育達科技大學。
黃靖惠、劉宏毅（2013）。校徽符號與文化價值觀：臺海兩岸大學之比較。**新聞學**，15，93-140。
嘉義市政府（2003）。**嘉義市志・卷六・教育志（下）**。嘉義市政府。
嘉義市政府（2005）。**嘉義市志・卷三・經濟志**。嘉義市政府。
廖英秋（2004）。雲林縣各級學校校歌研究〔未出版碩士論文〕。國立臺北師範學院。
維基百科（2021年6月9日）。KANO。取自https://zh.wikipedia.org/wiki/KANO。
劉其偉（2002）。**藝術人類學：原始思維與創作**。雄獅。
歐用生（1979）。潛在課程及其對學習的影響。師友月刊，144，5-6。
蔡元隆、黃雅芳（2020）。讀冊真趣味──從懷舊老物件看日治時期臺灣教育。秀威。
蔡美娟（2014）。校徽視覺形象與學校屬性之關聯性探討──以臺灣地區大專校院為例〔未出版碩士論文〕。私立中原大學。
鄭三郎主編（1993）。嘉農口述歷史。國立嘉義農業專科學校校友會。
鄭元者（1992）。**圖騰美學與現代人類**。新華書店。
鄭自隆（2015）。**傳播研究與效果評估**。五南。
鄭麗君（2008）。區域特質元素融入國民小學校徽設計之研究創作──以高雄市三民區、楠梓區國小為例〔未出版碩士論文〕。國立高雄師範大學。
賴彰能（1996）。日治嘉中一瞥。嘉義市文獻，12，1-88。
賴錦松（1994）。國民小學校歌製作與運用研究：屏東師院輔導區內國民小學校歌探

析。屏東師院學報，7，299-378。

羅媛媛（2016）。淺析校徽在中小學校園文化建設中的作用。科學咨詢（教育科研），15，6。

二、外文文獻

Apple, M.（1990）. *Ideology and curriculum*. New York: Routledge.

Kress, G.& Van Leeuwen,T. (2006). *Reading Images: The grammar of visual design*. Routledge.

Saussure, F. de. (1916). *Course in general linguistic*s. Fontana.

臺南州立嘉義中學校（1939）。嘉義中學校中第十一回卒業記念寫真帖。臺南州立嘉義中學校。

臺南州立嘉義中學校（1940）。嘉義中學校中第十二回卒業記念寫真帖。臺南州立嘉義中學校。

臺南州立嘉義中學校（1942a）。臺南州立嘉義中學校一覽表（昭和十八年四月三十日現在）。臺南州立嘉義中學校。

臺南州立嘉義中學校（1942b）。嘉義中學校中第十四回卒業記念寫真帖。臺南州立嘉義中學校。

臺南州立嘉義農林學校（1932）。嘉義農林學校第九回卒業記念寫真帖。臺南州立嘉義農林學校。

臺南州立嘉義農林學校（1936）。嘉義農林學校第十三回卒業記念寫真帖。臺南州立嘉義農林學校。

臺南州立嘉義農林學校（1937）。嘉義農林學校第十四回卒業記念寫真帖。臺南州立嘉義農林學校。

臺南州立嘉義農林學校（1942a）。昭和十三年度]臺南州立嘉義農林學校一覽表（昭和十三年四月末日現在）。臺南州立嘉義農林學校。

臺南州立嘉義農林學校（1942b）。嘉義農林學校第二十回卒業記念寫真帖。臺南州立嘉義農林學校。

臺灣日日新報（1940年11月24日）。社說／南進臺灣と其の新體制具體策展開と運用の妙を待つ。臺灣日日新報，4621，02版。

臺灣日日新報（1940年04月14日）。新版「南進臺灣」を撮影。臺灣日日新報，14398，04版。

附錄

一、日治時期嘉義中學校校歌

作詞：三屋靜　作曲：一条慎三郎

新高昇る朝日かげわが学び舎を照らす時
黎明鎖す雲晴れて嘉南の平野目もはるか
ああ青春の朝戸でに望ゆたけき懷かな
剛健の意気胸に燃え不息の力身にぞ湧く
健兒七百朝夕に心身鉄と鍛えつつ
協心一致の校風は旭ヶ丘に薫るかな
勅かしこみて大八州南の鎮め守るべき
使命ぞ重き旭陵の名こそ惜しけれいざともに
修文尚武たゆみなく前途の雄飛期せんかな

（臺南州立嘉義中學校，1942b）

中文翻譯：

玉山頂生晨曦影，破曉照耀學舍時，
覆蓋黎明雲撥晴，遠眺嘉南平野進眼底，
啊！青春晨出上學時，深感滿懷清新的希望。
剛健之氣，滿腔燃血，自強不息力勇身，
健兒七百朝至晚，鍛鍊身心成鋼鐵，
協力一致的校風，永遠飄香旭陵上。
勤奉守法為社稷，堅守崗位與疆域，
旭陵肩負使命重，珍惜盛名同心赴，
修文尚武孜不倦，鵬程萬里期盼殷。

（林鴻鈞主編，1994，頁237）

二、日治時期嘉義農林學校校歌

作詞：岡野貞一　　作曲：高野辰之

新高山の西 沃野千要路四通の 直中占めて
嘉義よ歷史に 輝く處嘉農が瑞穗の 旗立て立つ地
八掌溪の北 天惠充てり小田に黃金は 再び稔り
野にも山にも 幸堆高しこれ吾が嘉農を 迎えて待つ地
浮べる雲の富 省り見ずず汗に生くるが 我等の願い
一木植うるも 一粒撒くも誠の吹息を こむるが誓い
見よ　五年の業 學び終へて胸に燃えたつ 理想を秘め
鋤と鎌とを 寶庫の鍵と微笑み 地に立つ 我等の姿

（臺南州立嘉義農林學校，1942b）

中文翻譯：

新高山西互沃野　四通八達要衝地
歷史輝煌吾嘉義　嘉農豎立瑞穗旗
八掌溪北天惠地　黃金再現田畦間
田野山丘福成堆　待吾嘉南建校地
浮雲高懸吾不顧　汗流夾背是吾願
凡植一樹或一粒　誠心誠意是吾誓
反觀五年學業畢　理想之火胸中然
鋤犁鎌刀是寶鍵　微笑立地是吾輩

（陳聰明，2005，頁197）

第五章　無與「崙」比的校史謳歌：
從嘉義縣大崙國小日治時期的分教室談起

> 歷史是一條河。你要看清楚，河水怎麼流。
>
> ——臺灣獨立運動先驅 史明（A.D. 1918-2019）

壹、前言

　　臺灣的舊地名中，許多名稱皆與當地的自然地理環境緊密相關，而「大崙」一名，便充分展現了這一特點。「崙」字象徵著臺灣典型的山地丘陵地形，這也意味著嘉義縣水上鄉的大崙地區，可能是一個依靠山坡地形而形成的聚落，並發展出以農耕為主的傳統農村生活型態。大崙的歷史淵源，可追溯至清領時期。早在清康熙、乾隆年間，已有來自福建漳州府邵安縣的移民橫渡黑水溝，來到此地開墾屯田。這些先民帶來了原鄉的農耕技術與社會文化，使得大崙逐漸形成一個穩定的聚落。隨著時間推移，至日治時期，大正9年（1920年）臺灣總督府進行地方行政區劃改制，大崙地區涵括大崙與二重溝，行政上隸屬於臺南州嘉義郡水上庄（嘉義縣政府，2009a）。此一變革，使得當地的行政管理與社會發展逐漸納入日本殖民體系的規範之中，開啟了當地社會發展的新階段。

　　位於大崙地區的一所近百年歷史的學校——大崙國小，在日治時期被當地居民習慣稱為「大崙分教場」。這所學校並非一開始便是獨立的公學校，而是作為水上公學校的分教場，負責提供大崙地區的基礎初等教育長達17年（1923-1940年，即大正12年至昭和15年）。然而，最早期的校名並非「水上公學校大崙分教場」，而是「水上公學校大崙分教室」（即今日所稱的「分

班」）[1]。在這段日治時期的歷程中，這所學校見證了大崙地區初等教育的發展，也承載著無數學子的童年記憶。2021年，大崙國小即將迎來百年校慶。這不僅是學校的歷史性時刻，更是當地社區共同回顧並珍視自身歷史文化的重要機會。

筆者長年參與國立嘉義大學教育系張淑媚教授主持的「臺灣教育史團隊」，專注於日治時期雲嘉南地區教育史的研究，累積了豐富的學術研究與田野調查經驗，並已出版四本專書，發表數十篇臺灣教育史相關論文。因緣際會之下，透過嘉義縣成功國小的陳宇水校長介紹，得以認識嘉義縣大崙國小的曾南薰校長，並得知學校即將迎接百年紀念。筆者當時已協助五所百年國小編寫校史特刊，因此深感使命，希望能貢獻所學，為大崙國小編纂一本兼具歷史縝密度與文化深度的百年校史專刊。為確保史料的完整與準確，筆者花費兩個月的時間，細心爬梳與分析相關歷史資料，並對大崙國小日治時期的校史沿革進行系統化整理與分類。本文將從「分教室」的歷史脈絡談起，探討大崙國小的「前世」，並透過歷史考證與文獻分析，針對過往校史記錄中可能存在的錯誤進行勘誤與澄清，期望透過這項研究，使大崙國小的百年歷史能夠更加完整，並讓後人更清楚地理解這所學校的發展歷程與歷史價值。

貳、水上公學校大崙分教室的設立沿革及意涵

一、水上公學校大崙分教室（1921-1923）：從「無」到「有」

大正10年（1921），日本統治臺灣已進入中期，殖民政府的統治策略逐漸

---

[1] 日文中的「分教室」及「分教場」，相較今日而言，係指「分班」及「分校」的意思。分班的設立往往是在教育資源缺乏及非常偏僻的鄉下，教育當局考量受教人數較稀少，所以委由地區的中心學校派任兼任教師前往該分班授課，而當受教人數穩定及到達一定人數後，即有機會升格為分校。

從初期的壓制與軍事控制，轉向社會建設與文化同化，其中教育普及便是關鍵政策之一。隨著大正8年（1919）〈臺灣教育令〉公布，臺灣的公學校體系迅速擴展，各地新設公學校如雨後春筍般興起。然而，這股教育發展浪潮並未立即惠及所有偏遠地區，嘉義郡水上庄大崙地區便是其中之一。對於當時大崙地區的囝仔而言，求學是一條艱辛的旅途。由於當地尚未設置公學校，學童若要接受初等教育，必須步行長途跋涉至水上公學校（即現今嘉義縣水上國小）。崎嶇的山路、漫長的通學時間，加上家境困難，導致許多孩子被迫放棄受教育的機會，亦讓家長對送子女上學心生卻步。

大崙地區的教育發展長期受到地理環境與社會條件的限制，面對這樣的不公平現象，當時水上庄大崙的保正——呂典（相當於今日的村里長）挺身而出。他深知，唯有讓大崙的子弟能夠就近接受教育，才能改變當地居民的未來。因此，他開始向臺南州政府積極請願，希望能夠在大崙設立學校，為當地學童爭取平等的受教權。呂典的請願行動並非一蹴可幾。為了說服政府批准設校，他不僅四處奔走，拜訪地方仕紳，希望凝聚地方共識，更親自前往臺南州官廳與視察長官面陳利弊，詳細說明大崙地區學童求學的困難，並強調教育普及對地方發展的長遠影響。在這場爭取教育權益的運動中，呂典展現了非凡的毅力與遠見，他不僅爭取地方仕紳的支持，甚至為了推動設校，捐出私人土地作為未來校地，此舉展現了他對教育發展的堅定信念（嘉義縣政府，2009b）。

在呂典與地方仕紳的共同努力下，臺南州官廳開始審查大崙設校的可能性。殖民政府派遣督學親自前往大崙地區進行實地視察，並審核當地學齡人口、地方資源以及社會支持度。經過詳細的調查與教育單位的討論後，最終決定同意在大崙地區設置公學校，但由於當時就學人數尚未達到獨立設校標準，因此暫列為水上公學校的「分教室」，作為公學校的附屬教育機構。大正10年（1921）4月25日，《臺南州報》以號外版第34號公告，正式發佈臺灣總督府的核准令，宣告水上公學校大崙分教室正式成立（柯萬榮，1937；臺南州，1921）。這項公告，不僅象徵著大崙地區初等教育的開端，更標誌著當地居民

長期以來爭取教育機會的努力終於開花結果。然而，學校成立並不代表困難已經結束。由於學校的硬體設施尚未建置完成，臨時的教學場地成為一大問題。為了解決這一難題，地方仕紳再度發揮關鍵作用。最終，經過與當地新興宮廟方的協商，學校成功借用新興宮的廟宇空間作為臨時教室，讓大崙的孩子們得以開始接受正規教育（柯萬榮，1937）。這一安排，雖然空間有限，設備簡陋，但對於當地居民來說，已是一項劃時代的突破。

水上公學校大崙分教室的成立，不僅改變了大崙地區學童的命運，也代表著日治時期臺灣基層教育普及化的重要一步。從政策層面來看，這是殖民政府在教育擴展政策下的一部分，透過基層學校的設置，促進臺灣地方社會的文化同化。然而，從地方社會的角度來看，這更是一場來自地方菁英與仕紳的自主性教育運動，是民間力量與政府行政體制協商下的產物。這段歷史充分顯示了，在日治時期，即便處於殖民統治下，臺灣地方菁英仍積極參與地方事務，試圖透過教育改善社會現狀。無論是呂典的奔走請願，還是地方仕紳的資源挹注，皆反映出當地社會對於教育的重視。這樣的努力，最終使大崙地區的學童能夠擁有與其他地區相同的受教育機會，為未來的教育發展奠定了堅實的基礎。

二、水上公學校大崙分教場（1923-1940）：從創校基礎到教育文化的發展

隨著地方仕紳與地方官員的積極推動，大崙地區接受公學校教育的學童人數逐年增加，學校的運作模式也逐漸走上正軌。因此，在地方需求與政府評估的雙重考量下，大正12年（1923）6月1日，《臺南州報》以第245號告示的第67號正式發布臺灣總督府的認可，宣布自大正12年（1923）4月1日起，水上公學校大崙分教室正式升格為「水上公學校大崙分教場」（臺南州，1923）。這次升格象徵著大崙地區的學校發展邁入了新的階段，意味著地方社會對教育的支持獲得了殖民政府的正式認可。從「分教室」升格為「分教場」，代表學校

的運作更加獨立,規模與管理層級提升,學生人數亦持續成長。

在教職員配置方面,當時分教場的專任教職員數共計2人,分別為臺籍訓導吳老(正式教師)與臺籍教育心得陳夢蘭(代用教師),而校長則由水上公學校校長山本福三郎兼任(臺灣總督府編,1923)。大正12年(1923)時,學校共有三個班級,學生總數達128人,其中男童91人、女童37人(臺南州內務部教育課,1923)。同年4月,校園內三棟新教室正式竣工,學童們陸續遷入新教室上課(柯萬榮,1937)(圖32)。這些新教室的落成,不僅改善了學習環境,也讓學童的受教權得以進一步保障。

日本殖民統治之前,臺灣社會並沒有「體育」或「運動」的概念,相關活動大多與民俗信仰或廟會祭典相結合,並未形成系統化的體育教育。然而,隨著明治28年(1895)日本占領臺灣後,西方式的運動會(體育祭)開始在學校與社會間推廣,運動會因其「新奇性」與「趣味性」,成功吸引了臺灣人的關注與參與(蔡元隆、黃雅芳,2020)。大正13年(1924)10月21日,水上公學校大崙分教場舉辦了一場正式的運動會。當日清晨八時,學童們在校庭集合,由日籍校長山本福三郎對學生進行精神訓話,強調運動精神與紀律,隨後展開競技比賽,直到下午三時活動才結束(臺灣日日新報,1924年12月31日)。這場運動會不僅是學童體能訓練的重要時刻,也象徵著日治時期教育體制中「文武並重」的價值觀,體育活動逐漸成為學校教育的一環。此外,日治時期的「畢業旅行」被稱為「修學旅行」(有時亦稱遠足、見學),這是一種結合戶外教學與畢業旅行的學習活動,旨在開拓學生視野,使學童能將課堂知識與現實世界產生連結(蔡元隆、黃雅芳,2017)。

水上公學校大崙分教場的學童也曾參與這類活動,但其特色在於採用「聯合修學旅行」的方式,而非單一學校獨自舉辦。昭和8年(1933)10月18日至20日,大崙分教場的9名畢業生,與水上庄農業補習學校畢業生19人、水上公學校畢業生45人、湖子內分教場畢業生6人,共計79人,由5名教職員帶領前往臺南、高雄及屏東進行修學旅行(臺灣日日新報,1934年10月15日)。在這趟

旅行中，學童們所見所聞皆是對課堂知識的具體印證，透過實地考察，他們能夠深化對地理、歷史與社會現象的理解，同時培養獨立生活的能力（圖33）。

　　昭和9年（1934），大崙地區保正呂典再度自掏腰包，捐贈60圓資金，用於學校內升旗臺與運動場設施的建設（柯萬榮，1937；《臺灣日日新報》，1934年3月21日）。這筆資金讓學童能在更完善的環境中學習與活動，進一步提升學校設施的品質。此外，日治時期的教育體系極力推廣國語（日本語），這不僅是學校教育的核心之一，也是殖民政府文化同化政策的重要手段。昭和6年（1931）10月21日，水上公學校大崙分教場曾舉辦為期50日的國語講習活動，參與者包括20名男性與10名女性（臺灣日日新報，1931年9月28日）。這類社會教育活動，旨在促使臺灣人習慣使用日語，進一步鞏固日本的文化統治。在學科設置方面，公學校的課程內容與傳統書房教育截然不同，學童除了學習修身、國語（日語）、算數、地理、歷史、理科、圖畫、唱歌、體操等科目外，亦需接受部分漢文教育（臺灣教育會，1939）。此外，公學校學制採行三學期制，學年度劃分如下：第一學期：4月1日至8月31日。第二學期：9月1日至12月31日。第三學期：翌年1月1日至3月31日。這種學期制與當時日本內地的教育體系一致，強調穩定且循序漸進的學習模式。

　　日治時期，隨著公學校的普及，越來越多臺灣囡仔開始進入學校接受正式

圖32┃昭和14年大崙分教場師生始業合影紀念
資料來源：作者自行收藏

圖33┃分教場師生至臺南神社修學旅行
提供資料來源：嘉義縣大崙國小百週年校慶臉書

教育。這股教育浪潮在昭和14年（1939）達到了新的高峰。當年度，水上公學校大崙分教場的新入學生共有59人，其中男童32人、女童27人，顯示出當地社會對於子女受教育的重視程度正逐步提升。同時，全校總學生人數亦達到308人，包含男童189人、女童119人，共計四個年級（臺南州教育課，1939）。這樣的增長，不僅反映出大崙地區學童受教育機會的提升，也象徵著公學校制度逐漸深入臺灣地方社會。值得注意的是，在這段期間，大崙分教場的男女學生比例相較於其他地區呈現較為平衡的趨勢。當時，臺灣社會普遍仍受傳統父權文化影響，家長往往優先將教育資源投入於男孩，而女孩的受教育機會則相對受限。然而，從大崙分教場的學生數據來看，女童佔總學生人數的38.6%（119人），顯示當地家長對女性接受教育的態度較為開放。若與鄰近學區相比，這一現象更顯得獨特。例如，同年度水上公學校湖子內分教場的總學生數為190人，其中男童131人，女童僅59人，女童人數僅為大崙分教場女童人數的二分之一。這樣的差異，顯示出大崙地區家長對於女孩入學的接受度較高，相較於其他鄉村地區，女孩就學的比例較為均衡。

這種現象可能與大崙地區的社會經濟結構與地方文化氛圍有關。作為一個發展較為穩定的農村聚落，大崙地區的家庭或許較早意識到教育對於改善生活的潛在影響，因此不僅重視男孩的教育，也願意讓女孩接受基礎教育。此外，地方仕紳與教師的影響力亦可能促成這種教育意識的提升，透過地方菁英的倡導，使得當地社會逐漸接受女性教育的重要性。這段歷史不僅提供了日治時期臺灣地方教育發展的珍貴數據，也讓我們得以深入思考殖民教育政策與臺灣社會文化之間的互動關係。透過水上公學校大崙分教場的學生性別比例，我們可以看見，雖然日本殖民政府在推動普及教育時仍帶有文化統治的色彩，但臺灣地方社會在這股教育浪潮中，仍發展出了具有地方特色的教育接受模式，並逐步塑造出符合自身需求的教育價值觀。

從水上公學校大崙分教場的設立與發展，窺見日治時期臺灣基層教育的變遷，這段歷史不僅反映出殖民政府的教育政策，也展現了地方社會與仕紳對

於教育的投入與期待。從學校建設的推動，到體育運動與修學旅行的舉辦，再到語言與學科教育的變革，大崙分教場的發展過程突顯了當時教育體制的多元性。這些學校活動，除了讓學童獲得正式的學科知識，也透過體驗式學習，拓展了他們的視野，並在無形中強化了殖民統治下的文化影響力。

三、從大崙公學校到水上西國民學校（1940-1944）：學制變革與戰時教育的轉折

隨著水上公學校大崙分教場的學童人數不斷攀升，當地教育需求日益增加，地方仕紳有鑑於此，再次聯合請願，向臺南州的視察長官建議，期望讓水上公學校大崙分教場正式獨立設校。仕紳們認為，大崙分教場已具備相當規模，應當賦予其更完整的教育體制，以彰顯其在地性的教育價值，並提升學校運作的自主性。歷經地方仕紳長期奔走與官方審核後，昭和15年（1940）4月1日，《臺南州報》以第1875號告示第97號發布臺灣總督府的正式認可，大崙分教場獨立為「臺南州大崙公學校」（臺南州，1940）。這對地方社會而言，是一項重大的教育里程碑，象徵著大崙學區的學童終於擁有獨立的公學校，當地教育發展邁向更具規模與自主性的階段。獨立設校後的第一任日籍校長為前川敏雄，學校的教職員編制也隨之擴增，由原先的兩名教師擴編至五人，包含：日籍校長：前川敏雄；訓導（正式教師）：翁福、德永國光；教員心得（代用教師）：連汪、陳罕。獨立設校後，學校的師資力量得以提升，課程編制與行政管理也更趨完善，對於當地學童而言，這是一個更具教育品質保障的學習環境（臺灣總督府編，1940）（圖34、圖35）。

其實，早在昭和12年（1937）七七事變爆發後，日本總督府已開始在臺灣實行「皇民化運動」，透過強化日語教育、改日本姓名（創氏改名）等措施，進一步推動臺灣社會的全面日本化。而隨著日本戰時體制的深化，教育政策亦隨之調整，以確保殖民地的學童能夠更徹底地接受日本國民教育。昭和16

年（1941）3月26日，臺灣總督府以勅令第255號修正〈臺灣教育令〉，正式將臺灣的初等教育學制改為「國民學校」。這項政策的施行，使原本並行的「公學校」與「小學校」雙軌制被統一，所有學童不分族群，皆需接受相同的教育內容。自此，臺灣的初等教育進入了「國民學校」時代（蔡元隆、張淑媚，2011）。緊接著，同年的4月1日，《臺南州報》以第2121號告示第370號發布，宣布「臺南州大崙公學校」正式改制為「臺南州水上西國民學校」（臺南州，1941）（圖36、圖37）。這次改制，不僅是學校名稱的變更，更象徵著教育體制的全面轉型，課程內容與學校文化皆受到皇民化政策的強烈影響。在新的學制下，水上西國民學校的學童數持續增加，昭和16年（1941）當年度新入學生共計80人，其中男童48人、女童32人。全校總學生數則來到378人，其中男童224人、女童134人，共計四個班級（臺南州教育課，1942）。這顯示，儘管戰時社會變局頻仍，但臺灣學童的就學人數仍持續成長，公學校改制為國民學校後，教育的普及度也隨之提高。

　　日治後期，中日戰爭持續升溫，日本政府加強對臺灣的戰時動員。昭和16年（1941）12月7日，日本偷襲珍珠港，導致美國正式加入第二次世界大戰，

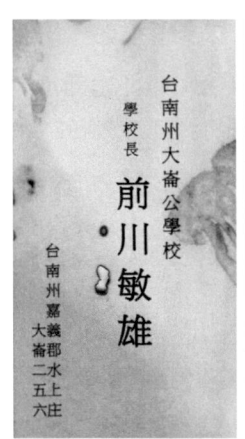

圖34 ▌校長前川敏雄名片
資料來源：作者自行收藏

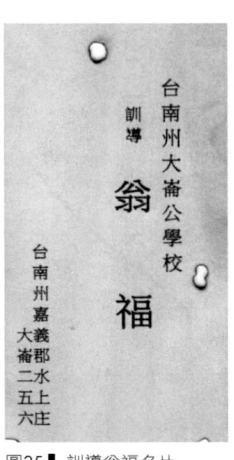

圖35 ▌訓導翁福名片
資料來源：作者自行收藏

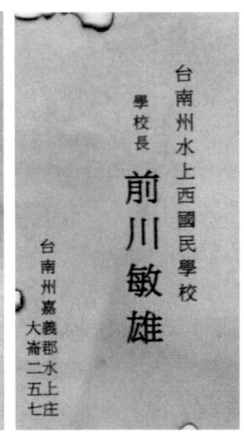

圖36 ▌校長前川敏雄名片
資料來源：作者自行收藏

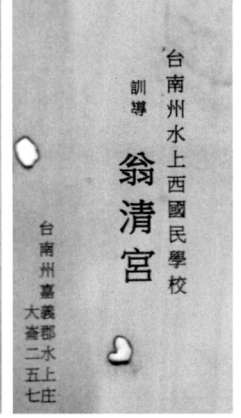

圖37 ▌訓導翁清宮名片
資料來源：作者自行收藏

戰局迅速擴展至太平洋地區。隨著戰爭形勢惡化，臺灣作為日本南進政策的重要補給基地，逐步進入全面戰時體制。在這種情勢下，學校教育不僅僅是學科知識的傳授，更被賦予了強烈的軍事訓練與戰爭動員功能。學童除了需接受日語教育與皇民道德教化，還需參與戰爭相關的勞動服務，如戰時農耕、物資收集、製作慰問品等。這種軍國主義色彩濃厚的教育，使得學校不再僅是知識學習的場域，更成為日本政府培養戰爭支持者的機構。昭和20年（1945）8月6日與9日，美國在廣島與長崎投下兩顆原子彈，為二戰畫下句點。昭和20年（1945）8月15日，裕仁天皇透過「玉音放送」向日本全國宣布無條件投降，並於9月2日正式簽署投降書。至此，日本的殖民統治結束，臺灣正式回歸中國（張淑媚等人，2014）。

隨著日本戰敗，駐臺日籍官員與教師陸續被遣返回國，水上西國民學校的日籍教師也紛紛被引揚回日本內地[2]。此時，學校的行政管理需要重新調整，教育體系亦開始轉換為國民政府接收後的學制。在這個動盪的時刻，年輕有為的臺籍教師翁清宮臨危受命，接管了學校的校務運作，成為光復初期的首任校長。學校名稱亦隨著政權更迭再次變更，改為「臺南縣水上鄉第二國民學校」（嘉義縣政府，2009b）。這次改制不僅反映了臺灣教育體制的轉換，也標誌著學校正式進入戰後重建的新階段。然而，戰後的教育環境仍充滿挑戰。由於戰爭導致經濟凋敝，學校設備短缺，教材與師資亦需重新整合，如何適應新的教育制度，對於師生而言是一大考驗。臺籍教師承擔起延續學校運作的責任，努力在有限的資源下維持正常的教學秩序，並開始推動符合中華民國政府教育方針的新課程。這段歷史不僅見證了水上西國民學校從日治時期公學校體系到光復後國民學校體制的轉變，更展現出臺灣教育在政權更迭下的適應與變革。學校在時代的洪流中不斷演變，但對於地方學童而言，教育的價值始終不變，是他們認識世界與改變命運的關鍵途徑。

---

[2] 「引揚」係指日本戰敗後，從殖民地臺灣被遣返回國的日本人，就是現今「引渡、遣返」之意。又稱引揚歸國、引揚歸還或引揚歸鄉。

參、校史沿革錯誤之勘正與澄清：釐清歷史脈絡，重建真實校史

歷史的真相來自於人們不斷的反省與探究，而錯誤的歷史敘述，則可能伴隨著「錯誤」的知識長期影響社會大眾的認知，使其根深柢固。若這些錯誤涉及學校的歷史記載，更可能直接影響學校師生對校史的理解，甚至導致錯誤的教育傳承。因此，校史的勘正與澄清，不僅是對學校歷史的負責，更是對學術研究、教育價值與集體記憶的尊重。倘若學校歷史存在錯誤，不僅可能誤導學生對學校演變的認識，更可能衍生錯誤的歷史意識形態，影響對學校角色、時代背景與地方社會發展的理解。正確的校史教育，能夠幫助我們掌握學校在歷史長河中的演變與變遷，透過文獻記載與圖像資料的對照，具象化當時校園文化的氛圍，讓後人得以更完整地理解學校在社會發展中的重要性。因此，錯誤的史實記載必須被勘正，並透過學術研究與教育機制，使正確的史實得以傳承（黃雅芳、蔡元隆，2019）。基於上述考量，以下將針對嘉義縣大崙國小日治時期的校史沿革，進行勘誤與澄清，以釐清歷史真相。

關於學校獨立設校名稱的錯誤，根據《嘉義縣志‧卷八‧教育志》（嘉義縣政府，2009）第192頁的記載：「昭和十五年（1940，民國29年）四月一日獨立為水上西公學校。」然而，根據昭和15年（1940）4月1日的《臺南州報》第1875號記載，原水上公學校大崙分教場在獨立設校後，應正式稱為「大崙公學校」，而非「水上西公學校」（臺南州，1940）。「水上西」這一名稱的出現，則是到了昭和16年（1941）才正式確立，當時正確的校名應為「水上西國民學校」。此一變更可見於昭和16年（1941）4月1日《臺南州報》第2121號的官方公告（臺南州，1941）。就勘誤說明而言，「水上西公學校」名稱在昭和15年（1940）時尚未出現，當時應為「大崙公學校」。「水上西國民學校」則是在昭和16年（1941）國民學校制推行後才更名而來。《嘉義縣志》的記載，將「水上西國民學校」的名稱提前至昭和15年（1940），屬於時間錯置的誤記。

再者，關於國民學校名稱的錯誤，同樣地，《嘉義縣志・卷八・教育志》（嘉義縣政府，2009）中記載，昭和十六（1941，民國三十年）4月1日改稱為大崙國民學校。然而，根據昭和16年（1941）4月1日《臺南州報》第2121號公告，大崙公學校當時應改制為「水上西國民學校」，而非「大崙國民學校」（臺南州，1941）。進一步考察「大崙國民學校」的歷史背景，實際上，這所學校的前身為「大崙尋常小學校」，位於嘉義郡斗六街大崙二八九番地，該校原為專門招收日籍學童的小學校，僅有極少數臺籍學生能夠就讀（臺南州，1941）。換言之，「大崙國民學校」與「大崙公學校」的歷史背景完全不同，兩者並無關聯。

上述錯誤的校史記載，若未加以勘正，不僅會影響學校歷史的真實性，更可能誤導後人對學校發展脈絡的理解。事實上，校史不僅僅是一所學校的歷史，更是地方社會發展的重要見證。若學校的歷史記載出現錯誤，將直接影響人們對於地方教育發展的認識，甚至可能影響教育政策與地方文化研究的成果。因此，透過嚴謹的歷史考證，依據官方文獻與學術資料進行校史勘誤，是確保學術研究嚴謹性的重要步驟。在未來的校史研究中，應該廣泛蒐集第一手歷史資料，並搭配口述歷史訪談與檔案史料分析，進一步確認學校發展的歷史脈絡，確保校史記載的準確性與完整性。此外，學校本身也應該積極參與校史的整理與勘正工作，透過與歷史學者、地方文史工作者的合作，建立一個更具公信力的校史資料庫，讓校史不僅成為學校的文化遺產，更能成為地方社會發展的重要參考資料。最後，學校應將正確的校史納入課程，透過學校活動、展覽、專題報告等方式，使學生能夠認識自己學校的歷史，進而了解地方社會與文化的發展脈絡，讓校史教育真正發揮其文化傳承與歷史教育的功能。

肆、結語：歷史的傳承與校史教育的價值

歷史，是人類社會發生與發展的總體過程，是自然界與人類社會活動所遺留下的珍貴痕跡。歷史的脈動宛如一種無聲的語言，縱然不言不語，卻蘊含著

深遠的意義與文化內涵。歷史的建構，唯有貼近人們的記憶與情感，才能真正拉近個人與地域之間的距離，使其成為集體認同的一部分（何賢堯，2008）。校史，則是學校記憶的載體。它不僅僅是學校發展沿革的紀錄，更是一段關於學習、成長與變遷的故事。校史蘊含著學校發展的軌跡，見證了教育理念的演變，也承載著師生、校友乃至地方社區的共同記憶（黃啟仁，2002）。這段歷史的積累，不僅能夠讓在校師生對學校產生更深厚的情感連結，也能夠使畢業校友與地方民眾在回顧歷史時，重新理解學校與自身生命歷程的緊密關聯。然而，校史的建構與校史教育的推動，並非僅仰賴歷史的被動遺留，而是需要主動的參與與認同。唯有當學校的師長、學生、校友與社區共同投入，透過學校組織文化的力量，一同蒐集、整理與挖掘屬於學校的故事，才能讓那些已然遺失的歷史記憶重新拼湊，進而呈現出學校最原始的歷史樣貌（許佩賢，1998）。校史不只是過去的紀錄，它更是一種文化的傳承，是學校精神的象徵。透過人的記憶與口述歷史的傳遞，讓每一代人都能理解學校的深遠歷史與文化故事，使這段歷史得以延續並內化成共同的價值觀。

　　綜觀而論，當師生、校友與社區民眾能夠真正了解學校的歷史脈絡，便能更深刻地體會學校在時代變遷中的角色與貢獻。這不僅有助於增進學校成員對學校歷史發展的認識，更能夠進一步凝聚學校認同感，強化學校文化的傳承，讓學校的精神價值能夠歷久彌新。此外，透過本文對大崙國小校史記載的勘正與澄清，我們不僅得以釐清歷史真相，更希望能夠藉此喚起各級學校對校史教育的重視，促使學校在教學活動中納入更多關於自身歷史的課程與活動，讓學生透過親身參與來理解學校發展的歷程，進一步深化對學校的認同與情感。未來，期待學校不僅能夠透過學術研究與歷史考證，完善校史記錄，更能夠藉由數位化典藏、校史館建設、校史專書出版、訪談紀錄整理等多元方式，讓校史成為一種活歷史，真正融入學校的文化教育，進一步深化師生與社區的歷史情感連結。透過這樣的努力，校史不僅是一段過去的紀錄，更能成為師生認識自我、理解學校、連結社會的重要橋樑，使這份珍貴的歷史記憶得以長存於時代之中。

參考文獻

一、中文文獻

張淑媚、蔡元隆、黃雅芳（2014）。圖解臺灣教育史。五南。

許佩賢（1998）。百年校慶、歷史記憶與的地方認同。臺灣教育史研究通訊，1，14-16。

黃啟仁（2002）。校史編輯實務。師友月刊，421，80-81。

黃雅芳、蔡元隆（2019）。淺談協助三所百年國小編寫百年校史特刊之感想。全國教師在職進資訊網教師專業發展電子報，34。取自：https://www3.inservice.edu.tw/EPaper/ep2/indexView.aspx?EID=854

嘉義縣政府（2009a）。嘉義縣志‧卷九‧地理志。嘉義縣政府。

嘉義縣政府（2009b）。嘉義縣志‧卷八‧教育志。嘉義縣政府。

蔡元隆、張淑媚（2011）。日治時期（1937-1945）臺日籍教師與臺灣囝仔的校園生活經驗：以嘉義市初等學校為例。嘉義研究，3，49-92。

蔡元隆、黃雅芳（2017）。走出閨房上學堂——日治時期臺灣雲嘉地區的女子教育與社會事業圖像。秀威。

蔡元隆、黃雅芳（2020）。讀冊真趣味——從懷舊老物件看日治時期臺灣教育。秀威。

二、外文文獻

柯萬榮（1937）。臺南州教育誌。昭和新報社臺南支局。

臺南州（1921）。臺南州報‧號外。臺南州。

臺南州（1923）。臺南州報第245號。臺南州。

臺南州（1940）。臺南州報第1875號。臺南州。

臺南州（1941）。臺南州報第2121號。臺南州。

臺南州內務部教育課（1923）。臺南州管內學事一覽（大正十二年四月末日現在）。臺南州內務部教育課。

臺南州教育課（1939）。臺南州學事一覽。臺南州內務部教育課。

臺南州教育課（1942）。臺南州學事一覽（昭和十六年）。臺南州內務部教育課。

臺灣日日新報（1924年12月31日）。諸羅特訊‧分校運動會。04版。

臺灣日日新報（1931年9月28日）。嘉義・國語講習。04版。
臺灣日日新報（1933年10月15日）。嘉義・生徒旅行。04版。
臺灣日日新報（1934年3月21日）。殊勝な保正。03版。
臺灣教育會（1939）。臺灣教育沿革誌。臺灣教育會。
臺灣總督府編（1923）。臺灣總督府職員錄。臺灣總督府。
臺灣總督府編（1940）。臺灣總督府及所屬官署職員錄。臺灣總督府。

輯三｜爭議史實考證

第六章　論日治時期臺中師範學校第一任校長及其校史計算之疑義

> 民族活力所呈顯的激奮，發洩在仇恨的對抗上，
> 實在是臺灣文化沒落的致命傷。
>
> ——臺灣教育思想家 林玉体（A.D. 1939-迄今）

壹、前言：師範教育與臺中師範學校的歷史定位

　　古諺云：「教育是國家百年大計」，又云：「十年樹木，百年樹人」。這兩句教育名言，不僅道出培育人才之不易，更點明了教育在社會發展中的關鍵地位，揭示了一項重要訊息：教育的功能不僅是知識的傳遞，更須具備「未來觀」，引領社會的發展與變遷。明治28年（1895），清廷於甲午戰爭戰敗，被迫將臺灣割讓予日本，臺灣自此進入日本殖民統治的時代。在一連串血腥鎮壓與武力威懾後，日本殖民政府逐漸認識到，僅靠軍事高壓並不足以鞏固統治，唯有透過組織民政體系、建立經濟秩序，方能有效治理臺灣、開發與掠奪本島資源。而在此政策導向下，日本政府更深刻體認到「教育」在殖民統治中的重要作用，認為學校的功能與軍隊同樣關鍵，能夠控制人民思想，培養對殖民政權忠誠的國民，成為日本帝國治理臺灣的重要手段（蔡元隆，2008）。

　　大日本帝國視臺灣的教育事業為放眼未來的永久事業，因此在治臺初期，即確立了以「語言同化」與「師資培養」為主軸的教育策略。由於當時缺乏足夠的教育人力資源，總督府最初推動的是講習員培育計畫與國語傳習所的設置：一、講習員培育計畫：目的在於培養日籍教師與新領土官吏，確保能夠推行日語教育與統治政策。二、國語傳習所：設立於各地，作為臺籍學童與民眾

學習日語的場所，以推廣日本文化與制度，進一步加速皇民化進程（游馥瑋，2011）。然而，這些措施仍無法滿足日益擴張的教育需求，因此殖民政府決定進一步建立國語學校與師範學校：一、國語學校：主要培育日籍教員與新領土的統治人才。二、師範學校：專門培養臺籍教員，以擴大臺灣初等教育的師資來源，確保更多臺灣學童能夠接受以日語為核心的教育（蔡元隆、黃雅芳，2020）。

　　民國113年（2024），國立臺灣師範大學迎來「102週年校慶」，但這項紀念活動卻引發各界對師大校史計算方式的爭議。爭議的核心問題在於：臺灣師範大學的歷史應該從1922年（即臺北高等學校創立年）計算，還是應該從1946年（即國民政府接管並成立臺灣省立師範學院）開始計算？一方認為，臺灣師範大學現址雖然為日治時期臺北高等學校舊址，但該校已於二戰後停辦，校舍則移轉給師大使用。因此，臺北高等學校與臺灣師範大學在學制與性質上完全不同，不應合併計算。因此，臺灣師範大學的「正確校齡」應該為78年（自1946年起算），而非102年。另一方則主張，臺北高等學校自1922年創立至戰後師範學院接手，其學術傳統、辦學理念與自由學風在歷史發展的不同階段皆有所傳承，因此應該將1922年視為臺灣師範大學的創校年，而非國民政府接管後才開始計算。這場關於「校史如何計算」的爭議，不僅是單純的年份問題，更涉及學校歷史定位、學術傳承與文化認同，如何平衡歷史事實與現代認同，成為考驗校方與校友智慧的開端。

　　臺灣師範學校的設立，標誌著臺灣教育體制邁入正規化階段，其角色不僅是供應公學校的師資來源，更肩負著深化殖民統治的使命。明治31年（1898）8月，臺灣總督府頒布〈公學校內訓〉，確立「師範學校畢業生擔任公學校訓導」的方針（吉野秀公，1927）。隨後，殖民政府陸續在臺北、臺中、臺南等地設立臺北師範學校、臺中師範學校、臺南師範學校，以培養合格的教師隊伍。然而，臺中師範學校的發展歷程卻充滿波折。由於初期建校資源有限，臺中師範學校一度找不到適當的校址，最終暫時設於彰化，而非臺中。即便如

此，殖民政府仍提供全額補助，學生的伙食津貼、旅費與醫療費等費用均由公費支出，期望藉此吸引優秀臺籍學生就讀。然而，由於當時公學校的推廣成效不佳，加上臺灣社會對於日語教育的接受度有限，導致師範學校的招生狀況不如預期。在明治34年（1901）實行「廢縣置廳」政策後，殖民政府對教育體制進行整併。最終，明治35年（1902）3月30日，臺北師範學校與臺中師範學校雙雙遭到廢校（張淑媚等人，2014）[1]。自此，臺灣的初等教育師資培育改由臺南師範學校與臺灣總督府國語學校負責，進一步集中資源培養合格教師。這段歷史顯示，師範學校在日治時期臺灣初等教育發展中扮演了至關重要的角色，不僅確保了師資的穩定供應，也促進了臺灣社會對日語教育的適應與轉變。然而，臺中師範學校的早期發展，卻因政策調整而歷經興衰，其歷史記載也因此出現不少錯誤與爭議，亟待進一步考證與釐清。

本文主要透過史料勘查、文獻比對與田野調查，對臺中師範學校的校史記載進行批判性檢視與重新建構。研究方法包括：一、蒐集官方文獻：查閱《臺灣總督府公文類纂》、《臺南州報》、《臺灣教育令》及相關學術研究。二、比對學者研究：參考蔡元隆（2008）、游馥瑋（2011）、張淑媚等人（2014）等學者對日治時期臺灣教育史的研究成果。三、田野調查與口述歷史：訪談相關校史研究者，蒐集第一手資料，進一步驗證學術研究成果的正確性。透過上述方法，本文將對臺中師範學校的第一任校長與校史沿革的爭議進行詳盡探討，並重建臺中師範學校在臺灣教育史上的歷史定位，期望能夠提供後續研究更完整的學術基礎，確保臺灣教育史研究的嚴謹性與正確性（圖38、圖39）。

---

[1] 此段論述僅引用張淑媚、蔡元隆、黃雅芳（2014，頁74）論述內容，簡要介紹師範制度的脈絡，而不詳細探討之。完整的脈絡將留於「參、臺中師範學校校史計算疑義」的段落再進行討論，以免重複。

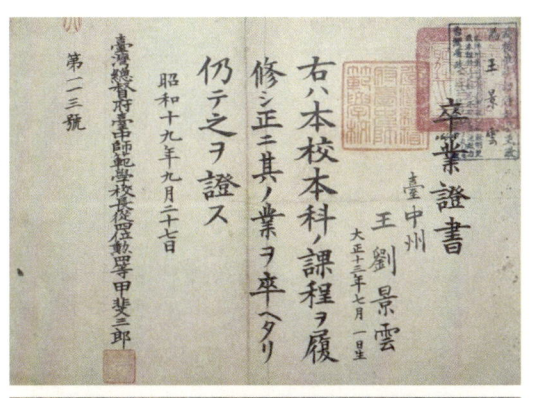

圖 38 ▎昭和19年臺中師範學校卒業證書
圖 39 ▎臺中師範學校學生卒業同窗合影

資料來源：兩圖皆作者自行收藏

貳、臺中師範學校第一任校長之疑義：
　　歷史錯置與人事安排的爭議

　　臺中師範學院（現今國立臺中教育大學）[2]宣稱創立於明治32年（1899），至2020年已邁入創校121週年。然而，這所歷史悠久的教育機構，其第一任校長究竟是誰？這個問題在臺灣教育史學術界曾引發過廣泛的討論與爭議。依據查考《臺灣總督府職員錄》與明治33年（1900）5月12日的《臺灣總督府報》第747號，臺中師範學校的第一任日籍校長為木下邦昌。然而，深入檢視史料後發現，實際上臺中師範學校的第一任校長並非木下邦昌，而是稻垣兵太郎（圖40）。這樣的發現，不僅顛覆了過往對該校創始人事的認識，也讓我們得以重新審視當時的教育人事安排及殖民統治下的教育政策。

　　在臺中師範學校的設立初期，臺灣總督府原調派時任大稻埕公學校校長

---

[2] 臺中師範學校自創校以來，隨著臺灣政權更迭、教育體制改革與學制發展，其校名歷經多次變更，反映了不同行政時期的教育政策與學校層級的調整。根據官方記錄與歷史文獻記載，其校名更迭如下：

時期	校名	說明
1899～1902（明治32年～明治35年）	臺灣總督府臺中師範學校	1902年因政策變動而廢校。
1902～1923	廢校	
1923～1943（大正12年～昭和18年）	臺灣總督府臺中師範學校	再度復校，培養臺籍師資。
1943～1945（昭和18年～昭和20年）	臺灣總督府臺中師範專門學校	戰時升格，學制轉變，教育內容與軍事訓練密切結合。
1945～1960（民國34年～民國49年）	臺灣省立臺中師範學校	光復後改制，納入國民政府教育體系，負責培養小學師資。
1960～1987（民國49年～民國76年）	臺灣省立臺中師範專科學校	升格，強化師資培育功能，並提升學制層級。
1987～1991（民國76年～民國80年）	臺灣省立臺中師範學院	再度升級，師範教育體系逐步邁向學術化。
1991～2005（民國80年～民國105年）	國立臺中師範學院	改隸國立體系，學校自主權提升。
2006～（民國105年迄今）	國立臺中教育大學	轉型為綜合型教育大學，延續師資培育，並發展教育學術研究與多元學科。

圖40 前排右二為晚年的稻垣兵太郎
資料來源：轉引自蔡元隆等人（2020，頁195）

的木下邦昌負責籌備事宜。由於木下邦昌在日治初期的臺灣教育界深具經驗，且熟悉學校運作，因此，學界普遍認為他應該順理成章地擔任臺中師範學校的首任校長。加上官方媒體，如明治32年（1899）7月4日《漢文臺灣日日新報》第350號與明治32年（1899）10月25日《臺灣日日新報》第445號，皆陸續報導木下邦昌將轉任臺中師範學校校長。然而，令人跌破眼鏡的是，明治32年（1899）10月25日正式發布的校長任職令卻顯示，臺中師範學校首任校長並非木下邦昌，而是稻垣兵太郎（楊允言、許天維，2015；蔡元隆、黃雅芳，2020；謝明如，2010）。同時，木下邦昌僅被委派為「事務取扱」（類似於代理校長或主任秘書）職位，而直到明治33年（1900）5月，他才正式接任校長並全面負責校務（臺灣總督府，1900年3月24日）。

令人驚訝的是，稻垣兵太郎並非教育專業人士，而是一位剛畢業三年的臺

灣總督府鐵道部技師（曾建凱、楊允言、許天維，2018）。這樣的安排，讓人不禁疑問：為何一位鐵道專業人士能夠「空降」擔任臺中師範學校的校長？目前，學界對此有兩種主要說法，皆具有一定的史料依據，但尚未有確切的官方文件能夠完全佐證其中一種說法。

一、長谷川謹介人脈關說

此說法認為，稻垣兵太郎之所以能夠擔任臺中師範學校校長，是因為他是「臺灣鐵道之父」長谷川謹介的得意門生。依據此說法，稻垣兵太郎原本是隨長谷川謹介來臺參與鐵路建設計畫，預計負責臺中地區鐵道工程的規劃與執行。然而，由於當時臺灣政局動盪不安，長谷川謹介擔心門生的生計問題，因此透過人脈向臺灣總督府高層「關說」，希望暫時為稻垣兵太郎安排一個職位，以填補其尚未正式進入鐵道部前的經濟空窗。當時，臺中師範學校正處於籌備階段，急需人員管理校務。而長谷川謹介在日本鐵道界地位崇高，甚至連總督兒玉源太郎都對他禮遇有加，因此，當長谷川向臺灣總督府民政長官後藤新平請託後，後藤迅速做出人事安排，暫時任命稻垣兵太郎為臺中師範學校校長，而原本應出任校長的木下邦昌則退居「事務取扱」一職。不過，由於稻垣兵太郎的主要任務仍然是鐵道建設，因此他實際上很少出現在學校內，真正負責校務運作的還是木下邦昌（曾建凱等人，2018；楊允言等人，2015）。

二、木下邦昌行政疏失

另一派學者則根據木下邦昌的履歷書記載，認為他在履行行政職責時犯下公文或文書上的錯誤（但官方記載並未詳述其具體內容），因此受到臺灣總督府的行政懲戒，暫時無法如期就任校長一職（曾建凱等人2018；楊允言等人，2015；蔡元隆、黃雅芳，2020）。此說法認為，當時臺中師範學校的校舍仍在

規劃與建設階段，稻垣兵太郎因具備土木工程背景，適合負責學校建築規劃與監督工程，因此被指派為校長。至於木下邦昌則以「事務取扱」的身份輔佐稻垣兵太郎，待校舍興建告一段落後，再由木下邦昌正式接任校長（蔡元隆、黃雅芳，2020）。

　　稻垣兵太郎的校長身份不容置疑，但其任命原因仍存爭議。儘管上述兩種說法各有依據，目前尚無足夠的史料能夠確定是哪一個因素促成稻垣兵太郎的任命。然而，根據官方文獻記載，臺中師範學校的第一任校長確實為稻垣兵太郎，而非木下邦昌，這點已經無庸置疑。這起人事爭議，反映出日治時期教育人事安排的彈性與政治考量，殖民政府在派任教育主管時，並非單純依據教育專業背景，而是考量更廣泛的政治與行政需求。此外，此案例也顯示了臺灣總督府在地方學校設置過程中的權力運作，以及殖民教育體系與地方基礎建設的密切關聯。

參、臺中師範學校校史計算之疑義

　　國立臺中教育大學（前身為臺中師範學院）於民國88年（1999）出版了《迎向千禧・邁向新世紀：1999跨世紀校慶紀念專輯》，該書的編撰不僅具有20世紀邁入21世紀的紀念意義，同時也象徵著臺中師範學院已經邁入百年歷史。然而，對於該書對校史的描述，筆者發現其中仍存有諸多疑義，特別是在第一任校長的認定以及校史計算的起算點，其論述內容存在一定程度的矛盾與邏輯問題，值得進一步探討與澄清。

　　根據《迎向千禧・邁向新世紀：1999跨世紀校慶紀念專輯》，該書提及：

> 本校於民國前十二年（公元一八九九年）四月九日與臺北、臺南兩所師範學校同時公告創立，十月一日正式開學。創立時名為「臺灣總督府臺中師範學校」。（臺中師範學院，1999，頁78）

民國前十二年四月，本校公告創立，定名為「臺灣總督府臺中師範學校」。（臺中師範學院，1999，頁79）

以上兩段內容顯示，該書明確主張臺中師範學校創立於明治32年（1899），並認為這是校史計算的起始點。然而，矛盾之處在於該書第98頁卻又指出：「臺中師範學校的第一任校長為大岩榮吾」，且特別標註為「臺中校區」。這樣的敘述似乎刻意忽略「彰化校區」的歷史，並未提及明治32年（1899）至明治35年（1902）臺中師範學校最早設立於彰化的歷史脈絡。令人費解的是，該書既然主張校史應從明治32年（1899）起算，卻未完整記載早期彰化校區的發展歷程，更未明確交代該時期的第一任校長應為木下邦昌或稻垣兵太郎，這樣的敘述方式，無疑削弱了校史計算的嚴謹性與一致性，甚至有「自打嘴巴」之嫌。若依照此書的記載方式，則明治36年（1903）至大正11年（1922）這近20年間，臺中師範學校「不存在」的歷史斷層竟也被計入校史，這樣的計算方式恐怕缺乏嚴謹的學術依據，進而影響校史紀錄的可信度與合理性。因此，筆者認為目前國立臺中教育大學校方採用的121週年計算方式，仍有諸多疑義與需要進一步討論的空間。

然校史計算的關鍵問題：應從明治32年（1899）或大正12年（1923）起算？既然目前校方主張校史應從明治32年（1899）起算，那麼應該明確界定：明治36年（1903）至大正11年（1922）學校並無實體運作，這段時間應否納入校史計算？亦或臺中師範學校於大正12年（1923）重新創校後，是否應當作為「真正的創立」時間點？若以臺中師範學院於民國88年（1999）出版的專書為準，其校史簡介第79頁已將起算點設定在大正12年（1923），但該書卻同時又將明治32年（1899）視為創校年份，這樣的前後矛盾，使得校史計算的標準變得模糊不清，缺乏一致性。此外，從明治36年（1903）至大正11年（1922）間，臺中師範學校實際上並未存在，若將這段期間納入校史計算，是否符合歷史學上的合理標準？此點正是目前計算方式存疑之處。

筆者認為，若要計算校史年數，至少需符合三大基本原則：實質存在性、運作性與延續性。

一、實質存在性（tangible existence）

指學校必須具備「實體存在」的基礎，包括校舍、師資、學生、課程內容等，而非僅存於行政文件或政策規劃之中。以臺中師範學校為例，明治36年（1903）至大正11年（1922）這段期間內，該校的建築、行政機構、師生等群體均不存在，因此這段時間若納入校史，顯然不符「實質存在性」原則。

二、運作性（operational continuity）

學校必須處於正常運作狀態，包括課程安排、師生互動、學校活動（如運動會、畢業典禮、修學旅行等），若學校完全無運作，則不應納入校史計算。相比之下，歐洲的百年大學，即便在戰爭、瘟疫或經濟危機下仍維持最低限度的教育活動，因此仍具備「運作性」。然而，臺中師範學校在明治36年（1903）至大正11年（1922）間完全無法運作，因此不符此原則。

---

[3] 此係根據筆者多年來對臺灣教育史的專業研究成果，包括曾出版五本臺灣教育史專書，並發表超過三十篇臺灣教育史相關的學術期刊論文，在學術界深耕多年，積極參與臺灣教育發展歷程的研究與考證。此外，筆者在近十年來，更親身參與多所百年學校的校史編纂工作，包括擔任嘉義縣興中國小、雲林縣水燦林國小、嘉義市大同國小、嘉義市民族國小、雲林縣蔦松國小、嘉義縣大崙國小、新竹市新竹高中等校的百年校史編輯顧問，協助蒐集歷史文獻、進行口述訪談、分析教育發展脈絡，確保校史內容的正確性與完整性。正因如此，筆者在長年實務研究的基礎上，對於「如何正確計算校史」有深入的了解，並認為校史的計算標準至少必須符合以下三大原則，方能確保校史紀錄的嚴謹性與學術價值，校史的計算方式必須回歸歷史事實的考證，不能僅以「建校時間」作為唯一依據。學校的歷史發展應納入學制變遷、校務運作與教育目標等多重因素考量，確保校史的計算符合歷史學與教育學的研究標準，並具有高度的學術嚴謹性與公信力。

三、延續性（historical continuity）

指學校的發展脈絡不能出現「斷裂」，必須呈現連續發展，不能有長期停辦或改制導致學制中斷的情況。若臺中師範學校從明治32年（1899）創立，但明治36年（1903）停辦，並於大正12年（1923）重新創校，則其發展脈絡已出現長達二十年的中斷，因此若將校史計算從1899年起算，則不符合「延續性」的標準。

綜合上述三項標準，筆者認為臺中師範學校應以大正12年（1923）作為正式創校年份，並在民國112年（2023）迎來真正的百年校慶。透過筆者查閱的官方史料，如：〈臺灣總督府臺中師範學校一覽表（大正十五年）〉（圖41）、〈臺灣總督府臺中師範學校一覽表（昭和二年）〉、〈臺灣總督府臺中師範學校一覽表（昭和十三年十月一日）〉、〈臺灣總督府臺中師範學校一覽表（昭和十五年）〉等四篇學校一覽表介紹及《創立十周年記念誌》、《臺灣教育沿革誌》等兩本書[4]，皆明確記載臺中師範學校的正式創立時間為大正

---

[4] 加藤春城（1939，頁609、頁625）。在其編撰的《臺灣教育沿革誌》中，對臺中師範學校的發展歷程進行了詳細的記載，並將該校的發展過程分為兩個時期進行論述。第一時期：明治32年（1899）創設與明治35年（1902）停辦。明治32年（1899）4月9日，臺灣總督府為了培養公學校教員，在當時的三個行政區域內同步設立了臺北師範學校、臺中師範學校及臺南師範學校，以期望藉此提高初等教育的師資供應量。然而，殖民政府在推動公學校教育的初期，由於臺灣社會對於日語教育的接受度尚未普及，加上家長對公學校的就學意願不高，導致公學校入學人數遠低於預期。因為學生數量有限，師範學校畢業生出現供過於求的情形，許多畢業生無法被順利分派到公學校任職。此外，殖民政府早在明治34年（1901）已確定將實施「廢縣置廳」政策，該政策的施行不僅影響行政區劃，也對學校的位置與運作造成重大影響。在多重因素影響下，臺灣總督府最終決定於明治35年（1902）3月30日，廢除臺北師範學校與臺中師範學校，停止運作，並將這兩所學校的學生分別撥入國語學校與臺南師範學校，使臺南師範學校成為臺灣唯一的師範學校，集中資源培育公學校教員（加藤春城，1939，頁609、頁625）。第二時期：大正12年（1923）臺中師範學校的重建與正式運作經過近二十年的停辦，臺灣總督府重新審視教育體系的需求，決定在大正12年（1923）4月6日，

12年（1923）4月5日，並於5月1日正式開課（辻憶次郎，1933；加藤春城，1939；作者不詳，1926，1927，1938，1940）。

　　透過《臺灣教育沿革誌》的記載，可以明確看到臺中師範學校的發展歷程，並觀察到以下幾點重要的歷史意義：一、師範學校的政策調整反映了殖民政府的教育戰略：從1899年首次設立，到1902年因政策與需求問題而停辦，再到1923年重新設立，顯示出臺灣總督府對教育人力需求的重新評估與調整。二、師範教育的發展與社會接受度密切相關：在1899年公學校推動初期，因為臺灣社會對日語教育的抗拒，學生入學意願低，導致師資需求減少，直接影響了師範學校的存續。然而，隨著殖民教育的深化，臺灣社會對日語教育的接受度逐漸提升，促使1923年臺中師範學校的復設。三、臺中師範學校的「連續性」問題：從學術研究的角度來看，臺中師範學校在1902年廢校後，與1923年重設之間存在長達二十年的空窗期，這意味著該校的校史計算不應直接從1899年起算，而應以1923年作為正式創校年，符合「實質存在性、運作性與延續性」的歷史標準。綜合而言，臺中師範學校的歷史發展過程，充分體現了殖民教育體系的調整與適應，也反映出臺灣總督府在面對教育需求變化時的應變策略。

　　上述的當時史料記載所使用「創立」詞句，筆者查閱我國線上「教育部國語辭典簡編本」的解釋，「創立」係指創辦、創設、開辦、建立等，就字面上而言就是第一次、第一回設立之意，亦即濫觴之始。再者，當時臺中師範學校的校際刊物──《同窓會誌》也有類似的記載，文中雖然沒有詳細的文字陳述臺中師範學校創立於大正12年（1923），惟該刊物在期刊中用圖片方式刊登了第一任校長為大岩榮吾的照片（圖42）（磯江清主編，1939）。除此之外，近代的專書中《臺中市志・教育志》及《臺中市史》分別於131頁及205頁的論

頒布《臺灣總督府官制修正》（勅令第148號），正式創設臺中師範學校，重新建立師資培訓機制，以應對當初等教育擴展所需的教師人力資源。然而，因校舍尚未竣工，臺中師範學校的第一批學生在當年度的4月25日起，暫時借用臺中公學校的校舍進行授課與辦公，直至正式校舍完工後才遷入（加藤春城，1939，頁665）。

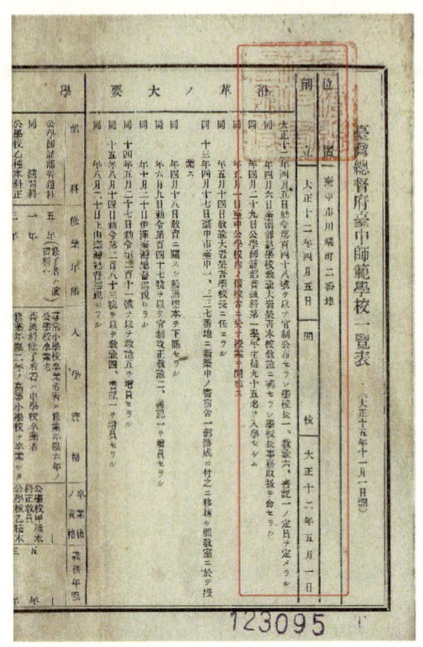

圖41 臺中師範學校一覽表（大正十五年）
資料來源：作者不詳（1926）

圖42 臺中師範學校第一任校長大岩榮吾
資料來源：磯江清主編（1939）

述中引用了大正12年（1923）頒布〈臺灣總督府官制修正〉（勅令第148號）的史料，說明臺中師範學校濫觴於大正12年（1923）的正當性（張勝彥編纂，1999；黃秀政主編，2008）。就臺中師範學校創設點兩個時間與地點均有史料記載，但為什麼大多數史料支持臺中師範學校創立於大正12年（1923）的臺中校區呢？就筆者查考的相關史料而言，並沒有特別針對此疑義進行說明，筆者不免會推斷：或許是為了符合臺中師範學校位於臺中地區內臺中校區的「正當性」作為最原始性的施教場域，讓臺中師範學校名副其實的成為「臺中師範學校」，而將彰化校區技巧性地忽略之。

因此，若要進行合理且具學術嚴謹性的校史計算，筆者建議國立臺中教育大學應當重新審視目前的計算方式，並確立大正12年（1923）作為校史的起始點，以符合歷史的真實性與學術標準。歷史的真相來自不斷的反思與考證，而

錯誤的校史紀錄將影響後人對歷史的認識與學習。

　　歷史的真相來自於不斷的反省與探究，唯有透過嚴謹的史料考證與持續的學術討論，方能確保歷史記錄的準確性。錯誤的校史記載為何需要被勘正與澄清？這不僅是單純的歷史修正問題，更涉及學術誠信、文化認同與歷史教育的價值。錯誤的校史可能會造成以下幾方面的影響：

一、誤導學生的知識學習

　　校史作為學校教育的一部分，承載著傳承學校精神與歷史脈絡的功能。如果錯誤的歷史資訊長期存在，將影響學生對學校發展的正確認識，使他們無法清楚理解自身所處的教育環境與傳承的價值。

二、衍生錯誤的意識形態

　　校史教育不僅是對過往發展的回顧，更涉及歷史詮釋與文化認同。若校史記載有所偏差，可能導致學生與社會大眾對學校的歷史角色產生錯誤解讀，甚至影響學校在整體教育史中的定位。例如，錯誤的創校年份計算、校名更迭的誤解，可能會造成校友與在校師生對學校歷史的錯誤認同。

三、影響學校文化傳承與發展

　　學校歷史是學校文化與教育價值的基礎，透過準確的校史教育，可以讓師生更深入理解學校在不同歷史階段的發展與變遷，並進一步強化對學校的歸屬感與榮譽感。若校史存在錯誤，將無法有效傳遞學校文化，甚至削弱學校的辦學理念與價值傳承。

四、損害學術研究的公信力

校史的研究應該遵循歷史學的基本方法，強調史料蒐集、考據比對與理性詮釋，若校史記錄存在錯誤，且未經勘正，將影響未來學術界對該校發展的理解，甚至可能造成學術誤導，使後續研究基礎建立在錯誤資訊之上，影響教育史研究的準確性。

因此，正確的校史教育非常關鍵。透過嚴謹的史料研究與歷史考證，可以幫助我們理解學校在大時代的巨輪下如何演變與更迭，進一步認識學校在不同時期的教育功能與社會角色。若能以文字記載與圖像呈現的方式，更能具象化地重現當時校園文化的氛圍，使師生與社會大眾能夠透過校史學習到珍貴的歷史經驗。錯誤的史實有必要被勘正與澄清，並透過公開、透明的學術研究與教育推廣，確保歷史記錄的真實性與完整性（黃雅芳、蔡元隆，2019）。

綜上所述，校史的勘正與澄清不只是修正歷史錯誤的過程，更是維護學術誠信、強化文化認同、深化教育價值的重要工作。唯有在正確的歷史基礎上，學校才能真正發展出具備歷史厚度與文化價值的教育傳承，使師生與校友能夠共同珍視並延續學校的精神與榮耀。

肆、結語：校史教育的意義與勘正的必要

校史是一所學校發展歷程的具體展現，不僅記錄了學校一步一腳印的變遷與成長，更承載著師生與校友的共同記憶與文化傳承。校史的價值，不僅止於記錄事件與時間軸上的更迭，更是一種歷史的溯源、情感的凝聚與教育精神的延續（黃啟仁，2002）。然而，歷史的真相並非一成不變，而是來自於人們不斷的反省、考證與探究。歷史學的本質在於追求真實，然而，若校史記載出現

錯誤，這些「錯誤的知識」將會根深柢固地影響我們對歷史的理解（蔡元隆、侯相如，2008）。因此，對於錯誤的校史記載，有必要進行勘正與澄清，並透過教育傳播與學術討論，使更正後的正確史實得以廣為流傳。其重要性可以從以下幾個層面來討論：

一、避免知識誤導與學術偏差

校史記載的錯誤可能導致學生、學者、甚至社會大眾對學校歷史的錯誤認識。例如，錯誤的創校年份、校名變更時間的混淆，可能影響歷史學與教育學的研究準確性。歷史研究強調「求真」的精神，因此，透過勘誤與史料比對，確保校史的正確性，不僅是對學術研究負責，也能讓後人不會基於錯誤資訊做進一步的錯誤推論。

二、避免衍生錯誤的意識形態

校史記載不僅是學校歷史的象徵，更涉及學校文化認同的建立。若校史記錄出現偏差，可能導致學生與校友對學校的傳承產生錯誤解讀，甚至影響學校的形象與聲譽。舉例而言，若學校的創校歷史、校名演變或學制變遷與事實不符，可能讓學校在歷史上的定位產生誤會，影響整體校園文化的認同感。

三、強化學校文化與教育傳承

校史教育不僅是對過去的回顧，更是對學校辦學理念與教育價值的體現。正確的校史教育可以讓師生、校友理解學校在不同時期的教育使命與社會責任，進而深化對學校文化的認同與歸屬感。特別是在百年學校的校史教育中，校史不只是單純的記錄，而是一種文化傳承與價值傳遞的重要工具。

四、提升歷史教育的學習價值

瞭解並學習與自己切身相關的校史，能夠激發個體的自我認同感與學習意願，這樣的歷史教育更具有情感上的共鳴，並能夠深化學習動機（何義麟，2012）。透過充實的「自校史教育」，學生不僅能夠理解學校的發展脈絡，也能進一步思考自身在學校歷史中的角色與影響。因此，正確的校史教育具有普遍性價值，對於追求個性化學習的學生而言，更能產生積極的學習效果。

本文透過史料比對、學術考證與專業討論，嘗試勘正與澄清臺中師範學校的歷史脈絡，以期還原最接近事實的校史記錄。此外，筆者也希望藉由此文，呼籲各級學校應重視校史教育的教學與推廣。透過史實的整理與公開，讓師生、校友及社會大眾能夠正確理解學校發展的過程，進而深化學校文化的傳承與價值認同（蔡元隆、黃雅芳，2017）。畢竟，校史的價值不僅是紀錄學校的過去，更關乎學校的未來發展。歷史是一面鏡子，唯有透過不斷的檢視與勘正，才能讓我們從歷史中學習，進而讓學校的辦學精神與文化傳統得以正確傳承，持續發展。

參考文獻

一、中文文獻

游馥瑋（2011）。從國語傳習所看日治初期臺灣的教育政策（1896年7月-1898年10月）〔未出版之碩士論文〕。私立東海大學。

何義麟（2012）。校史研究與教學的重要性——以北師校史之運用情況為例。**國民教育**，53(2)，20-25。

張淑媚、蔡元隆、黃雅芳（2014）。**圖解臺灣教育史**。五南。

張勝彥編纂（1999）。**臺中市史**。臺中市立文化中心。

曾建凱、楊允言、許天維（2018）。臺中師範學校第一任校長是誰？**高等教育研究紀要**，8，51-64。

黃秀政主編（2008）。**臺中市志・教育志**。臺中市政府。

黃雅芳、蔡元隆（2019）。校史教育的再思考：以嘉義市二所小學日治時期校史錯載的勘正與澄清為例。**全國教師在職進資訊網教師專業發展電子報**，34。https://www3.inservice.edu.tw/EPaper/ep2/indexView.aspx?EID=854

楊允言、許天維（2015）。中師故事01：臺中師範學校第一任校長是誰？。**圖書館館訊**，87，23-28。

蔡元隆（2008）。日治時期嘉義市公學校的思想掌控及學校生活之研究〔未出版之碩士論文〕。國立嘉義大學。

蔡元隆、朱啟華、葉慈瑜、曾南薰（2020）。無與「崙」比的校史謳歌：從嘉義縣大崙國小日治時期的分教室談起。**臺灣教育研究**，1(5)，259-267。

蔡元隆、侯相如（2008）。嘉義市崇文國民小學（百年）播音臺年代之澄清。**嘉市文教**，71，102-104。

蔡元隆、黃雅芳（2017）。**走出閨房上學堂——日治時期臺灣雲嘉地區的女子教育與社會事業圖像**。秀威。

蔡元隆、黃雅芳（2020）。**讀冊真趣味——從懷舊老物件看日治時期臺灣教育**。秀威。

謝明如（2010）。日治初期臺灣地方教育會之研究。**臺灣師大歷史學報**，43，231-272。

臺中師範學院（1999）。**迎向千禧・邁向新世紀：1999跨世紀校慶紀念專輯**。國立臺中師範學院「一九九九跨世紀校慶紀念專輯」編輯委員會。

二、外文文獻

吉野秀公（1927）。**臺灣教育史**。株式會社臺灣日日新報社。

加藤春城（1939）。**臺灣教育沿革誌**。社團法人臺灣教育會。

辻憶次郎（1933）。**創立十周年記念誌**。臺中師範學校。

作者不詳（1926）。**臺灣總督府臺中師範學校一覽表（大正十五年）**。出版單位不詳。

作者不詳（1927）。**臺灣總督府臺中師範學校一覽表（昭和二年）**。出版單位不詳。

作者不詳（1938）。**臺灣總督府臺中師範學校一覽表（昭和十三年十月一日）**。出版單位不詳。

作者不詳（1940）。**臺灣總督府臺中師範學校一覽表（昭和十五年）**。出版地不詳：出版單位不詳。

臺灣總督府（1900年3月24日）。木下邦昌師範學校長ニ任命セラル。明治三十三年臺灣總督府公文類纂永久保存進退追加第六卷官規官職，冊號566，文號48。247-259。

磯江清主編（1939）。**同窓會誌・創刊號**。臺中師範學校同窓會事務所。

第七章　桃園市觀音區教育的推手
——鄭來進校長史料簡介與考證

> 我們不是讀書的人，
> 我們只是上窮碧落下黃泉，
> 動手動腳找東西。
>
> ——前國立臺灣大學校長暨歷史學家 傅斯年（A.D. 1896-1950）

壹、前言：鄭來進校長的教育貢獻與校史考證的必要性

　　鄭來進校長（1912-1995）出生於桃園新坡地區，是當地重要的教育人物，其一生奉獻於臺灣的基礎教育發展，對地方教育的推廣與學校體制的發展影響深遠。他於大正15年（1926）自觀音公學校（今桃園市觀音區新坡國民小學）畢業，為該校第17屆畢業生。畢業後，他順利考取臺北第二師範學校（今國立臺北教育大學）公學校師範部演習科，並於昭和7年（1932）順利畢業（賴澤涵主編，2010；劉子瑛，2015；臺灣總督府，1932年3月29日）。畢業後，鄭來進受臺灣總督府派任，進入新竹州伯岡公學校（今桃園市楊梅區瑞原國民小學）擔任訓導乙職（臺灣總督府，1932年5月4日）[1]。昭和9年（1934）4月後，他轉任至新坡公學校（今桃園市觀音區新坡國民小學），並在該校服務長達數十年，直至戰後國民政府接收臺灣為止。昭和16年（1941）2月29日，臺灣總督府頒布《國民教育令》，同年3月26日又以勅令第255號修正《臺灣教育

---

[1] 鄭來進於1932年3月畢業後，4月隨即進入伯岡公學校服務時，並未立即取得教導的教員免許狀。且訓導乙職並非現今的訓導主任乙職，其為日治時期的教員職稱，因日治時期教員名稱會隨時代更迭而換稱呼，而其又分為正式教師與代用教師（詳下頁：

令》,將臺灣的初等教育由「公學校─小學校」雙軌制,統一改制為「國民學校」,此一政策於4月1日正式實施(佐藤源治,1943)。因此,新坡公學校亦隨教育體制變更而改制為「新坡國民學校」,鄭來進亦繼續在該校服務,直到臺灣光復初期。

　　臺灣光復後,國民政府接收日治時期的學校體系,鄭來進因學經歷俱佳[2],在日治時期表現優異,又為正統師範學校畢業生,因此於民國34年(1945)奉命接掌新坡國民學校,並改稱「新竹縣立新坡國民學校」,學年度改為8月1日至次年7月31日,以配合戰後的教育改革。隨著行政區域的調整與教育政策的變遷,學校名稱亦數次更改:民國36年(1947)改稱「新竹縣立觀音鄉新坡國民學校」。民國37年(1948)在上大村開辦分班。民國39年(1950)桃園縣自新

種類	時期	日籍教師職銜	臺籍教師職銜
正式教師 各時期,不同性質的臺日籍正式教師均有其區分之工作範圍。	1898～1908 (明治31年～明治41年)	公學校教諭	公學校訓導
	1909～1922 (明治42年～大正11年)	公學校甲、乙、丙種專科教諭	公學校訓導
	1923～1940 (大正12年～昭和15年)	公學校甲、乙、丙種本科／專科正教員	公學校甲、乙種准教員
	1941～1945 (昭和16年～昭和20年)	國民學校訓導 初等科訓導 專科訓導 養護訓導	國民學校准訓導 初等科准訓導
代用教師 各時期,不同性質的臺日籍代用教師均有其區分之工作範圍。	1898～1917 (明治31年～大正6年)	囑託	雇
	1918～1921 (大正7年～大正10年)	教務囑託 助手 教諭心得	訓導心得
	1923～1940 (大正12年～昭和15年)	心得	心得
	1941～1945 (昭和16年～昭和20年)	助教	助教

以上資料參考自蔡元隆、黃雅芳(2017,頁220)。

[2] 因篇幅限制及論述議題的統一性,關於鄭來進校長在光復後的仕途與優秀表現請參考劉子瑛的碩士論文《桃園市新坡國民小學之研究(1923-2013)》在第42頁至65頁中有詳細的論述。

竹縣劃出，學校更名為「桃園縣觀音鄉新坡國民學校」（尹章義主編，2014；賴澤涵主編，2010）。民國57年（1968）隨九年國教政策推行，改稱「桃園縣觀音鄉新坡國民小學」。民國103年（2014）隨桃園縣升格為直轄市，改稱「桃園市觀音區新坡國民小學」（徐仁輝，2015）。雖然校名歷經數次更迭，但鄭來進校長始終致力於地方教育發展，對新坡地區的教育貢獻深遠。

鄭來進的教育生涯清晰可考，但部分研究對其初任學校的描述卻存在爭議與錯誤，須透過史料考證與比對[3]，以確保校史記載的正確性。劉子瑛（2015）在碩士論文《桃園市新坡國民小學之研究（1923-2013）》中提及：鄭來進於臺北師範學校畢業後取得教師資格，先後在桃園公學校以及臺北的古亭公學校任教，昭和9年（1934）調回新坡公學校擔任訓導。然而，筆者查考臺灣總督府職員錄系統，並未發現鄭來進曾在桃園公學校或臺北古亭公學校任職的記錄。此外，中央研究院臺灣史研究所的「臺灣總督府職員錄系統」與臺北市教育局的資料亦未顯示鄭來進與這兩所學校有關。又臺北市大安區古亭國民小學的校史顯示該校創設於民國41年（1952），而非日治時期，與鄭來進的生平完全無法對應。因此，劉子瑛論文中的資料可能來自口述歷史的記憶錯誤，需進一步查證。

《新修桃園縣志・教育志》中亦有一段描述：昭和7年（1932），畢業於台北第二師範演習科（今國立台北教育大學）。初，奉派桃園縣三湖國小任教。二年後調返鄉里──新坡公學校（今新坡國小）服務（賴澤涵主編，2010）。這段敘述亦可能導致誤解，因日治時期並無「桃園縣三湖國小」，而該校前身為伯岡國民學校，後於民國39年（1950）改名「桃園縣楊梅鎮三湖國民學校」，民國59年（1970）再改為「桃園縣楊梅鎮瑞原國民小學」，直到民

---

[3] 昭和7年（1932）的《臺灣總督府及其所屬官署職員錄》雖然是8月1日發行，惟筆者認為鄭來進於昭和7年（1932）3月29日拿到師範學校的卒業證書後，應隨即於4月1日任職於新竹州伯岡公學校，以作為開學任教的銜接。因為日治時期的公學校學制採三學期制，原則上，第一學期為4月至8月；第二學期為9月至12月；第三學期為翌年1月至3月。

國103年（2014）桃園升格直轄市後才定名為「桃園市楊梅區瑞原國民小學」（桃園縣文獻委員會編，1962；賴澤涵主編，2010）。這種地名、學校名稱的演變若未仔細考據，容易導致學者誤解校史，進而影響後續研究的準確性。

個人史料雖屬私人性質，但由於產生者的經歷、職務、社會地位等影響，其文件內容往往能忠實反映過去的社會情勢與人物思維，因此在歷史研究中具有極高的原始史料價值（陳憶華，2009）。「透物見史」的研究方法，即透過具體的史料進行分析與詮釋，可有效避免口述歷史記憶錯誤所造成的歷史誤導。為此，作者將根據鄭來進個人生前史料，分兩部分介紹七件關鍵史料，以確保歷史記載的準確性，進一步釐清鄭來進校長在臺灣教育史上的角色與貢獻。

貳、史料簡介：賞狀與寫真

一、觀音公學校賞狀

觀音公學校（今桃園市觀音區觀音國民小學）是日治時期桃園地區重要的初等教育機構，歷經數次更名與改制，對地方學童的教育影響深遠。其創校歷程可追溯至明治38年（1905）3月2日，當時獲准設立為「南崁公學校石觀音分校」，並租借石觀音廟甘泉寺為臨時校舍，以提供地方學童就學機會。明治38年（1905）4月1日：正式開學，當時僅收容約60名學生。明治40年（1907）：更名為「大坵園公學校石觀音分校」。明治43年（1910）：獨立建校，定名「石觀音公學校」，奠定學校發展的基礎。大正12年（1923）：設立「觀音公學校新坡分校」，因學童數量增加，教育資源逐步擴展。昭和3年（1928）：新坡分校獨立，改稱「新坡公學校」，即現今桃園市觀音區新坡國民小學。昭和16年（1941）：隨皇民化政策實施，全臺公學校改制為國民學校，觀音公學校改稱「觀音國民學校」（新竹州，1921；1923；1928；1941；尹章義主編，

2014；賴澤涵主編，2010）[4]。

臺灣在清朝統治時期，傳統教育主要依賴私塾與書院，以四書五經為主要教材，教育目的在於培養讀書人應試科舉。然而，隨日本統治臺灣後，公學校成為臺籍學童接受新式教育的主要場所，而其中一項深具日本教育特色的制度便是「賞狀制度」（即今日的獎狀制度）。賞狀的頒發，除了肯定學童的學習表現與品德操守，也成為日治時期學校教育的重要激勵機制。透過公開表揚與競爭機制，鼓勵學童努力向學，並塑造符合日本教育價值觀的「勤奮、誠實、有責任感」的學生典範（蔡元隆等人，2017）。賞狀的種類繁多，包括：一、學業成績優異賞狀：表彰學業表現突出的學童。二、全勤賞狀：鼓勵學童出席率高、不曠課。三、品德賞狀：表揚在校行為端正、孝順父母的學童。四、幹部任職賞狀：鼓勵擔任班級幹部或學校自治組織成員的學生。此制度在培養日本式的道德教育（品德教育）方面發揮了重要作用，塑造學生對學校、社會的責任感與忠誠，同時也是皇民化教育政策的一部分。

圖43為鄭來進於大正15年（1926）3月20日，就讀於新竹州觀音公學校六年級畢業前夕，所獲頒的「貳等賞狀」（即第二名）[5]。此賞狀是對鄭來進在學業成績與品德表現的高度肯定，顯示他在校期間成績優異，並符合學校的品德評價標準。在日治時期的公學校，能夠獲得賞狀的學生，通常具有較高的升學機會。事實上，當時能夠持續升學的臺籍學童比例相當低，只有少數優秀的學生能夠進入師範學校或中等學校，而鄭來進憑藉自身的努力與優異的學業成績，最終順利考取臺北第二師範學校（今國立臺北教育大學），為其未來的教育生涯奠定了堅實的基礎。

賞狀制度除了鼓勵學生努力學習，也對臺灣社會文化產生深遠影響：一、

---

[4] 另參引自「南崁公學校石觀音分校設置致サセ度ニ付教育費增額ノ儀桃仔園廳長稟請差支ナキ旨通牒ノ件」（1905年03月01日），〈明治三十八年十五年保存第十四卷〉，《臺灣總督府檔案》，國史館臺灣文獻館，典藏號：00004851038。

[5] 大正15年（1926）12月25日大正天皇駕崩，隨即由皇太子裕仁親王即位，改元為昭和，亦即1926年12月25日為昭和元年（1926）12月25日。

塑造學童的競爭意識與榮譽感：賞狀制度使學童願意投入學習，以獲取榮譽，並在同儕間建立自信。二、鼓勵升學風氣：對於臺籍學童而言，能夠獲得賞狀者，意味著有更高的升學機會，這在當時升學競爭激烈的環境下尤為重要。三、強化社會責任與道德教育：學校透過品德獎勵，塑造學生對國家、社會的忠誠與奉獻精神，這也是日本殖民政府強調「忠君愛國」的皇民化教育的一部分。四、影響後世教育制度：賞狀制度在戰後臺灣教育體系中仍然被延續，並發展為現今的獎狀頒發制度，以鼓勵學生在學業、品德、課外活動等方面的優異表現。鄭來進所獲得的貳等賞狀，不僅是他個人成就的證明，也反映出當時日治時期的教育環境，以及臺灣囝仔如何在日本教育體制下競逐升學機會，並為自身創造更好的未來。

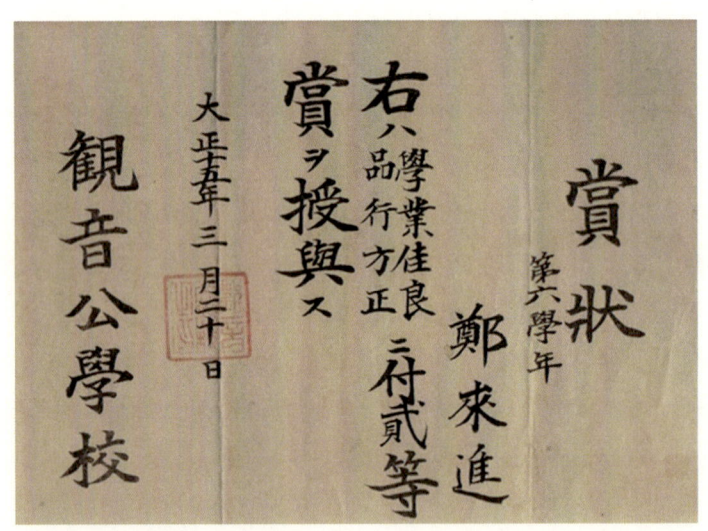

圖43 ▎觀音公學校賞狀──鄭來進
資料來源：作者自行收藏

二、臺北第二師範學校自修室室長與室員紀念寫真照

「寫真」一詞源自日語，意指「照片」，在日治時期的臺灣廣泛使用，特別是學校紀錄、家庭合影及重要活動場合。寫真不僅是當時個人或團體生活的靜態影像記錄，更具有珍貴的歷史價值。攝影的紀實功能，成為不同學科研究生活型態與社會變遷的重要工具，透過影像的分析，我們可以觀察先民的體態、服飾、建築風格、社會風俗與教育發展，進一步理解不同行業、族群或階層的文化樣貌（黃國正，2007）。在日治時期，學校團體寫真是極為普遍的紀錄方式，特別是畢業典禮、運動會、學校活動及班級合照等，皆有系統地存留下來，成為日後研究當時教育環境、學生日常生活及社會階層的重要資料。透過這些影像，我們不僅能夠了解學校的校舍規模、學生服裝、儀態與氣質，甚至可進一步分析不同時期學生的行為模式與教育風氣的變遷。

國立臺北教育大學的歷史淵源可追溯至明治27年（1895）6月，草創時期原稱芝山巖學堂，後因教育制度的變革而歷經多次更名與改制：明治28年（1896）：更名為「臺灣總督府國語學校」，以培育日語教師與新領土統治人才為目標。大正9年（1920）：改稱「臺灣總督府臺北師範學校」，正式確立其為臺灣師資培育機構的核心學府（卞鳳奎，2011；北教大校友中心暨校史館，2011；曾迺碩、方兆麟主編，1988）[6]。昭和2年（1927）：設立「臺北第

---

[6] 在卞鳳奎（2011，頁150）所著《臺北市大安區》一書第150頁中，他指出：「國立臺北教育大學創立於清光緒22年（1896），原名芝山巖學堂，翌年改稱臺灣總督府國語學校」，然而此論述方式可能會對讀者造成誤導，使人誤以為芝山巖學堂是在清國光緒年間即已在臺灣設立，而非日本統治臺灣之後才創辦的教育機構。根據歷史記載，清朝光緒21年（1895），清廷在甲午戰爭戰敗後，簽訂《馬關條約》，將臺灣與澎湖列島割讓給日本，自此臺灣正式成為日本的殖民地。該條約於明治28年（1895）5月正式生效，同年6月17日，日本政府在臺北正式設立臺灣總督府，展開對臺灣的統治政策，其中「教育政策」更是日本殖民政府用以控制臺灣社會的關鍵策略之一。根據國立臺北教育大學校史館「北教大校友中心暨校史館」網頁資料顯示：明治28年（1896）6月：日本根據《馬關條約》正式接收臺灣，總督府學務部

二師範學校」，作為臺籍學生的師資養成機構，以區分日籍與臺籍的教育體制。昭和18年（1943）：與臺北第一師範學校合併，統稱「臺灣總督府臺北師範學校」，並增設預科及女子部，進一步擴大招生範圍。民國34年（1945）：光復後改稱「臺灣省立臺北師範學校」，並逐步發展為戰後臺灣的師資培育中心。民國50年（1961）：改制為「臺灣省立臺北師範專科學校」，以專科學制延續師資培育功能。民國76年（1987）：升格為「臺灣省立臺北師範學院」，提高學術層級，強化師範教育的學術研究基礎。民國80年（1991）：改為「國立臺北師範學院」，確立為國立師範學術機構。民國94年（2005）：正式更名為「國立臺北教育大學」，轉型為綜合型教育大學（卞鳳奎，2011）[7]。

圖44為昭和6年（1931），鄭來進就讀於臺北第二師範學校時，在自修室前與第十四自修室室員合影的紀念寫真照。照片中，鄭來進擔任自修室室長（第一排左一），可見當時他已經是學業成績優異、備受師長信賴的學生領袖。照片中的十位學生皆穿著當時制式的師範學校學生制服，這種制服通常以深色為主，搭配立領，具有濃厚的日本學制風格，象徵著當時的教育嚴謹與紀律嚴明。從服裝與神態來看，這群年輕學子展現出不同的氣質變化：鄭來進已

長伊澤修二率領日籍教師六人來臺，開始規劃日語教育的推行。明治28年（1896）6月：日本官方在臺北士林設立「國語學堂」，隨後遷至芝山巖的開漳聖王廟，並改稱為「芝山巖學堂」。明治29年（1897）：芝山巖學堂因學制改變，併入「臺灣總督府國語學校」，成為日治時期師範教育的開端。明治28年（1896）6月：日本根據《馬關條約》正式接收臺灣，總督府學務部長伊澤修二率領日籍教師六人來臺，開始規劃日語教育的推行。明治28年（1896）6月：日本官方在臺北士林設立「國語學堂」，隨後遷至芝山巖的開漳聖王廟，並改稱為「芝山巖學堂」。明治29年（1897）：芝山巖學堂因學制改變，併入「臺灣總督府國語學校」，成為日治時期師範教育的開端。故修正後較為妥當的表述：「國立臺北教育大學創設於明治28年（1896），最早名為芝山巖學堂，翌年（明治29年，1897）改制為臺灣總督府國語學校」。這樣的表述方式能夠避免清治時期與日治時期的歷史混淆，並且更符合歷史學的客觀研究精神。校史的記錄與撰寫應講求嚴謹的時間序列與正確的歷史脈絡，避免使用可能引發誤解的時間標記。芝山巖學堂雖然設立於1896年，但當時臺灣已經進入日本統治時期，因此應使用「明治28年（1896）」來標示，而不應與清朝光緒年間的時間標記混用。

[7] 本文主要聚焦於鄭來進校長的個人史料介紹與考據，而非以國立臺北教育大學為探討主軸，加上礙於篇幅限制。爰此，有關國立臺北教育大學詳細的校史更迭無法在此一併介紹，合先敘明之。讀者若有興趣瞭解，請參酌北教大校友會中心校史館的網頁資料。

圖44 臺北第二師範學校自修室紀念寫真照
資料來源：作者自行收藏

戴上近視眼鏡，顯示其長期沉浸於學習之中，散發出溫文儒雅的學者氣質，與稍後他成為教育工作者的形象相符。相較之下，站在後排的學弟則顯得青澀稚嫩，如第二排左一的簡錫棋、第二排左六的李茂昌[8]，臉龐仍保有學生的童稚感，這也反映了當時學制中不同年級學生的心理與生理發展階段。服裝細節上，部分學弟仍穿著日式拖鞋，顯示學生在宿舍或自修室內的穿著較為隨意，並未過度拘謹。

自修室（或稱「學寮」）是日治時期師範學校生住宿與學習的核心場域，

---

[8] 簡錫棋，昭和12年（1937）自臺北第二師範學校畢業，後任職於臺南州鹿麻產公學校。民國34年（1945）光復初期因校長短缺，所以暫時代理臺北市文山區的木柵國民小學校長乙職。李茂倉，昭和12年（1937）自臺北第二師範學校畢業，同樣是任職於新竹州伯岡公學校。光復後不久也於民國54年（1956）在桃園市中壢區的新民國民小學擔任過校長。

學生在此閱讀、書寫、討論課業，並建立深厚的學習氛圍。自修室的管理由室長（如鄭來進）負責，需維持學習秩序、安排課業討論，並協助學弟融入學校生活。這張寫真照片不僅呈現當時師範生的學習文化，也展現了不同年級學生之間的「學長—學弟制」影響。在當時的教育體系中，年級較高的學生（如鄭來進）不僅是學業上的學長，更負責輔導低年級學生，維持學寮的秩序，這與日本學制中的「先輩—後輩」文化高度相符。

鄭來進能夠在臺北第二師範學校擔任自修室室長，顯示出他在學校的學業表現與領導能力均相當突出。在日治時期的教育環境下，能夠進入師範學校學習已屬不易，而能夠成為室長，更是一種肯定。室長需要具備：（一）卓越的學業成績：需維持班級前段排名，並在課堂討論中展現優秀的理解力與表達能力。（二）良好的領導能力：協助老師管理自修室，並指導學弟學習。（三）高度的自律精神：需安排自修計畫，帶動整個團體的學習氣氛。由此可見，鄭來進在學生時期即已展露出優秀的教育才能，這也成為他日後擔任校長、投身臺灣教育改革的重要基礎。

這張寫真照片，不僅是一張單純的合影紀念，更是鄭來進在日治時期教育體系中成長與學習的珍貴史料。從服裝、儀態到學習環境，都顯示出當時臺籍師範生如何在日本殖民統治下接受教育、競逐學業機會，並試圖在教育體系中爭取發展空間。透過這張照片，我們得以一窺1930年代臺籍知識菁英的學習樣貌，也見證了臺灣教育史的重要一環。

參、史料簡介：葉書與名片

一、葉書新年賀卡

「葉書」（はがき）即為明信片，而帶有圖像的明信片則稱為「繪葉書」（えはがき）。日語中「繪」指的是「畫」或「繪畫」的意思，而「はがき」

則源自「はしがき」（端書き），原意為寫在紙片上的備忘錄或簡短的書信（蔡元隆、黃雅芳，2017）。明信片的最大特點是內容公開，無需信封，直接書寫於紙片上，因而稱之為「明信」。

在日治時期，臺灣社會逐漸受到日本文化影響，書寫賀年信（年賀狀）或賀年卡的習慣亦隨之改變。過去，臺灣人在農曆新年時已有透過書信相互問候的習俗，但在日本殖民統治後，臺灣人開始逐步接受新曆元旦的賀年習慣。特別是與日本人有社交往來的臺灣仕紳、教師、官員等知識階層，會在新曆新年時相互寄送賀年卡，這一行為稱為「賀正」或「拜正」，反映了當時臺灣人對於日本新年文化的接受程度與適應性。圖45、圖46（正反面）所示的繪葉書

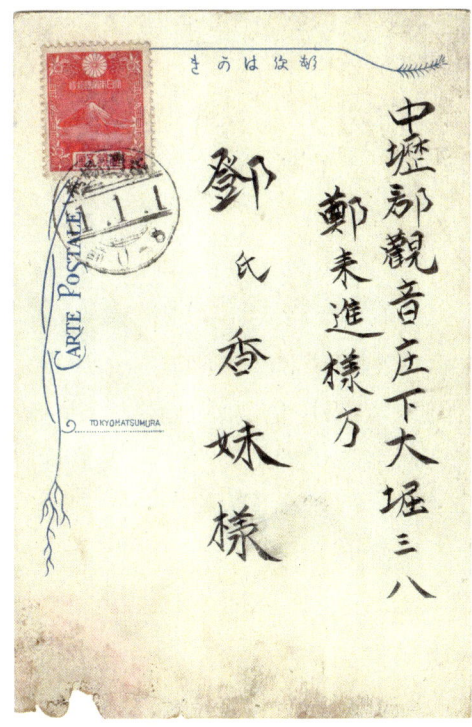

圖45 葉書新年賀卡──鄧香妹（正面）
資料來源：作者自行收藏

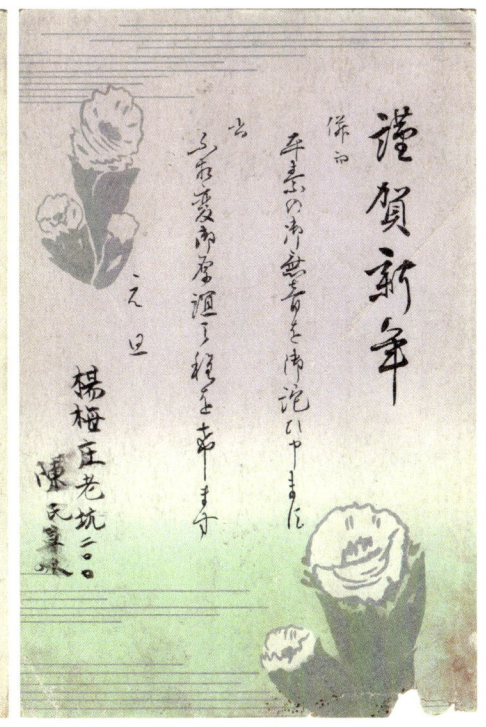

圖46 葉書新年賀卡──鄧香妹（反面）
資料來源：作者自行收藏

新年賀卡，是由楊梅庄老坑的陳算妹於昭和11年（1936）1月1日，新曆新年當天，寄給鄭來進的妻子鄧香妹的祝賀卡。賀卡內容主要以新年祝賀話語為主，表達新年的祝福與問候。然而，從該賀卡的格式與書寫方式中，亦可觀察到當時社會中根深柢固的男尊女卑觀念，以及臺灣婦女在家庭與社會中的地位。

　　首先，從賀卡的書寫格式來看，住址部分明確標註「中壢郡關因庄下大堀三八」，但收件人卻是「鄭來進樣方（尊稱）」而非鄧香妹本人。這種表達方式在當時的書信往來中相當普遍，反映出當時臺灣社會普遍仍遵循以男性為家庭代表的傳統觀念。在日本統治下，雖然臺籍女性的受教育機會相較於清代有所提升，許多女性也開始進入職場，擔任公學校教師、護士等職業，但傳統社會價值仍認為女性的最終歸宿仍應回歸家庭，相夫教子（劉子瑛，2015）。此外，鄧香妹雖然與丈夫鄭來進一樣皆為新坡公學校的教師，然而這封賀卡卻仍是以寄給丈夫的名義，這顯示出即使是已受教育的女性，在婚後依然難以擺脫「依附丈夫」的社會定位。這不僅體現在郵件的書寫習慣，也反映出當時社會對於女性在家庭與社會角色的期待。

二、日治時期的名片

　　名刺（めいし），即名片，在日本是社交場合中極為重要的身分識別工具，上面通常印有姓名、職業、職位、地址與聯絡方式，是正式社交場合中的必備物品。在日治時期，名片的使用也逐漸被臺灣社會所接受，特別是在政府官員、教師、商人與地方仕紳之間，成為擴大社交網絡的重要媒介（蔡元隆、黃雅芳，2017）。日本在明治維新後開始普及名片文化，並將其帶入臺灣，名片交換也成為新年時的重要社交儀式之一。根據歷史記載，名片交換會（めいしこうかんかい）是當時日本社會新年的固定習俗之一，目的在於建立與維繫人際關係。明治39年（1906）1月30日，臺南150多名臺灣仕紳在臺南俱樂部舉辦名片交換會，這是臺灣最早的名片交換會紀錄（《漢文臺灣日日新報》，

1906年1月9日）。

隨著名片文化的普及，臺灣各地政府機構與仕紳階層紛紛仿效，名片交換會成為地方社交的重要活動之一。1910-1911年間，名片交換會的舉辦範圍擴展至宜蘭、桃園、新竹、臺中、嘉義、打狗（高雄）、鳳山、阿猴（屏東）等地，甚至由官方機構主辦，邀請當地政商名流參加（林玉茹，2007）。根據《臺灣日日新報》的報導，新竹州（今桃園市、新竹縣市）於1929年至1936年間，舉辦過以下幾場名片交換會（臺灣日日新報，1929年12月19日；1931年1月17日；1936年12月22日）：昭和4年（1929）：中壢郡中壢街官方於1月1日上午10時在公會堂舉辦新年名片交換會。昭和6年（1931）：桃園郡桃園街婦人會於1月15日上午9時在桃園公會堂舉辦新年名片交換會。昭和11年（1936）：中壢郡官方於1月1日舉行官民仕紳名片交換會，成為地方重要的年度盛事。

名片在日治時期不僅是社交工具，對於公學校教師來說，還有更深層的象徵意義。教師階層在當時被視為「殖民地知識分子」，是推行日語教育與皇民化政策的重要媒介，因此教師的社會地位較高，擁有名片也是身份的象徵。圖47、圖48、圖49及圖50為鄭來進於不同時期任職學校的名片，記錄了他從昭和

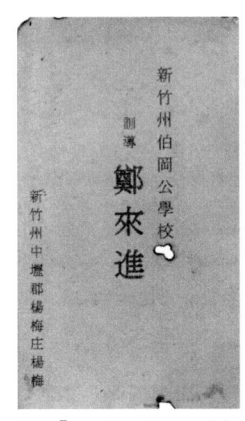

圖47 鄭來進於伯岡公學校名片
資料來源：作者自行收藏

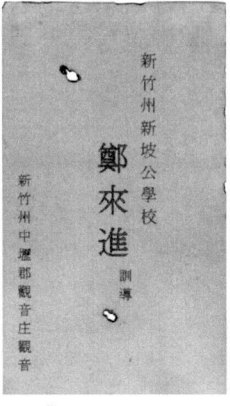

圖48 鄭來進於新坡學校名片
資料來源：作者自行收藏

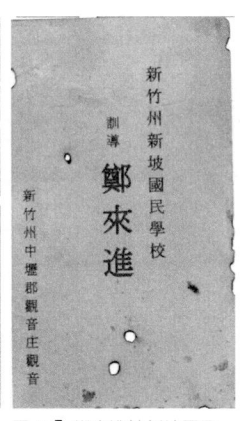

圖49 鄭來進於新坡國民學校名片
資料來源：作者自行收藏

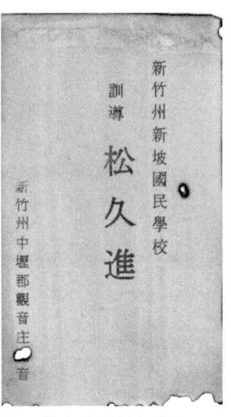

圖50 松久進於新坡國民學校名片
資料來源：作者自行收藏

7年（1932）初任伯岡公學校（今桃園市楊梅區瑞原國小）、轉任新坡公學校（今桃園市觀音區新坡國小），到戰爭期間改制為新坡國民學校的完整歷程。名片上除了姓名、職位、學校名稱，還附上學校住址，這些資訊對於當時的教師來說至關重要。根據筆者訪談日治時期的耆老，教師名片除了在新年名片交換會中拓展人脈外，還有一個特殊用途——家庭訪問。當時，教師前往學生家中拜訪時，會先遞上名片，以此表明身分並取得家長的信任。由於當時名片的印製並不普及，通常只有政府官員、仕紳、企業家等人擁有，因此教師擁有名片也象徵其在地方社會中的尊貴地位與影響力。

圖50的名片特別顯示出一個重要的歷史訊息，鄭來進曾於皇民化時期改日本姓名為「松久進」。這不僅反映了當時皇民化政策對於臺籍教師的影響，也展現出日治時期教師在政治與社會變遷中的特殊角色。根據新坡國民學校昭和16-17年（1941-1942）《學校日誌》的記載，昭和17年（1942）4月19日，新坡國民學校舉行「皇太子新竹州行啟紀念日」暨「皇民奉公一週年紀念日」，教師須參加皇民奉公紀念會，並且推行「國語家庭」（即日語家庭），教師被要求以身作則，帶頭改用日語與日本姓名。在此背景下，鄭來進選擇將姓名改為「松久進」，這不僅符合當時「以身作則」的要求，也顯示出日治時期臺籍教師的複雜處境。由於教師被視為官方機構的「教育公務員」，其政策服從性較高，當時不少臺籍教師在皇民化運動中被迫接受改名與日語化（許誌庭，2002）。然而，這並不意味著所有改名的臺籍教師都完全接受日本統治，而是一種「被迫順應政策的生存策略」。不少教師在私底下仍然保留對臺灣文化的認同，只是在公開場合順應政策，以確保自身職業與家庭的安穩（張淑媚等人，2013）。

日治時期的名片文化，不僅是日本社會禮儀的一部分，更反映了殖民統治下臺灣知識階層的社會地位與文化變遷。透過鄭來進的名片史料，我們可以觀察到以下幾個重要現象：（一）名片交換會的普及：從1906年開始，名片交換成為臺灣地方仕紳、新興知識階層（如教師、官員）參與的年度重要社

交活動，到了1920-1930年代，甚至擴展到婦女團體，成為重要的社交儀式。（二）教師的社會地位提升：名片的持有與交換，象徵著教師在地方社會中的影響力，尤其是在家庭訪問時，名片可作為「社會認同的憑證」。（三）皇民化政策的影響：名片的變更與姓名改日化，反映出日治後期臺籍教師在殖民政策壓力下的適應與順應策略，以確保職業穩定與社會地位。透過這些史料，我們得以更深入理解日治時期臺籍教師的多重身份與社會適應過程，也讓我們看見「名片」這個小小的物件，如何在歷史的洪流中，成為見證臺灣教育變遷的重要文物。

肆、代結語：歷史的印記與校史研究的價值

人類只是歷史時間軸上短暫的過客，但我們留下的文獻、古冊、文物、照片與口述歷史，卻能穿越時空，成為後人理解過去的重要線索。這些史料雖然會隨著時間的推移而破損、髒污，甚至可能因戰亂、社會變遷而散佚，但只要妥善保存，便能橫跨時代的鴻溝，見證物換星移的歷史變遷。筆者認為，這些文獻史料可從「文物面」與「歷史面」進行探討：

一、文物面：強調物品的材料性質與保存狀態，例如賞狀、名片、寫真照片、葉書等，皆是特定時代產出的實體物件。

二、歷史面：關注物件所承載的歷史價值與時代意義，這是作者收藏與研究史料時最重視的部分。史料經過時間的淘洗後，能夠反映當時的政治、經濟、社會、教育、文化與制度，若其內容能夠精確體現某個歷史事件、人物的特徵與細節，那麼該物件的價值便遠超過金錢所能衡量的範疇，成為重要的研究材料。

以筆者的經驗來說，研究歷史議題時，除了需要大量的一手史料作為佐證外，史料的多元性與完整性亦至關重要。然而，史料的出土與挖掘往往充滿挑戰，因為某些歷史議題的相關文獻不是鳳毛麟角，就是資料殘缺不全，使得

作者面臨諸多困難，甚至被迫避開具爭議或存有疑義的論述。此外以劉子瑛的《桃園市新坡國民小學之研究（1923-2013）》這篇碩士論文為例，若當時該作者能取得鄭來進校長的七件個人史料，便可進一步補充論文的敘述與證據。例如：一、在論文第43頁談到鄭來進畢業於觀音公學校與臺北第二師範學校時，若能搭配鄭來進觀音公學校的賞狀與臺北第二師範學校的寫真照片，則不僅能以圖像呈現史實，還能透過「透物見史」的方法，讓讀者更直觀地理解這段歷史。二、這些一手史料不僅提供視覺化的歷史證據，更能加深讀者的歷史想像空間與共鳴，透過「圖文對照」的方式，使學術論述更加紮實與生動。這種研究方法正是筆者長期以來所秉持的信念——「透物見史，以物證史」，透過對具體物件的考察，挖掘其中的歷史意涵，並運用於教育與學術研究中，以還原最真實的歷史面貌。

雖然劉子瑛的論文已對鄭來進與新坡國小的淵源進行初步探討，但歷史研究從來不是封閉的，而是一個持續延展的過程。未來若有學者或研究者希望深入探討鄭來進校長的生平與貢獻，或是研究日治時期臺籍教師的教育歷程，那麼本文的這七件個人史料將提供更具體的研究材料，幫助研究者從更宏觀的角度解析當時的教育環境與社會脈絡。此外，這些史料也能成為鄭來進後代尋根的重要橋樑，讓後代子孫透過這些珍貴的歷史物件，回溯家族的過往，理解先人的奮鬥歷程，並建立家族的歷史記憶。

本文除了對鄭來進校長的歷史資料進行勘正與澄清，更希望能夠喚起各級學校對校史教育的重視，強調校史研究在歷史教育中的價值。歷史研究不僅止於文字敘述，更應該透過文物與圖像來進行「實證研究」，讓歷史敘事更加具體、立體、真實。正如筆者所堅信的，文物與史料的價值，不僅在於它們的實體存在，更在於它們如何幫助我們連結過去與現在，並引領我們思考未來。唯有透過持續的考據、發掘與研究，我們才能真正理解歷史的意義，並讓這些珍貴的史料，成為世代傳承的歷史橋樑。

參考文獻

一、中文文獻

卞鳳奎（2011）。臺北市大安區。臺北市大安區公所。

尹章義主編（2014）。**觀音鄉志（下冊）**。桃園縣觀音鄉公所。

北教大校友中心暨校史館（2018年12月20日）。北師軌跡。http://alumnus.ntue.edu.tw/main/timeline#。

林玉茹（2007）。過新年：從傳統到現代臺灣節慶生活的交錯與嫁接（1890-1945）。**臺灣史研究**，21（1），1-43。

徐仁輝（2015）。六都後中央與地方財政關係的探。**財稅研究**，42(2)，1-16。

桃園縣文獻委員會編（1962）。**桃園縣誌・卷首**。桃園縣政府。

張淑媚、蔡元隆、黃雅芳（2013）。「矛」與「盾」的衝突：論日治時期初等學校臺籍教師「隱性抗議」之意涵及其在臺灣教育史上的啟示。**中等教育季刊**，64(2)，61-77。

許誌庭（2002）。師做為轉化型知識份子的可能性、限制與實踐方向。**教育研究集刊**，48(4)，27-52。

陳憶華（2009）。個人史料的採集、整編與描述──以國史館為例。**檔案季刊**，8(2)，57-77。

曾迺碩、方兆麟主編（1988）。**臺北市志・卷三政制志公共建設篇**。臺北市文獻委員會。

黃國正（2007）。用老照片閱讀臺灣歷史──國立中央圖書館臺灣分館藏寫真帖之利用價值。**臺灣學研究**，3，57-65。

劉子瑛（2015）。**桃園市新坡國民小學之研究（1923-2013）**。〔未出版之碩士論文〕。國立中央大學。

蔡元隆、張淑媚、黃雅芳（2017）。日治時期北港女子公學校教育史之研究。**市北教育學刊**56，1-28。

蔡元隆、黃雅芳（2017）。**走出閨房上學堂──日治時期臺灣雲嘉地區的女子教育與社會事業圖像**。秀威。

賴澤涵主編（2010）。**新修桃園縣志・人物志**。桃園縣政府。

二、外文文獻

佐藤源治(1943)。**臺灣教育の進展**。臺灣出版文化株式會社。

新竹州(1921年5月22日)。告示第73號。**新竹州報**,號87,198。

新竹州(1923年5月11日)。告示第80號。**新竹州報**,號290,154。

新竹州(1928年4月1日)。告示第77號。**新竹州報**,號133,108。

新竹州(1941年4月1日)。告示第123號。**新竹州報**,號外,2。

漢文臺灣日日新報(1906年1月9日)。臺南元旦:名刺交換會。**漢文臺灣日日新報**,2304,第6版。

臺灣日日新報(1929年12月19日)。中壢の新年名刺交換會。**臺灣日日新報**,16059,第5版。

臺灣日日新報(1931年1月17日)。桃園婦人會の名刺交換會。**臺灣日日新報**,11049,第7版。

臺灣日日新報(1936年12月22日)。中壢:名刺交換會。**臺灣日日新報**,13098,第5版。

臺灣總督府(1932年3月29日)。卒業證書竝修了證書授與(臺北二師)。**臺灣總督府府報**,1485,91。

臺灣總督府(1932年5月4日)。教員免許狀授與。**臺灣總督府府報**,1513,16。

臺灣總督府編纂(1932)。**臺灣總督府及其所屬官署職員錄**。臺灣總督府。

第八章　臺灣第一所特殊教育學校名稱的疑義與澄清：「訓瞽堂」？抑或「青盲學」？

歷史只有在自由的國家裏才得到真實的記錄。

——法國啟蒙時代思政治想家 Voltaire（A.D. 1694-1778）

壹、前言

今日的國立臺南大學附屬啟聰學校[1]，因應臺灣特殊教育的多元需求，已全面開放招收各學制的學生，涵蓋幼兒園、國民小學、國民中學及高職階段，並且服務各類障礙類型的學生，從智能障礙、非智能障礙、語言障礙到聽覺障礙等，形成全方位支持系統（國立臺南大學附屬啟聰學校，2021；國立臺南啟聰學校，2011；謝國興主編，1997）。然而，若回溯其發展歷程，這所學校在尚未劃歸國立臺南大學之前，原名為國立臺南啟聰學校，其設立初衷與宗旨主要是為了服務聽力損失學生，聚焦於聽覺障礙教育的專業領域，堪稱臺灣聽障

---

[1] 臺南州立盲啞學校的前身為明治33年（1900）臺南慈惠院設立的「盲生教育部」，至大正4年（1915）獲得日本恩賜財團救濟會之捐款，新建校舍於臺南市臺南二老口街（今臺南啟聰學校址），修業年限5年。大正11年（1922）成為官立學校，大正13年（1924）規定普通科修業年限6年，技藝科3年。臺灣的特殊學校最初由長老教會甘為霖牧師首創，明治28年（1895）因各種因素被迫關閉，待社會情勢穩定後甘為霖牧師向當局請願，1900年設置教育部成為臺南慈惠院（今私立臺南仁愛之家）（圖51）下的附屬組織，，成立「盲人教育部」。大正4年（1915）增設「啞生部」獲臺灣總督府認可改稱臺南盲啞學校（52），大正11年（1922）改為臺南州立臺南盲啞學校（圖53、圖54），其課程除了普通課程外，特別注重技藝科以讓學生獲得自食其力的能力（圖55、圖56、圖57）。民國51年（1962）更名為「臺灣省立臺南盲聾學校」；民國57年（1968）臺灣省實施盲聾分校，更名「臺灣省立臺南啟聰學校」；民國89年（2000）改名為「國立臺南啟聰學校」；民國101年（2012）2月起成為國立臺南大學附屬啟聰學校。以上參考自國立臺南啟聰學校（2011，頁18-31）。

教育的先驅。該校歷史悠久，橫跨清領、日治直至戰後臺灣，見證了臺灣教育體制的多次變革。由於其歷經日本殖民統治時期，加上日本當局於日治時期（1895-1945）積極推動現代化教育改革，許多作者直觀地認為，臺灣特殊教育的制度與理念應濫觴於此一時期。然而，事實卻出乎意料：雖不可否認該校在日治時期的發展與日本教育體制改革息息相關，但其真正的起源卻可追溯至更早的清領時期。

根據史料考證，這所學校的最初雛形並非出自日本的教育制度，而是由英國長老教會的傳教士——Rev. William Campbell（甘為霖，1841-1921）於1891年9月12日所創立，地點設於臺南洪公祠（位於今臺南市東市場附近）。這所學校在當時主要服務視障學生，現今通稱為「訓瞽堂」（Hùn-kó-tông）。W. Campbell不僅是長老教會的重要傳教士，更是一位深具人道精神的教育先驅，他將基督教的人道關懷與教育理念帶入臺灣，為特殊教育奠定了基礎。然而，對於這所學校的名稱「訓瞽堂」是否為當時的正式稱呼，學界仍存有爭議。

筆者曾深入研讀高雄醫學大學醫學社會學與社會工作學系邱大昕教授的研究，特別是其撰寫的〈臺灣早期身心障礙社會工作初探——以甘為霖的盲人工作為例〉一文，當中探討了「訓瞽堂」與「青盲學」（Chhiⁿ-mî-oh）之間的正名辨證，提出了具有啟發性的觀點。

筆者認為這不僅是語詞考據的問題，更關乎臺灣特殊教育史的史實還原與文化定位。究竟應稱此校為「訓瞽堂」（1891年9月至1897年5月）或「青盲學」？這是一個值得深入考證的問題。正名不僅關乎歷史的真相，更是對當事人及其貢獻的尊重。因此，有必要透過嚴謹的史料考證與跨領域研究，釐清事實，還原歷史真相，並給予正確的名稱與歷史定位。

根據邱大昕教授（2015a，2015b，2019）的研究，目前普遍使用的「訓瞽堂」一詞，其實存在誤用的可能。邱教授指出，「訓瞽堂」一詞最早出現在1897年8月出版的《臺南府城教會報》第149卷第59頁的〈青盲學〉一文中。值得注意的是，當時臺灣已經被日本統治達兩年，而這所盲人學校早在同年3

圖51▎臺南慈惠院外觀
資料來源：作者自行收藏

圖52▎臺南盲啞學校外觀
資料來源：作者自行收藏

圖53▎臺南盲啞學校外觀
資料來源：作者自行收藏

圖54▎臺南盲啞學校師生與仕紳合影
資料來源：作者自行收藏

月就已經關閉。在此之前，教會報中提及這所學校時，均使用「Chhiⁿ-mî-oh」（青盲學）、「Chheⁿ-mê-oh」或「Chhiⁿ-mî-oh-tng」（青盲學堂）等名稱，皆以大寫專有名詞標示。而當教會報提到中國地區的盲人學校時，則使用小寫的「chhiⁿ-mî-oh」或「chheⁿ-mê-oh」來稱呼，顯示出用詞上的明顯區隔。因此，邱教授認為，「訓瞽堂」可能是後人根據片段史料錯誤推測並訛傳下來的名稱。此觀點引人深思，特別是在考察特殊教育史時，名稱的準確性不僅反映了學術嚴謹度，更牽涉到文化與歷史的詮釋權。

進一步探討，「訓瞽堂」中的「訓」字，常見於日本盲啞學校的校名，如「東京に楽善会訓盲院」、「横浜訓盲院」等，這些名稱體現了日本明治時

第八章　臺灣第一所特殊教育學校名稱的疑義與澄清：「訓瞽堂」？抑或「青盲學」？　195

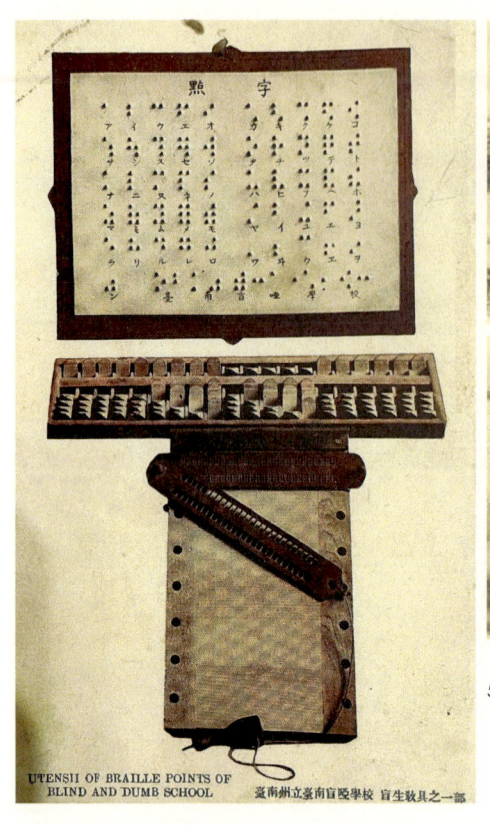

圖55 ▎臺南盲啞學校盲生教具
資料來源：作者自行收藏
圖56 ▎臺南盲啞學校啞生上課情形
資料來源：作者自行收藏
圖57 ▎臺南盲啞學校上課使用點讀板
資料來源：作者自行收藏

期強調紀律與教育訓練的文化價值觀。另一方面，「瞽」字則多出現在清末民初中國盲啞學校的名稱中，例如「啟明瞽目院」、「振瞶瞽目學校」等，具有強烈的漢文化色彩。邱教授推論，後來所謂的「訓瞽堂」，可能是後人在未經仔細考證的情況下，將日本與中國的命名元素錯誤結合，形成一個混合式的校名，並隨著時間流傳至今，造成了史實的混淆。這種誤用現象在日治時期尤為常見，因為當時的臺灣正處於漢日文化交融的過渡期，許多詞彙在雙語環境中被錯誤理解與轉譯，進而被誤植於官方文獻或學術研究中，成為後人難以辨析的歷史迷霧。

　　在W. Campbell的著作《福爾摩沙素描》（*Sketches from Formosa*）中，雖

然有關盲人學校的相關描述,但卻未見「訓瞽堂」或「青盲學」的明確命名記載（Campbell, 1915）,這一點著實令人意外。邱教授認為,W. Campbell或許從未為這所學校正式命名,畢竟在當時僅有一所專門為視障學生設立的學校,並無迫切的命名需求。僅在需要與其他地區的盲校進行區隔時,才會在校名前加上地名,例如「泉州盲校」,以利辨識。現今所使用的「訓瞽堂」一詞,很可能並非當時的正式名稱,而是源自於後人對歷史文獻的誤讀或附會所致（邱大昕,2019年7月25日）。雖然邱教授的研究提供了重要的啟示,但僅依賴一則報刊資料作為證據,或許仍嫌薄弱,尚需更多史料的補強與考證。

筆者長期耕耘日治時期臺灣教育史,觀察到日治時期因日、漢文混用,導致許多詞彙在流傳過程中產生誤解與錯置。無論是「訓瞽堂」或其他類似案例,皆反映出語言與文化交錯對歷史書寫的深刻影響。因此,為了釐清「訓瞽堂」與「青盲學」之間的歷史真相,本文進一步爬梳《臺灣府城教會報》、《臺南府教會報》及相關史料,進行系統化的文獻分析與考證,結合語言學、教育史與社會學的跨領域研究方法,以建立更為嚴謹且具說服力的論述。期望透過此研究,不僅能夠釐清歷史疑義,還原臺灣第一所特殊教育學校的真實面貌,更能在臺灣教育史的脈絡中,重新定位其重要性,為臺灣特殊教育史留下正確而完整的歷史座標。

貳、分析文本介紹

根據《探索中醫眼科》一書的記載,「青盲」是一種眼科疾病名稱,指的是外觀正常但視力逐漸衰退至完全失明的眼疾（黃偉傑,2013）。這一描述不僅強調視覺功能的退化過程,亦突顯了失明者外觀與其實際視覺障礙之間的差異。依據教育部線上「臺灣閩南語常用辭典」的解釋,「青盲」意指「失明、瞎眼」,泛指因各種原因導致視覺能力喪失的狀態,並指出其與「青瞑」語義相通（教育部臺灣閩南語常用辭典,2021a）。此外,語言學者黃少

廷（2004）與姚漢秋（1980）亦指出，「青暝」一詞即為「眼瞎」之意，為閩南語中常見的表達方式，歷來多用於描述視覺障礙者。值得一提的是，臺灣師範大學臺灣語文學系暨臺語文學大師姚榮松教授進一步闡述，「青暝」、「青盲」與「睛盲」等詞彙在語義上具有高度重疊性，皆可互通使用以指稱失明或瞎眼的狀態（姚榮松，2021）。姚教授指出，這些詞彙在閩南語語境中，不僅是生理現象的描述，更蘊含了豐富的文化意涵，反映了傳統社會對於視障者的認知與態度。綜合上述觀點可見，「青盲」、「青暝」及「睛盲」等皆屬於同義複詞，均指涉失明、瞎眼或瞎子之意涵。這種多樣化的語彙使用，不僅體現了閩南語的語言豐富性，也為我們理解歷史文本中相關名詞的使用提供了重要線索。

為深入探討「訓瞽堂」或「青盲學」的歷史定位，本文選取了三份極具歷史價值的報刊作為分析文本，分別為：一、《臺灣府城教會報》（1885年7月至1891年12月）。二、《臺南府教會報》（1892年1月至1892年11月）。三、《臺南府城教會報》（1893年1月至1913年12月）。這三份報刊雖名稱略有差異，實則皆出自同一發行單位──臺灣基督長老教會所屬的臺灣教會公報社，且均由英國長老教會牧師T. Barclay（巴克禮）負責主編與發行。1885年7月12日，《臺灣府城教會報》作為臺灣歷史上第一份報紙正式問世，其創刊標誌著近代臺灣報業及傳播事業的開端，也為後人研究清末及日治初期臺灣社會、宗教與教育發展提供了寶貴的史料基礎（陳慕真，2006）。這些報刊不僅是基督教傳教活動的宣傳媒介，更記錄了當時臺灣社會的多元面貌，包括宗教、醫療、教育、文化等領域的發展。尤其在教育方面，報刊常見有關學校設立、課程安排、學生生活等相關報導，為我們研究「青盲學」或「訓瞽堂」的歷史脈絡提供了豐富的第一手資料。

本文採用文本分析法，強調文本所處的社會文化脈絡，並特別關注以下幾個層面：一、文本的社會性：分析文本如何反映當時的社會結構、價值觀與文化認知。例如，視障教育如何在基督教傳教士的影響下逐漸發展，並與當時的

社會接受度互動。二、意識形態的產生與流動：探討文本中隱含的宗教、文化或政治意識形態，如何透過語言、敘事與報導進行再生產與傳播，進而影響大眾對於特殊教育的理解。三、權力關係的再現：檢視文本如何揭示殖民政權、宗教機構與地方社會之間的權力互動，並分析這些權力關係對教育政策與學校命名產生的潛在影響。透過這些層面的探討，我們不僅能更深入理解「青盲學」或「訓瞽堂」在歷史文本中的具體呈現，也有助於解構歷史敘事中潛藏的權力結構與文化意涵。

　　鑒於「訓瞽堂」（或稱「青盲學」）的設立時間為1891年9月，並於1897年5月正式廢止，為確保文本分析的準確性與完整性，本文特別將史料記載範圍鎖定於1891年1月至1897年12月之間。此時間範圍的選定，具有以下幾點考量：一、涵蓋學校成立前後的關鍵時期：不僅包括學校正式設立的時間，亦納入其成立前的相關討論與規劃過程，以掌握更全面的歷史脈絡。二、觀察學校廢止後的社會反應：1897年學校關閉後，相關報導與評論可能揭示當時社會對特殊教育的態度轉變，及其在教育政策中的歷史定位。三、避免史料斷裂造成的理解偏差：透過延展至學校廢止後的數個月，補充與學校相關的餘波效應與持續影響，提升研究的縱深與廣度。

　　本文透過語言學、歷史學與教育學的跨學科視角，結合文本分析與歷史考證的方法，旨在釐清「訓瞽堂」與「青盲學」的命名爭議，並重新定位其在臺灣特殊教育史中的重要地位。期待此研究不僅有助於還原歷史真相，更能啟發後續關於臺灣早期特殊教育、語言變遷及文化認同等議題的進一步探討。

參、名稱考據：「訓瞽堂」？抑或「青盲學」？

　　臺灣特殊教育史的開端，常被認定始於1891年英國長老教會牧師甘W. Campbell在臺南創立的盲人學校。長期以來，學界普遍以「訓瞽堂」作為該校的正式名稱，並將其視為臺灣第一所特殊教育學校（國立臺南啟聰學校，

2011；勁草，2013；夏文學，1994；盧啟明，2017）。更有甚者，此名稱已被納入多本特殊教育相關教科書，並在教育現場廣泛使用（孟瑛如主編，2021；張世彗，2020；黃國晏，2020）。然而，這個名稱是否真正反映歷史事實？倘若根本不存在「訓瞽堂」這個正式名稱，卻長期被作為臺灣特殊教育史的代名詞，無疑將影響對歷史的正確認知與詮釋。因此，本文試圖從史料出發，探討「訓瞽堂」與「青盲學」的命名爭議，並分析其背後的歷史脈絡。

現存文獻中，「訓瞽堂」一名的出現多屬後期記載，且缺乏清晰的史料支持。根據邱大昕教授（2015, 2019）的研究，最早提及「訓瞽堂」的文獻出現在1897年8月《臺灣府城教會報》第149卷第59頁的〈青盲學〉一文。然而，值得注意的是，該校在1897年3月已經關閉，且當時臺灣已進入日治時期兩年。文中提到：

> 我們臺南府幾年前甘牧師設一間訓瞽堂在教青盲人學讀冊，亦有叫幾個青盲囡仔來讀。照甘牧師的意思找幾個去日本的青盲學讀更深，希望後來才比較有前途，不過不夠經費。（作者不詳，1897年8月，頁59）

此段雖提及「訓瞽堂」，但其出現時間距離學校創立已過數年，且與日治初期的語境交織，令人懷疑其真實性。邱教授據此推論，「訓瞽堂」可能並非當時的正式名稱，而是後人根據模糊的記憶或日治時期日、漢文混用的影響所誤植，形成今日的訛傳。

與此同時，查考《臺灣府城教會報》等相關史料，「青盲」或「青暝」的用法更為頻繁且具連貫性，顯示其在當時確為通行用語。具體而言，關於盲人及盲人學校的相關記載包括：〈利益青暝人ê告白〉、〈益青暝人〉、〈利益青暝人〉及〈利益青暝人〉等四篇（作者不詳，1894年8月，1895年7月，1895年8月，1895年9月）。這四篇文獻主要探討盲人福利及其生活困境，雖未直接提及學校名稱，但可證明「青盲」或「青暝」是當時對視障者的常用稱呼。

此外，關鍵史料中，1891年8月，《臺灣府城教會報》第75卷第52頁中記載的〈縛跤ê要論〉一文，談到：「開明青盲人，讓他看見」（作者不詳，1891年8月，頁52）。此文撰寫於學校正式成立前一個月，已使用「青盲人」一詞，顯示該用語在教會傳教士中早已普遍存在。

再者，直接提及「青盲學」的兩篇文獻：第一篇為1893年7月，《臺灣府城教會報》第100卷第77頁中記載的〈青暝學〉一文，文中提及：

> 近日收到泉州禮姑娘的來信講起此事，現在他們青暝學有八個學生，他們會學幾項手工藝，像是修補魚網、搓編串銅錢的繩子。（甘為霖，1893年7月，頁37）

雖描述泉州的盲人學校，但間接說明「青暝學」是長老教會內部對盲校的通用稱謂。

而第二篇則為1897年8月，《臺灣府城教會報》第149卷第59頁中記載的〈青盲學〉一文，亦即邱大昕教授援引質疑「訓瞽堂」之史料。文中提及：

> 我們臺南府幾年前甘牧師設一間訓瞽堂在教青盲人學讀冊，亦有叫幾個青盲囡仔來讀。照甘牧師的意思找幾個去日本的青盲學讀更深，希望後來才比較有前途，不過不夠經費。（作者不詳，1897年8月，頁59）

這則史料前後文中對盲人學校使用「青盲學」與「訓瞽堂」的混用，進一步突顯命名不一致的問題。文中雖有提及「訓瞽堂」，但如同邱大昕教授的質疑，當時臺灣已經被日本統治兩年，而這所盲校在同年3月早已經關閉。所以有關「訓瞽堂」名稱應為後來日人或臺人對「它」的印象或稱呼，極可能為後人之訛傳，亦可能是當時日、漢文混用而被錯誤記載的名稱。作者也同意此一說法，否則依據上述的史料內容，為何同一個人對盲人學校前後稱呼不一呢？前

段稱是「訓瞽堂」，後段卻又說「青盲學」，十分不合邏輯，但可以合理推論「訓瞽堂」等同於「青盲學」，均是指盲人學校之意。

此外，1900年11月《臺灣府城教會報》第188卷第87頁的〈林紅兄〉一文中，W. Campbell親自撰文提到：「在1891年，禮姑娘請他過去泉州來設青盲學」（甘為霖，1900年11月，頁87）。此文可視為關鍵證據，證明W. Campbell本人對盲人學校的稱呼為「青盲學」，進一步削弱「訓瞽堂」作為正式校名的可能性。

「訓瞽堂」一詞由「訓」與「瞽」組成，兩字皆具有特殊的文化與歷史意涵：一、「訓」字：常見於日本明治時期的盲啞學校名稱，如「東京に樂善會訓盲院」、「橫濱訓盲院」等。此字在日語中帶有「訓練、教育」之意，反映了明治政府強調教育與紀律的政策取向。二、「瞽」字：來自中國傳統語彙，用於指代盲人，如「啟明瞽目院」、「振瞶瞽目學校」等。此字源於古漢語，常見於文人雅集或古典文學中，帶有濃厚的儒家色彩。邱大昕教授（2020）推論，「訓瞽堂」極可能是後人未加考證，將日本的「訓」與中國的「瞽」錯誤拼湊，並於日治時期隨著語言混用而流傳開來，最終被誤植於學術文獻與教科書中。

相較之下，「青盲學」或「青暝學」則更貼近當時的語言環境與文化脈絡。根據教育部《臺灣閩南語常用辭典》的解釋，「青盲」意指失明，而「學」（oh）則泛指學校或學習之場所（教育部，2021b）。閩南語中，「學校」常以「學仔（oh-á）」或「學堂」稱之，屬於白話用法，與漢文書寫中的「學校」相對應（姚榮松，2021）。因此，「青盲學」一詞結構簡潔、語義明確，既符合閩南語的語言邏輯，又與當時長老教會內部的使用習慣一致。事實上，甘為霖在其書信與報刊中多次使用「青盲學」來指代盲人學校（圖58），顯示其為當時最具代表性的通用名稱。

綜合史料分析與語言學考證，「訓瞽堂」作為臺灣第一所特殊教育學校的名稱存在諸多疑點，極可能是後人誤植與日治時期語言混用的產物。相較之

圖58 早期（清代或日治初期）盲啞生上課情形
資料來源：作者自行收藏

下，「青盲學」（或稱「青瞑學」）在史料中的出現頻率更高，且與當時的社會語境與文化背景高度一致，應為該校的正確名稱。如邱大昕教授所言，W. Campbell從未正式為這所學校命名，因為在當時僅有一所盲校，並無命名區隔的必要。當提及該校時，僅以「青盲學」作為簡單且直接的稱呼，既符合語言習慣，也反映了其作為特殊教育起源的樸素本質。因此，為還原歷史真相、維護史學研究的嚴謹性，建議未來在臺灣特殊教育史的書寫與教學中，應優先使用「青盲學」作為正名，以確保史料的真實性與學術的完整性。

肆、結論

關於臺灣第一所特殊教育學校名稱的爭議，本文透過史料爬梳與邏輯推演，檢視了相關文獻與報刊資料，並結合語言學與歷史脈絡進行深入分析。結果顯示，「訓瞽堂」並非當時英國長老教會牧師W. Campbell所使用的正式名

稱，甚至極有可能是後人因歷史記憶斷層與語言混用所產生的訛傳。從史料證據來看，無論是《臺灣府城教會報》的多篇記載，還是甘為霖本人於1900年的著述，均一致使用「青盲學」（或稱「青暝學」）來指稱這所盲人學校，未曾出現「訓瞽堂」的正式命名。事實上，甘為霖或許從未打算為此校命名，因當時僅有這一所專門服務視障學生的學校，無需特別以名稱來區分。這種未命名的現象反映了19世紀末期西方傳教士在臺從事教育與慈善工作的樸素態度，重視實質貢獻而非名義上的標誌。

歷史名詞的準確性不僅關乎學術研究的嚴謹性，更直接影響教科書內容、學術論述以及社會大眾對歷史的認識。尤其在特殊教育史領域，名稱的正確性不僅是對歷史的尊重，更是對視障教育先驅者與受教者的尊嚴肯定。本文提出「青盲學」作為臺灣第一所特殊教育學校的正確名稱，目的在於：

一、檢核正確的歷史名詞與確認名詞由來：透過系統化的史料分析與語言考證，澄清過去因訛傳或誤植而流傳至今的錯誤名稱，還原歷史的真相。

二、促進歷史教育的正確性與完整性：歷史教材與特殊教育相關書籍應反映經過嚴謹考證的史實，避免錯誤知識的再生產與擴散，確保學生獲得正確的歷史認知。

三、強化歷史思辨與批判能力：名稱爭議的澄清過程本身即是一種歷史思辨訓練，能培養學生從多角度思考與批判歷史文本，理解歷史並非靜態的事實，而是一種持續被詮釋與再建構的過程。

為了進一步推動史實的正名與校正，本文提出以下建議：

一、政府與教育機構的角色

（一）教科書與學術出版品的修訂：建議政府機關、大專院校或學術單位

在編撰或出版特殊教育相關用書及視障教育教科書時，應依據最新研究成果進行澄清與勘正，避免延續錯誤的歷史敘述。
（二）政策支持與經費挹注：倘若政府機關對名稱仍有疑義，應考慮提撥專案經費，委託具有歷史研究專長的學者或團隊進行更縝密的研究與考據，透過跨領域合作，整合歷史學、語言學、教育學等多方資源，確保研究結果的客觀性與全面性。

二、學術界的責任

（一）持續深化歷史研究：學術界應持續關注特殊教育史的研究，特別是早期教育機構的命名、發展脈絡與社會影響，透過史料考證與跨國比較，豐富臺灣教育史的研究視野。

（二）推動公開學術討論：建議舉辦相關學術研討會或座談會，邀請不同領域的學者共同探討「青盲學」的命名議題，促進多元觀點的交流與辯證，進一步凝聚學術共識。

三、社會大眾的歷史意識提升

（一）推廣正確歷史認知：歷史不應僅存在於學術殿堂，更應成為社會公共記憶的一部分。

（二）歷史圖像的再延續：可透過大眾媒體、紀錄片、博物館展示等方式，向社會大眾普及正確的視障教育史，增進公眾對特殊教育發展脈絡的理解與尊重。

歷史是一面鏡子，映照著過去，也照亮著未來。追求歷史真相並非僅為滿足學術好奇，更是一種對真理的尊重與對社會的責任。本文透過史料考證與語

言分析，證明「訓瞽堂」並非臺灣第一所特殊教育學校的正確名稱，而「青盲學」才是最貼近史實的稱謂。還原歷史，不只是更正錯誤，更是給予過去應有的尊重，並為未來奠定堅實的知識基礎。希望透過本文的研究，能為臺灣特殊教育史的研究開啟新的視野，並喚起社會對歷史真相的重視與關懷。唯有正視歷史，我們才能真正理解過去，珍惜當下，並為未來奠定更堅實的基礎。

參考文獻

一、中文文獻

甘為霖（1893年7月）。青暝學。**臺南府城教會報**，100，37。

甘為霖（1900年11月）。林紅兄。**臺南府城教會報**，188，87。

作者不詳（1891年8月）。縛跤ê要論。**臺灣府城教會報**，75，52。

作者不詳（1894年8月）。利益青暝人ê告白。**臺南府城教會報**，113，84。

作者不詳（1895年7月）。論利益青暝人。**臺南府城教會報**，124，60。

作者不詳（1895年8月）。利益青暝人。**臺南府城教會報**，125，78。

作者不詳（1895年9月）。利益青暝人。**臺南府城教會報**，126，83。

作者不詳（1897年8月）。青盲學。**臺灣府城教會報**，149，59。

孟瑛如主編（2021）。**特殊教育概論：現況與趨勢**。心理。

邱大昕（2015a）。臺灣早期身心障礙社會工作初探——以甘為霖的盲人工作為例。**當代社會工作學刊**，7，73-96。

邱大昕（2015b）。盲流非盲流：日治時期臺灣盲人的流動與遷移。**臺灣史研究**，22(1)，1-24。

邱大昕（2019）。尋找甘為霖：英國數位歷史檔案的蒐集與運用。**師大臺灣史學報**，12，185-206。

邱大昕（2019年7月25日）。英倫踏查・尋訪甘為霖。**臺灣教會公報**，3517。https://tcnn.org.tw/archives/56589

邱大昕（2020）。點與線的選擇：十九世紀末臺灣盲用文字的演變。**特殊教育研究學刊**，45(1)，97-112。

勁草（2013）。**傳教士到臺灣**。五南。

姚榮松（2021）。當代臺灣小說中的方言詞彙——兼談閩南語的書面語。載於姚榮松主編，**臺語漢字與詞彙研究論文集**（249-294頁）。臺北：萬卷樓。

姚漢秋（1980）。臺灣俗諺採擷錄（中）。**臺灣文獻**，31(3)，156-171。

夏文學（1994）。白鬍牧師臺灣情——甘為霖牧師的宣教之旅。**新使者**，23，27-33。

國立臺南啟聰學校（2011）。**國立臺南啟聰學校創校120週年紀念特刊**。國立臺南啟聰

學校。

國立臺南大學附屬啟聰學校（2021）。招生消息。https://www.tndsh.tn.edu.tw/home

張世彗（2020）。**特殊教育導論：探究特殊需求學習者**。五南。

教育部臺灣閩南語常用辭典（2021a）。**青盲**。https://reurl.cc/52lL4y

教育部臺灣閩南語常用辭典（2021b）。**學仔**。https://reurl.cc/zW8Glp

陳慕真（2006）。臺語白話字書寫中ê文明觀－以《臺灣府城教會報》（1885-1942）為中心（未出版之碩士論文）。國立成功大學。

黃少廷（2004）。**臺灣諺語（三）**。五南。

黃偉傑（2013）。**探索中醫眼科**。澄明堂中醫眼科中心。

黃國晏（2020）。**視覺障礙導論**。五南。

蔡元隆、朱啟華、黃雅芳、陳彥揚（2021）。論日治時期臺中師範學校第一任校長及其校史計算之疑義。**臺灣教育研究**，2(5)，309-321。

盧啟明（2017）。**傳道報國：日治末期臺灣基督徒的身分認同（1937-1945）**。秀威。

謝國興主編（1997）。**續修臺南市志，卷五教育志，教育行政及教育設施與活動篇**。臺南市政府。

二、外文文獻

Campbell, W.(1915). *Sketches from Formosa*. London: Marshall Brothers.

輯四｜學習理論與案例

第九章　李登輝淡水中學校學習歷程之探究：
從Zimmerman的自律學習觀點

> 教育是您可以用來改變世界的最強大的武器。
>
> ——前南非總統 Nelson Rolihlahla Mandela（A.D. 1918-2013）

壹、李登輝對臺灣的重要性及其值得學習之處

　　民國85年（1996）1996年3月23日，李登輝（1923-2020）以581萬票、得票率54%的壓倒性成績，成為臺灣首位民選總統[1]。這次選舉發生在中國政府軍事恫嚇與多方勢力激烈角逐的背景下，其意義早已超越了單純的選舉結果。撇開政治與政黨立場不談，李登輝的當選為臺灣民主帶來了歷史性的突破：以和平的方式實現了政權轉移。這在國際舞臺上是一項極其不易的成就。李登輝不僅在政治與農業領域成就斐然，他對教育改革的見解也頗具啟發性。他曾於某次演講中強調：「教育改革是社會改革動力的源頭。」他認為，終身學習（lifelong learning）是個人與社會進步的關鍵，能激發每個人的潛能，並透過改變社會價值觀，提升國民的思想、道德、審美與政治素養（章益新主編，1996）。這種對教育的重視，源自於李登輝自身求學過程中培養出的深厚學習熱情。

　　李登輝自幼熱愛閱讀，尤其在日治時期的公學校階段，各科成績表現皆名列前茅，這為他日後的學習態度奠定了堅實基礎。他成長過程中多次遷居，形

---

[1] 當年與李登輝競選的對手分別為當時的總統候選人：陳履安（副總統候選人王清峰）、彭明敏（副總統候選人謝長廷）、林洋港（副總統候選人郝柏村）等三組中華民國第九任正、副總統候選人。

成了內向、安靜但專注的性格。他曾在訪談中回憶：

> 因為每次搬家都得和好朋友道別，漸漸養成他內向，不喜歡出門的習慣，而在家的時間，他幾乎都是熱衷在閱讀當中。（國史館李登輝口述歷史小組編輯，2005，頁18）

此外，父親李金龍對教育的重視也深刻影響了李登輝。依據李登輝在淡水公學校時期的同學回憶：

> 李登輝除了學校的教科書之外，以「少年俱樂部」為首，獵讀許多書籍，連日報的《臺灣日日新聞》都讀著，他是一個求知慾望旺盛的沉默寡言的少年。（伊藤潔，1996，頁29）

這些外在條件促成了他內在自律學習能力的養成。在《少年李登輝》[2]一書中曾提到：李登輝不僅愛讀書，更能在吵雜環境中保持專注。他的同學回憶道：

> 阿輝「不怕吵」的天性，使他能利用每節下課期間寶貴的十餘分鐘，做短暫卻十分有效的複習。（邱定一，1995，頁126）

由此可知，李登輝的學習策略反映了自律學習（self-regulated learning）[3]

---

[2] 此本書雖然不是李登輝的口述訪談回憶，但是邱定一費時五年以田野調查的方式，訪談了李登輝的父親李金龍、么弟李炳楠、「國舅」江源麟、堂哥李進龍、淡水公學校同學（紀福明、李清水、李永秋、胡聰明）、隔壁鄰居的小妹高梅玉等，所以對李登輝的描繪與評價有一定的可信度，故將此本書列為重要的文獻之一。

[3] 在探討「自律學習」（self-regulated learning）相關研究時，我們發現國內學者對其翻譯與詮釋存在多種不同表述，例如「自學」（self-instruction）、「自主學習」或「自我導向學習」（self-directed learning）、「自我調整學習」或「自我調節學習」、「自我管理學習」（self-management）等（林明煌，2013；林建平，2005；林堂馨，2018；林清山、程炳林，1995；

的典範。他懂得將課堂知識編碼並轉化為長期記憶（long-term memory），這種能力幫助他在學業上一路領先。在《李登輝總統訪談錄（一）：早年生活》中，他提到自己在淡水公學校和淡水中學校時期的經歷，展現出他從小就對未來有清晰的想法與自信，並能明確了解自己的目標。

從李登輝求學歷程的粗略檢視中，我們可以發現，他展現了教育心理學中「後設認知」（metacognition）與自律學習的特徵。這些特質，不僅符合學習心理學的核心概念，甚至體現了這些理論在實際學習中的具體運用。然而，這些深藏於歷史人物經歷中的教育理論，往往未能受到充分關注與重視。林仁傑（2006）和彭煥勝（2009）曾批評，臺灣教育史研究早期偏重於以敘事為主的「敘事史學」模式，這種方法雖有助於呈現教育事件的歷史脈絡，卻也侷限了研究的多樣性與深度。周文欽與周愚文（1988）更指出，教育史研究的目標不僅在於符合歷史研究法的規範，更應進一步挖掘教育事實的意義、特性與價值。正因如此，真正深入研究臺灣教育史的學者相當稀少。如果教育史研究能與教育理論緊密結合，讓理論基礎得以凸顯，將不僅開拓教育史研究的新趨勢，更能帶來跨領域的火花。例如，結合教育心理學的觀點，探討歷史人物的學習歷程，既能彰顯個體經驗的意義，也能深化對學習理論的理解。這樣的研究方法，有望在長期被譏為「冷飯熱炒」的教育史研究中，開闢新的視野與價值。

本文將以李登輝淡水中學校的求學歷程為案例[4]，從Zimmerman（2000）

許家驊，2021）。雖然名稱各異，但它們在理論基礎、概念意涵及實際應用上，實際上有許多共通之處。在對上述國內相關文獻進行整理與分析後，我們注意到不同詞彙的使用，往往與其研究重點的取向有關。例如，採用「自我調整學習」的學者，通常更側重於學習者所處的社會文化脈絡，以及師生之間在學校文化場域中的互動；而「自律學習」則偏重於學習者個體的主觀意志與想法，以及在學習歷程中的自主性與自我引導能力。由於李登輝在淡水中學校的學習歷程，顯示出他強烈的個人意志與內在動力，他能將自身的想法與學習需求緊密結合，並運用於學習活動中，這正符合「自律學習」的核心概念。因此，為了保持文章架構與論述的一致性，本文將統一採用「自律學習」一詞進行探討與分析。在此特別說明上述用語選擇的背景與理由，不僅是為了詞彙的一致性，更希望藉此引導讀者理解李登輝學習模式背後的心理學意涵，以及「自律學習」在歷史個案中的具體展現。

[4] 論述的限制上，本文僅以淡水中學校時期的李登輝求學歷程為分析對象，主要是考量《李登

提出的自律學習觀點出發[5]，結合相關的口述歷史文本進行檢視與分析。我們希望探討：李登輝在淡水中學校的求學經驗，是否符合學習心理學中自律學習的三個關鍵歷程？Zimmerman的自律學習模式提出了三個重要的檢視觀點：一、事前準備能力：是否具備學習計畫與資源準備的能力？二、意志與表現的操控能力：是否能在學習過程中專注與持續努力？三、自我省思的能力：是否能透過反思改進學習策略與成果？為達成上述重要的檢視觀點，本文將聚焦以下兩個子題進行探討：一、探討李登輝在考取臺北高等學校之前的學習經歷，包括他在課堂學習與課外閱讀上的表現。二、檢視李登輝在淡水中學校期間，

輝總統訪談錄（一）：早年生活》、《臺灣的主張》、《新臺灣的主張》、《少年李登輝》等主要分析文本中對於李登輝在公學校時期的課程學習資料相較不足，甚難進行深入檢視與分析，故僅採用李登輝於淡水中學校時期的求學歷程，在此合先敘明之。

[5] 「自律學習」的概念起源於A. Bandura的自我效能理論（self-efficacy）。Bandura（1977）認為，個體的行為動機主要受其「效能期待」的認知因素影響。他特別強調，個體不僅能主動設定目標，還能透過自我評鑑與自我增強來形成和持續推動行為的動力。這樣的理論奠定了自律學習的基礎，將其視為個體為實現學業目標而採取的一系列活動，包括控制情緒、思想、行為與環境。在學習歷程中，個體可以透過目標設定、策略選擇、表現監督和自我評鑑等方式，運用自律學習策略來提升學業成就（Zimmerman, 1989, 2008）。大量國內外研究支持自律學習策略在學業表現中的重要性（林明煌，2016；林堂馨，2018；許家驊，2021；張芳全、洪筱仙，2019；黃國禎等，2007；趙珮晴、余民寧，2012；Dignath & Buttner, 2008；Zimmerman, 1989；Zimmerman & Kitsantas, 2005）。研究顯示，自律學習策略的運用能顯著提升學生的學業成就。這是因為自律學習的心理機制涉及認知行為、動機需求與後設認知的相互作用，其終極目標是促進學生在學習中取得進步與成功（Ramdass & Zimmerman, 2011）。然而，自律學習的成效並非僅由策略本身決定，還受到其他多方面因素的影響，例如學習興趣、家庭背景與性別差異：1.學習興趣：興趣能顯著影響自律學習的目標設定與學業成就，因為它涉及價值感與情感投入（趙珮晴、余民寧，2012；Sorić & Palekčić, 2009）。當學生對學習內容充滿興趣時，更容易積極運用自律學習策略。2.家庭背景：家庭成員，無論有意或無意，都可能透過言行示範，幫助學生掌握自律學習的技巧。尤其是在高社經地位的家庭中，學生更容易獲得豐富的學習資源與正向回饋，進一步修正和強化其學習策略（張芳全、江淑芳，2020；Bynum & Brody, 2005；Ramdass & Zimmerman, 2011）。3.性別差異：研究顯示，女性在自律學習策略的多樣性上表現優於男性，且當遇到學業困難時，女性往往更積極尋求協助（張芳全、江淑芳，2020；DiBenedetto & Zimmerman, 2010）。由此可見，自律學習策略的高低對學業成就有顯著影響。它不僅是提升學業表現的重要工具，更是學習者在面對挑戰時的一種內在動力來源。透過關注學習興趣、家庭背景與性別等因素，我們能更全面地理解自律學習的多樣性與複雜性，並進一步幫助學生發揮自我潛能。

是否展現出Zimmerman所提出的自律學習特徵，包括動機、策略及後設認知能力？如果符合，他是如何應用這些能力並實踐自律學習的策略？

貳、李登輝考上臺北高等學校前的求學概述

根據多份參考資料記載（伊藤潔，1996；李登輝，2013；李曉莊、張覺明，1995；邱定一，1995；楊中美，2000），我們得以拼湊出李登輝在考上臺北高等學校前的求學足跡與成長背景。大正12年（1923）1月15日，李登輝出生於臺北縣三芝鄉（現今新北市三芝區）埔頭街的「源興居」。這個不起眼的地方，見證了一位未來改變臺灣歷史的人物的誕生。昭和4年（1929），李登輝一家遷居淡水，當時他只有六歲，準備進入公學校，而他的哥哥李登欽已經在小基隆公學校（現今新北市三芝國小）就讀。由於父親李金龍身為巡查補（類似現代的基層警察），工作經常調動，家庭也因此隨之遷徙。

在父親的安排下，李登輝與哥哥一同離開母親，遷往汐止。李登輝在汐止公學校（現今新北市汐止國小）開始了兩年的學習生活，與父親過著父子二人相依為命的日子。然而，這樣的生活並不穩定。父親的工作再次調動，李登輝轉學至南港公學校（現今臺北市南港國小），並在這裡與哥哥短暫地再次就學於同一所學校。但家庭的離合聚散來得迅速又無奈。半年後，哥哥回到三芝與母親同住，而父親則因新的任務調回淡水。此時，李登輝以四年級學生的身份轉學回小基隆公學校，並與父親分開生活。不久後，父親辭去了巡查補的職務，轉而在小基隆信用組合（現今新北市三芝農會）任職，家庭生活漸漸穩定下來。

在這些頻繁的轉學與遷徙中，李登輝逐漸形成了獨立而好學的性格。他在不同的學校，受到了許多臺籍與日籍教師的啟蒙，對知識的探索與求知的熱情也因此萌芽。父親李金龍對教育的重視，更讓他有機會進一步接受更好的學校教育。最終，李登輝被送往當時教育資源更集中的淡水公學校（現今新北市淡

水國小）完成學業。昭和10年（1935）3月，李登輝順利自淡水公學校畢業，結束了他的初等教育階段。同學們對他的印象深刻，認為他是個充滿好奇心的孩子，總是不斷追問、探索世界的奧秘。在《少年李登輝》一書中，記錄了他對外界知識的渴望，從小便表現出異於常人的學習熱情與求知動力：

> 阿輝對於現在文明非常好奇，他認真閱讀報紙，探詢新知，展開圖文並茂的臺灣日日新報，翻閱有關醫學、航空、航海的報導，有時連廣告欄也不遺漏。（邱定一，1995，頁119）

所以，李登輝從小就是同學眼中「愛唸書的囝仔」。由於父親李金龍的巡查補工作經常調動，他鮮少能穩定地擁有固定的朋友，書籍便成了他最好的老師與夥伴（何絡編著，1996）。同班同學林開壁回憶，李登輝幾乎整天都在看書，他甚至曾表示，希望透過閱讀與研究歷史來增長知識，藉此認識世界與自我（林衡哲，2001；柯義耕，2008）。在淡水公學校時，李登輝展現了超乎年齡的學習策略與規劃能力。他不僅成績優異[6]，更懂得為未來升學設計一套「讀書作戰計畫」。根據《少年李登輝》一書的記載，他仔細分析了升學考試的內容，果斷刪除了不考的科目：

> 學海本無涯，既然未來要升上臺北高校或者去師範學校，那麼必須弄清楚將來會考哪些科目。……，首先刪除將來「不必考」的科目，如種菜餵豬課（業科），體操科、唱歌科。雖然他最喜歡畫畫寫生，但升學考試不考只好犧牲，而不能「忘本」的漢文課，因皇民化的政策推行，也不列入正式考試科目，這是阿輝初步的研究與分法。（邱定一，1995，頁151）

---

[6] 李登輝以平均分數9（滿分為10），第二名成績畢業於淡水公學校，在語文的閱讀、會話、算數、歷史、地理科目上取得滿分（邱定一，1995；國史館李登輝口述歷史小組編輯，2005）。

這樣的選擇，充分展現了他對未來需求的清楚認知，以及他在學習策略上的果斷與執行力。然而，即便做好充分準備，人生的道路往往不如預期。李登輝信心滿滿地報考師範學校與公立中等學校，但接連兩次失利的經歷，讓他第一次品嚐到失敗的滋味。他不得不收起過往的自信，選擇回到淡水公學校高等科繼續深造[7]，為來年的升學考試重新準備。經過一年的苦讀，李登輝再次挑戰公立中等學校，但命運依然沒有眷顧他。他最終選擇就讀私立的臺北國民中學校（現今臺北市立大同高級中學），然而，好景不長，僅僅一學期後，他因染上傷寒不得不休學，這段學業之路就此中斷（松本一男，1994；國史館李登輝口述歷史小組編輯，2005；張炎憲主編，2008）。這一連串的挫折，對李登輝來說，無疑是人生的重要轉折點。然而，從中我們也可以看到他在面對挑戰時的韌性與學習能力。他清楚了解自己的不足，從失敗中找尋改進的方向，並以更謙虛的態度重新出發。這種自我反思與不輕言放棄的精神，不僅體現了自律學習的核心精神，更為他日後的學術與政治成就奠定了堅實的基礎。

　　昭和13年（1938），經由淡水公學校日籍校長松田常己的推薦，李登輝以臺北國民中學校二年級肄業生的身分報考淡水中學校（現今新北市立淡江高級中學）。憑藉優異的成績，他順利錄取，展開了他在這所學校的求學生涯（國史館李登輝口述歷史小組編輯，2005）。在淡水中學校期間（圖59、圖60、圖61），李登輝的學習不僅限於課堂教科書。他的閱讀視野廣泛而深入，從《古事記》、《源氏物語》、《平家物語》等日本文學經典，到吉田兼好的《徒然草》、本居宣長的《玉勝間》等思想著作，甚至涉獵東方禪學與西方哲學。這些作品，成為他知識體系的重要基石，也反映了他對學問的無窮熱愛與追求（李登輝，2015；柯義耕，2008）。雖然李登輝求學之路並非一帆風順，但跌

---

[7] 高等科（等同公學校補習科）的學制類似今日的初中學制，是在基礎教育之後又施予較高一級的教育知識，它是規範於臺灣總督府的〈公學校行政規則〉中。高等科是為了讓修讀完六年初等學校（包含小學校、公學校及國民學校）的學生，萬一無法順利考取師範學校、中等學校、實業學校時，繼續修讀的一種兩年制的過渡學制，通常學生程度有一定的水準（蔡元隆、朱啟華，2010；蔡元隆、黃雅芳，2020）。

59	60
61	

圖59▎淡水中學校生徒著劍道服
資料來源：作者自行收藏

圖60▎淡水中學校生徒劍道比賽獲獎
資料來源：作者自行收藏

圖61▎淡水中學校學長與學弟在學寮前合影留念
資料來源：作者自行收藏

跌撞撞的經歷從未削弱他的求知熱情。在淡水中學校，他以堅毅的性格和自律的學習態度[8]，昭和16年（1941），在四年級擔任班長時，更以「黑馬」之姿跳級考取了臺北高等學校（現今國立臺灣師範大學）[9]，創下淡水中學校創校以來的首例紀錄。這樣的成就，不僅讓所有人刮目相看，對於學校而言，也是一項莫大的榮耀，為校史寫下驕傲的一頁。

　　進入臺北高等學校後，李登輝的閱讀視野更加拓展。德文版的F. W. Nietzsche《查拉圖斯特拉如是說》、法文版的L. Tolstoy《戰爭與和平》，以及日文的西田幾多郎《善的研究》、辻哲郎《風土》等經典作品，皆是他經常翻閱的書籍。他的閱讀習慣甚至延續至日常生活，臨睡前也總要捧著書，沉浸在文字的世界中（李登輝，2015）。從淡水公學校到淡水中學校，再到臺北高等學校，李登輝一步步建立了他終生熱愛閱讀的習慣。他在書中尋找知識，也從閱讀中認識自我，實踐了「書中自有黃金屋」的箴言。他的求學歷程，既是個人成長的縮影，也見證了知識如何塑造了一個人。

---

[8] 依據昭和14年（1939）11月，由私立淡水中學校及私立淡水高等女學校共同出版的《學則及諸規程‧附學事關係法規》中記載當時私立淡水中學校的學制為五年制（私立淡水中學校、私立淡水高等女學校，1939）。

[9] 李登輝考取臺北高等學校高等科的成就，不僅展現了他的學術實力，也體現了當時臺灣學生在殖民教育體系中所面臨的嚴峻競爭與挑戰。日治時期的臺北高等學校是當時臺灣教育金字塔的頂端，其入學制度分為尋常科（約12-16歲）與高等科（約17-19歲）兩部分。尋常科的錄取條件極為嚴苛，每年僅招收40名學生，其中臺灣籍學生的名額平均不到5至6人，有些年度甚至僅錄取不到4人。換句話說，若想進入尋常科，考生必須是全臺灣當年度公學校與小學校畢業生中的前六名，甚至更前列的佼佼者。這些錄取的學生，被譽為「天之驕子」，可說是「菁英中的菁英」。這些尋常科學生一旦錄取，即被日本政府視為未來的核心菁英。只要順利完成學業，他們便能直升高等科，最終進入帝國大學體系（如臺北帝國大學，現今國立臺灣大學）。對這些學生而言，這條升學路幾乎等同於「一試定終生」，只需經歷一次考試，便能確保未來的教育與職業道路。相比之下，高等科的錄取名額稍多，每年招收160人，其中40名由尋常科直升，剩餘的120名名額則開放給其他考生。即便如此，臺灣籍學生的錄取人數仍然相當有限，每年平均不到30人。這些高等科畢業生，幾乎都可「免試直升」進入日本各地的帝國大學，無須再經過考試。然而，若要進入如京都帝國大學法學部這類熱門學系，則仍需參加筆試或面試（徐聖凱，2012；蔡元隆，2019年9月23日；蔡元隆、黃雅芳，2020）。

參、李登輝在淡水中學校求學歷程中對自律學習的應用與實踐

閱讀能力的強弱，往往是決定一個人能否掌握資訊、增長知識與實現目標的關鍵。齊若蘭（2002）指出，閱讀能力愈強的人，愈能蒐集、理解並判斷資訊，不僅能開發個人潛能，還能有效運用資訊達成目標。而李登輝正是這樣一位將閱讀作為武器的求知者。李登輝回憶起自己的中學時期曾說：「早熟的我，很早即有自我意識，而求知若渴的廣泛閱讀，更加深了自我意識的覺醒」（李登輝，1999，頁38）。在淡水中學校求學的日子裡，李登輝展現了高度的閱讀熱情與自律學習能力。他並非僅僅局限於課堂所學，而是將閱讀視為一種探索自我與認識世界的途徑。李登輝自己提及：

> 我認為看書是在判斷自己。差不多十多歲時，我就愛看小說，什麼都看。……，有時間都在看別的書，雜誌、小說等等，尤其有一陣子最愛看戀愛小說。（張炎憲主編，2008，頁64）

李登輝的閱讀興趣廣泛，透過吸收多元知識，他培養出開闊的思維與深遠的眼界。而這種特質早在他就讀淡水公學校時便初見端倪。他在《新臺灣的主張》一書中回憶起公學校四年級的一段經歷：某次臺北市的見學旅行前，他得知會有機會進入市區，便心生一個願望──逛書店，購買一本夢寐以求的《兒童百科辭典》。當時的《兒童百科辭典》價格不菲，再加上幾本數學書籍，總共需要約四元日幣。這個數字相當於他父親李金龍身為巡查補一個月薪水的十分之一。鼓起勇氣後，李登輝向父親提出了這個請求。然而，父親當下明顯顯露出難色，顯示這筆開支對家庭並非易事。令他驚喜的是，出發的隔天早晨，父親竟奇蹟般地將四元日幣交到他手中，讓他實現了購書的夢想（李登輝，1999，2015）。這段經歷，不僅彰顯了李金龍對教育的重視，也深刻影響了李

登輝的學習態度。父親的支持，不僅幫助他汲取更多的知識，還激勵他學會為自己的學習負責。這段記憶，或許正是奠定李登輝日後自律學習基礎的重要啟蒙。如以Zimmerman（2000）提出的自律學習模式，從三個歷程能力的角度來檢視李登輝在淡水中學校求學時的表現，可以看出以下的結果：

一、第一個歷程能力：事前準備能力

昭和13年（1938）4月，李登輝從臺北國民中學校插班進入淡水中學校二年級，隨即展現了對升學的高度企圖心。這份動力，不僅來自他自身的自我意識覺醒，也受到當時淡水中學校日籍校長有坂一世「世界第一」教育理念的啟發[10]（李曉莊、張覺明，1995）。所以，他很早就萌生繼續升學的意念，據他自己所言：因為將來想要唸帝國大學，所以從二年級到四年級都很認真準備考試（藍博洲，2000）。李登輝曾回憶道：「我進入淡水中學才二年級，就開始真正在拚了。怎麼拚？我都是靠自修」（張炎憲主編，2008，頁48）。

李登輝明白，若想實現進入帝國大學的夢想，唯一的途徑就是刻苦努力、自主學習。他對學習的態度和方法，與Zimmerman（1989）提出的自律學習模式高度契合。自律學習強調學習者在學習歷程中的主動性，透過動機、認知和行為的調控來提升學習效率。同時，Paris（2001）認為，自律學習需要依賴強烈的學習動機和自我控制，而這正是李登輝學習態度的核心特徵。李登輝在中學時期便開始運用高度計畫性的自修策略。他曾詳細描述自己的學習方法：

中學二年級的書，我在半年以內就自己讀完了；上完二年級，三年級的

---

[10] 淡水中學校的日籍校長有坂一世當時上課的第一堂課就明確告知學生，他不主張培養出當醫生、律師、法官的學生，只希望他的學生在做事、求學時，什麼都能「世界第一」，他認為如果你什麼都能「世界第一」，就算你去當乞丐、賣菜，也能對社會有所貢獻（李曉莊、張覺明，1995）。

書已經讀完；三年級時，我自己預習、準備，把四年級、五年級的數學書早些買回來，提前把習題都做了。（張炎憲主編，2008，頁48）

這段回憶顯示，李登輝在自修過程中，不僅提前學習下一學年的課程，還主動購買高年級的數學書籍進行練習，將課程內容融會貫通。他的學習計畫極具系統性，並展現了強烈的內發動機與學習自律能力（Corno & Rohrkemper, 1985）。此外，李登輝回憶指出：「因為我自己都『補』在前頭了，進度比同學還要早，如果我去補習，進度反而慢了」（張炎憲主編，2008，頁48）。這段話反映了他的後設認知能力，他能精準分析自己的學習需求，選擇最適合的學習方式，並迴避可能拖慢進度的補習班模式。這種主動分析與策略性選擇，正符合Zimmerman與Risemberg（1992）的自律學習觀點，學習者能以後設認知的方式參與學習歷程，並採取最有效的策略。李登輝的學習方法，充分體現Zimmerman（2000）自律學習模式中的第一個歷程能力——事前準備能力。

李登輝的學習計畫展現了林明煌（2013）所提到的自律學習外在要素，如學習策略和學習型態等。他的自修策略不僅提升了學習效率，也奠定了他在學業上的成功基礎。李登輝的個人經驗，展示了如何透過事前準備、清晰目標與策略性學習，成為一名真正的自律學習者。他的經歷，為我們理解自律學習提供了一個生動而啟發的範例。

二、第二個歷程能力：意志與表現的操控能力

李登輝雖然在就讀淡水公學校時期的成績十分優異，但自從臺北第二師範學校與臺北第二中學校的升學考試失利後，他開始不再驕傲，漸漸體悟到「人外有人，天外有天」，並透過身體的鍛鍊來砥礪個人心智。例如，在他就讀淡水中學校的住校期間，一般學生對打掃工作都避之唯恐不及，但他卻刷廁所、清理廚房，樣樣都來（柯義耕 2008）。李登輝回憶當時在淡水中學校時自我

訓練的情形：

> 我因為精神上的寄託，知道自我克服的方法了，別人不愛做的事情，我都撿來做，自願向學校要求掃便所，每天早上六點就爬起來，認真去掃便所。我當時就是這樣自我訓練、自我追求，不要自我太強，要放棄驕傲。（張炎憲主編，2008，頁51）

　　自修苦讀的李登輝經常早起唸書外，為了訓練自我吃苦的能力，也自告奮勇接下打掃廁所等勞動服務，舉凡能訓練克己功夫的工作，他都願意嘗試（李登輝，1999；國史館李登輝口述歷史小組編輯，2005）。李登輝透過這些勞動服務來訓練注意力的集中，而注意力的集中卻是 Zimmerman（2008）自律學習中所強調的具體作為之一。除此之外，李登輝更靠著運動增強體力，以應付熬夜唸書的精力，在《少年李登輝》一書曾提及：

> 李登輝在淡中期間更加善用時間，勤練馬拉松、劍術、柔道，身材逐漸向上攀升，夜間則在寢室裡看書，一天當作兩天用，同學們看到他如此拚命都自嘆弗如。（邱定一，1995，頁288）

　　勞務及運動除了能鍛鍊心智外，也能磨練並增強自己的體力。根據科學研究顯示，運動確實能提升學童的認知功能及學業表現（王駿濠等人，2012）。因為學童在面對學習課題與任務時，必須專心的思考與冥想，尋找克服困難的方法或策略，而運動確實能有效訓練學童的專注力。此外，在面對困難時，較高的動機與自主性的學習控制，能幫助個體堅持學習下去，並設定可達成的挑戰性目標；學習者在自我意志力的控制下逃避分心或堅守工作，進而能在情緒控制中克服學習上的困難與焦慮（Paris, 2001）。

　　李登輝在就讀淡水中學校時，日日夜夜勤奮地學習。在學生宿十點關燈就

寢後，他便偷偷攜帶學習文具、書本到廁所繼續研讀，或是點起小燈泡躲在被窩裡繼續用功唸書。此行為讓管理住宿生的「舍監」對李登輝發出多次斥責與警告，但也被其頑強的學習精神所感動，因此特意破例開放一所自修教室給他使用（伊藤潔，1996；松本一男，1994；楊中美，2000）。李登輝回憶當時的情形：

> 在學寮時，晚上我要讀書到一點，桌子要拿出來外面，沒有電燈可以給細漢囝仔讀書，我就在走廊和便所（廁所）旁邊讀書；便所內有電燈，可是不太亮。（張炎憲主編，2008，頁50）

從上述回憶的文本中知悉，由於學生宿舍為了管控學生作息，晚上十點一到，就需熄燈就寢，而好學的李登輝為了能繼續讀書，評估當時的狀況，判斷並選擇了各種方式來達到讀書的目的；雖然點燈的被窩、走廊及廁所都不是最佳的唸書場域，但至少能達到自己讀書的目的。他這般的思考邏輯基本上與Zimmerman（2002）的論點很相似，即在學習歷程中，李登輝會針對自己鎖定的目標或任務的難易度，利用各種學習策略與方式，進行自我學習並修正，藉此尋找一套適合當時情境的學習策略。李登輝進一步指出：

> 我本來住在學寮（學生宿舍）內，後來因為一部分學寮對電燈等等都管制得很厲害，所以我移去馬偕來臺灣時所設的那所病院住，也就是「馬偕館」。（張炎憲主編，2008，頁49）

由於日治後期，戰事漸起，因為常常宵禁的關係，學生宿舍被迫配合國家政策而進行提前熄燈的管制。李登輝為了能在黑夜中繼續唸書，他選擇了搬離學生宿舍，寄住於校外的「馬偕館」。這也說明了李登輝的求學歷程符合Zimmerman（2000）的自律學習觀點，即李登輝能進行自我觀察，了解到學習

行為與目標之間的相互關係，在學習歷程中進行自我監控並自我調整學習。又，李登輝曾指出：

> 到了第四年，我自己準備考試，數學、英文、歷史、地理等等，每項都普遍去讀，把全日本有名的學校的考試題目拿來研究。（張炎憲主編，2008，頁48）

也就是說，為了考取臺北高等學校後並直升帝國大學的求學目的，李登輝把數學、英文等科目的考題從頭到尾地研究透徹外，他又敏感地察覺到日文的學習與漢文造詣的重要性，於是他透過學習的自我監控，調整了自己的學習科目。李登輝曾說：

> 我另外開始讀國文、漢文，當時的國文就是日文，我從《古事記》開始讀；漢文就是讀《論語》、《孟子》、《十八史略》。（張炎憲主編，2008，頁48）

總言之，上述的文本分析驗證了李登輝的自律學習歷程符合Zimmerman（2000）所提出的自律學習之第二個歷程——意志與表現的操控能力。

三、第三個歷程能力：自我省思的能力

Pintrich與De Groot（1990）曾指出：有效的自律學習的能力，是可以促使學習者主動吸取資訊，並提升學習成效。綜觀李登輝在淡水中學校的成績表現，幾乎所有的成績都是名列三甲，這都要歸功於李登輝對自律學習策略的運用與實踐。根據Zimmerman（2000）自律學習的觀點，自律學習最後一個歷程能力為自我省思的能力，即個體對自我學習成果或表現有覺察後，透過後設認

知的能力進行自我評價與改進，以達高效能的學習表現。換言之，學習者在學習後，可以對自己學習表現的評估與反應。李登輝曾回憶：

> 我的成績平均可能是九十八點（分），漢文、國文可以拿到一百點，數學也很好。老實說，五年級和四年級的學生一起考試，沒人會贏我呢。老師對我的成績嚇一跳，問我：「你怎麼唸書？」我說：「學校考的題目，我都讀完了，你出的題目我都知道。（張炎憲主編，2008，頁49）

由此可知，李登輝對於自己的學業成績能進行後設認知與自我評價。從Bandura（1997）的自我效能論來看，李登輝相信自己有能力來組織與執行自己的學習，藉此來達成自己設定的學習目標，故可將李登輝歸類為具有高自我效能的學習者。而Panadero、Jonsson與Botella（2017）的研究也指出：自我評估能提升學生自律學習策略的使用和自我效能感，故從上述文本分析中也可得知，李登輝是一位具有自律學習能力的人。

此外，在2005年出版的《李登輝總統照片集‧第一冊家族相簿》一書中，淡江中學校提供李登輝就讀淡水中學校時的成績單顯示：他在學校三年的平均分數是89.6分，尤以幾何和代數的成績最為優異；四年級的代數分數為100分，而幾何97分（國史館李登輝口述歷史小組編輯，2005）。從此成績單觀之，李登輝在淡水中學校的歷年成績，雖然與他自我描述的成績有些許的出入，但這與李登輝是否具備自我省思的能力並不衝突。因為Schunk（1996）指出：自我效能不一定必然跟一個人的實際成就表現有所關聯。綜合上述，李登輝對自我學習的歷程與成果表現確實符合Zimmerman（2000）自律學習的第三個歷程——自我省思的能力。

肆、結論：臺灣教育史中的自律學習與學習者主動性

　　如何培養學生成為一個「主動的學習者」（active learner）或「自律學習者」（self-regulated learner）已經成為近年來臺灣教育改革中最核心的關鍵議題之一。在傳統教育模式下，學習者常被視為知識的被動接受者，而教師則是單向傳授知識的主導者。然而，當代教育學者逐漸關注學習者如何主動建構自己的學習歷程，並透過自我調節來達成學習目標。當我們能夠拋開傳統上視學習為單向吸收知識的觀點，將教育的核心轉向強調學習者的自主調節、學習策略運用與後設認知歷程，則「自律學習」將成為未來教育發展的重要趨勢（謝志偉，2003）。

　　然而，自律學習並非當代才興起的概念，實際上，這一學習模式早已隱含於臺灣教育史中的學生學習經驗之中。在A. Bandura的「自我效能理論」（self-efficacy theory）提出之前，臺灣教育體系內部的許多優秀學習者早已展現出自律學習的核心特質。因此，若我們能夠運用社會科學的研究方法，結合教育心理學與教育史的跨領域視角，不僅能夠深化臺灣教育史的研究範疇，更能彰顯臺灣教育發展歷程中的理論基礎。透過理論與歷史的對話，我們可進一步發掘臺灣學習者在不同時代背景下，如何透過自主學習來突破時代限制，實現個人的學術成就與思想養成，這對於未來教育發展具有深遠的啟發與借鏡價值。

　　本文以李登輝在淡水中學校的求學歷程為例，透過Zimmerman（2000）提出的「自律學習三大歷程」作為檢視基準，亦即：一、具備事前準備能力（forethought phase）：學習者在學習前如何規劃與準備；二、意志與表現的操控能力（performance phase）：學習者如何維持動機與管理學習過程；三、自我省思的能力（self-reflection phase）：學習者如何檢視與調整學習策略與行動。本文透過李登輝相關的口述回憶文本進行分析，結果歸納出兩項發現：

一、從閱讀習慣的建立到學習策略的發展

李登輝的自律學習歷程並非在淡水中學校才開始,而是在更早的求學階段即已逐步養成。研究發現,他的閱讀習慣可追溯至公學校時期,並隨著年齡的成長、智識的開展與理解能力的增長,不同時期的李登輝選擇閱讀不同類型的書籍,以開拓視野並培養思維能力。例如,他在淡水中學校時期,不僅積極閱讀日語書籍,亦涉獵英語、德語等不同語言的經典著作,進一步強化他的國際視野與批判思考能力。這些學習行為顯示,李登輝從公學校到淡水中學校的學習歷程,逐步展現出完整的自律學習雛形,他不僅具備良好的閱讀習慣,更能夠靈活運用學習策略,在學術追求上展現高度的主動性與自主性。這種高度的學習自律性,也成為他後來學業成就表現優異的重要因素。

二、李登輝的學習策略與後設認知能力

李登輝在淡水中學校的學習歷程中,所採取的學習動機、學習策略及後設認知能力,均與Zimmerman（2000）所提出的自律學習模式高度契合,具體表現在以下三個層面：

（一）具備事前準備能力：透過自修策略規劃學習

李登輝在淡水中學校採取「自修」策略,選擇自學而非補習,這一決策並非隨意選擇,而是來自於他的後設認知評估。他意識到補習班的學習方式無法滿足個人的學習需求,甚至可能影響自主學習的進度。因此,他透過自我分析後,選擇以自修為主,並提前學習各科教材,讓自己在正式課堂學習時能夠更游刃有餘,這種學習策略的主動調整與規劃,正是自律學習者的重要特質。

（二）意志與表現的操控能力：結合勞動與運動提高專注力

李登輝在學習過程中，並非只是埋首於書本，而是透過勞動與運動來提升注意力，這與當代教育心理學所提倡的「體能活動與學習表現之關聯性」不謀而合。他透過身體活動來維持心理專注力，並在不同學習目標與任務的難易度之間，靈活調整學習計畫，以確保學習效率的最大化。

此外，他在淡水中學校的學習場域並不侷限於教室，而是充分利用各種空間，如點燈的被窩、走廊、廁所，甚至在學習後期，為了尋找更理想的閱讀環境，選擇外宿於「馬偕館」，以確保自己能夠持續專注於學習。這種對學習環境的適應與調整，正顯示出高度的意志控制與行動管理能力。

（三）自我省思的能力：透過學習評估與策略調整精進學習

李登輝在學習過程中，能夠針對自己的學習成果進行自我評價，並根據結果調整學習策略。例如，他透過自修提前學習，並在學習過程中不斷反思哪種方法最適合自己。此外，他也深知「學習環境對於學習成果的影響」，因此在不同學習階段，透過調整學習場域來提升學習成效，這正是自律學習理論中的「學習調整策略」的最佳實踐。

綜合而言，本文透過李登輝的求學歷程，驗證了自律學習理論在臺灣教育史中的應用價值。李登輝在不同求學階段所展現出的學習自主性、學習策略運用與後設認知能力，均與當代教育心理學的「自律學習模式」相契合，這顯示臺灣教育史研究若能結合教育心理學與學習理論的觀點，將有助於深化對歷史上學習者行為的理解。未來的臺灣教育史研究，可進一步探討不同時代背景下的學習者自主學習模式，並透過口述歷史、史料分析與心理學理論的交互應用，開拓更具理論價值與實務意涵的研究方向，以此提升臺灣教育史研究的學術深度與國際視野。

參考資料

一、中文文獻

王智弘（2014）。自我調節學習。T&D飛訊，183，1-17。

王駿濠、張哲千、梁衍明、邱文聲、洪蘭、曾志朗、阮啟弘（2012）。運動對孩童認知功能及學業表現的影響：文獻回顧與展望。**教育科學研究期刊**，57(2)，65-94。

何絡編著（1996）。**李登輝全紀錄1923-1996——李登輝先生與臺灣的政治發展軌跡**。生活智庫。

李登輝（1999）。**臺灣的主張**。遠流。

李登輝（2013）。**為主作見證：李登輝的信仰告白**。遠流。

李登輝（2015）。**新臺灣的主張**。遠流。

李曉莊、張覺明（1995）**揭李登輝底牌**。書華。

周文欽、周愚文（1988）。歷史研究。載於賈馥茗、楊深坑（編），**教育研究法的探討與應用**（頁1-34）。師大書苑。

松本一男（1994）。**外國人眼中的李登輝**。國際村。

林仁傑（2006）。論歷史研究的典範轉移及對教育史研究的啟示。**教育研究集刊**，52(3)，73-101。

林建平（2005）。自律學習的理論與研究趨勢。**國教新知**，52(2)，9-25。

林堂馨（2018）。以自主學習為主的大學能力本位課程設計及實施。**課程與教學季刊**，21(2)，59-84。

林清山、程炳林（1995）。整學習因素與學習表現之關係暨自我調整的閱讀理解教學策略效果之研究。**教育心理學報**，28，15-58。

林采育（2020）。**臺灣偶像劇的大齡單身女性形象再現：2009-2019年**（未出版之碩士論文）。國立高雄師範大學。

林衡哲（2001）。**二十世紀臺灣代表性人物（上）**。臺北：望春風。

邱定一（1995）。**少年李登輝**。商周。

徐聖凱（2012）。**日治時期臺北高等學校與菁英養成**。臺灣師範大學出版中心。

國史館李登輝口述歷史小組編輯（2005）。**李登輝總統照片集‧第一冊家族相簿**。允

晨、國史館。

張炎憲主編（2008）。**李登輝總統訪談錄（一）：早年生活**。允晨、國史館。

張芳全、江淑芳（2020）。馬公國中九年級生背景因素與自律學習對英語學習成就影響之研究。**學校行政雙月刊**，126，86-117。

張芳全、洪筱仙（2019）。澎湖縣國中生未來時間觀、自律學習與學習成就之研究。**臺北市立大學學報（教育類）**，50(2)，1-32。

張景媛（1992）。自我調整、動機信念、選題策略與作業表現關係的研究暨自我調整訓練課程效果之評估。**教育心理學報**，25，145-161。

章益新主編（1996）。**細讀李登輝**。中央日報。

許家驊（2021）。國小低年級學生多元解題自我調節量表之編製發展與實測研究教育心理學報，52(4)，829-856。

彭煥勝（2009）。近60年來臺灣教育史學發展的回顧與省思。**教育科學研究期刊**，54(1)，1-21。

游美惠（2000）。內容分析、文本分析與論述分析在社會研究的運用。**調查研究**，8，5-42。黃國禎、朱蕙君、陳佐霖、王姿婷、曾秋蓉、黃國豪（2007）。線上自律學習輔助系統之研究與實證。**科學教育學刊**，15(3)，317-334。

楊中美（2000）。**李登輝VS.江澤民**。時報文化。

趙珮晴、余民寧（2012）。自律學習策略與自我效能、學習興趣、學業成就的相關研究。**教育研究集刊**，58(3)，1-32。

齊若蘭（2002）。閱讀·新一代知識革命。天下雜誌，263，40-50。

蔡元隆（2019年9月23日）。天之驕子：讀《菁英、文藝與戰爭：由舊制臺北高等學校傳閱雜誌《雲葉》。GPI政府出版品資訊網。https://gpi.culture.tw/news/10031

蔡元隆、朱啟華（2010）。臺灣日治時期初等學校課後補習經驗初探。**嘉大教育研究學刊**，25，95-117。

蔡元隆、黃雅芳（2020）。**讀冊真趣味——從懷舊老物件看日治時期臺灣教育**。秀威。

鄭自隆（2015）。**傳播研究與效果評估**。五南。

謝志偉（2003）。自我調節學習理論之探究。**課程與教學季刊**，6(3)，147-168。

藍博洲（2000）。**共產青年李登輝**。紅岩。

二、外文文獻

Bandura, A. (1977). Self-efficacy: Toward an unifying theory of behavioral change. *Psychological Review, 84*, 191-215.

Bandura, A. (1997). Self-efficacy: The exercise of control. W. H. Freeman and Company.

Bynum, M. S., &; Brody, G. H. (2005). Coping behaviors, parenting, and perceptions of children's internalising and externalising problems in rural African American mothers. *Interdisciplinary Journal of Applied Family Studies, 54*, 58-71.

Corno, L., & Rohrkemper, M. (1985). The intrinsic motivation to learn in classrooms. *Research on Motivation in Education, 2*, 53-90.

DiBenedetto, M. K., & Zimmerman, B. J. (2010). Differences in self-regulatory processes among students studying science: A microanalytic investigation. *The International Journal of Educational and Psychological Assessment, 5*, 2-24.

Dignath, C., & Buttner, G. (2008). Components of fostering self-regulated learning among students. A meta-analysis on intervention studies at primary and secondary school level. *Metacognition Learning, 3,* 231-264.

Elen, J., Clarebout, G., Léonard, R., Lowyck, J. (2007). Student-centered and teacher-centered learning environments: What students think. *Teaching in Higher Education, 12*, 105-117.

Panadero, E., Jonsson, A., & Botella, J. (2017). Effects of self-assessment on self-regulated learning and self-efficacy: Four meta-analyses. *Educational Research Review, 22*, 74-98.

Paris, S. G. (2001). Classroom applications of research on self-regulated learning. *Educational Psychologist, 36*(2), 89-101.

Pintrich, P. R. (2000). The role of goal orientation in self-regulated learn ing.In M. Boekaerts, P. R. Pintrich, & M. Zeidner (Eds.), *Handbook of self-regulation* (pp. 451-502). Academic Press.

Pintrich, P. R. & DeGroot, E. V. (1990). Motivational and self-regulated learning components of classroom academic performance. *Journal of Educational Psychology, 82*(1), 33-40.

Ramdass, D., & Zimmerman, B. J. (2011). Developing self-regulation skills: The important role of homework. *Journal of Advanced Academics, 22*(2), 194-218.

Schunk, D. H. (1996). *Learning theories: an educational perspective*. Pentice-Hall. Sorić, I., & Palekčić, M. (2009). The role of students' interests in self-regulated learning: The relationship between students' interests, learning strategies and causal attributions. European *Journal of Psychology of Education, 24*(4), 545-565.

Stone, N. J. (2000). Exploring the relationship between calibration and self-regulated learning. Educational *Psychology Review, 12*(4), 437-475.

Zimmerman, B. J (1989). A social cognitive view of self-regulated academic learning. Journal of *Educational Psychology, 81*, 329-339.

Zimmerman, B. J. (2000). Attaining self-regulation: A social cognitive perspective. In M. Boekaerts, P. R. Pintrich, & M. Zeidner (Eds.), *Handbook of self-regulation* (pp.13- 39). Academic.

Zimmerman, B. J. (2002). Becoming a self-regulated learner: An overview. T*heory Into Practice, 41*(2), 64-70.

林明煌（2013）。日本語教育の自律的学習研究に關する考察。**世新日本語文研究**，5，85-112。

林明煌（2014）。意識化活動を通した非日本語学科生の自律的学習能力の習得、喪失と再生。**臺灣日本語文學報**，36，253-378。

結論與啟示

我們不會因無知而迷路,
卻會因為相信自己所知道的事情而迷失。

——法國教育思想家 **Jean-Jacques Rousseau**
（A.D. 1721-1778）

壹、臺灣教育史的多重面向與發展脈絡

本書透過「深描」與「跨域視角」，重新檢視臺灣教育史的發展脈絡，試圖突破傳統以政策與制度為核心的敘事框架，轉向關注教育的社會實踐、文化內涵與地方發展。本書的書寫感想與結論如下：

一、教育政策與社會結構的互動關係

教育政策的制定與實施從來不僅是單純的行政決策，而是社會結構、政治權力與文化認同相互交織的結果。歷史上，臺灣的教育政策往往受到政權更迭與國家治理策略的影響，例如日治時期的皇民化教育，戰後國民政府推動的國語政策，以及當代的教育改革與多元文化教育，皆反映了國家如何透過教育形塑國民意識與社會價值觀。

然而，教育並非僅是國家意志的延伸，它也是不同社會群體之間協商與適應的場域。例如，在日治時期，雖然殖民政府強調「內地延長主義」，試圖以教育制度同化臺灣人民，但地方社會仍透過私塾與家族教育保留自身文化。戰後，國語政策雖然強制推行，但臺語、客語、原住民族語等母語教育仍然在特定社群中持續發展，直到近年政府才重新重視母語復振政策。這些例子說明，臺灣教育史的發展不僅是政府施政方針的體現，更深刻地影響了社會階層的流動、文化認同的建構，以及知識體系的重塑。

此外，臺灣的教育政策也與全球化趨勢密切相關。自民國76年（1987）解嚴以來，臺灣教育逐步邁向多元化與國際化，十二年國教的推動、技職教育的改革，以及高等教育的大量擴張，皆與全球經濟變遷及知識經濟的興起密切相關。因此，研究臺灣教育史，必須超越單一國族視角，放置於更宏觀的國際脈絡之下，才能全面理解教育政策與社會變遷之間的複雜關係。

二、教育現場與地方社會的連結

本書強調，教育的發展並非僅限於教室內的學習過程，而是與地方社會發展緊密相連。透過對不同時期基層教育工作者與學校發展歷程的分析，我們發現，教育現場的實踐不僅受到國家政策的規範，也受到地方文化、社會需求與經濟條件的形塑。例如：日治時期的臺籍教師如何在殖民教育體制下發展自身的專業角色？戰後的學校如何在語言政策與地方母語之間尋求平衡？當代的偏鄉教育如何在資源有限的條件下發展特色課程？這些問題都說明，教育不僅是制度的實踐，更是社會變遷的縮影。

在地方教育的發展過程中，學校往往扮演著社區中心的角色。以戰後的鄉村教育為例，許多地方學校除了提供基礎教育外，也兼具社會教化、農業推廣與社區凝聚的功能。近年來，隨著少子化趨勢加劇，部分偏鄉學校面臨廢校危機，然而也有許多學校選擇轉型為「社區型學校」，透過地方創生計畫與大學社會責任（University social responsibility, USR）計畫，強化學校與地方社區的連結，成為地方文化傳承與教育創新的基地。

此外，教育政策的落實往往與地方社會的支持密不可分。例如，在戰後初期，臺灣政府雖大力推動義務教育，但許多偏鄉地區仍因經濟困難而無法普及教育，地方仕紳與宗族組織遂成為教育發展的重要推手。而當代的多元文化教育，也經常透過地方政府與民間組織的合作來推動，例如原住民族的族語教學、客家文化課程、社區大學等，皆顯示教育與地方社會發展的緊密關聯。

三、跨領域理論應用與多元史料的運用

臺灣教育史的研究不應侷限於單一視角，而應結合教育社會學、課程社會學、批判教育學、比較教育學等多重理論，以剖析教育政策背後的社會脈絡與

權力關係。例如,教育社會學可以幫助我們理解不同社會階層如何透過教育再製或突破社會流動的障礙;課程社會學則能分析知識選擇的過程,以及教科書內容如何形塑學生的價值觀與認同;批判教育學則關注教育如何成為文化霸權的工具,並探討可能的抵抗與轉化機制。

　　本書亦透過多元史料的運用,補足傳統臺灣教育史研究的侷限。過去的臺灣教育史研究多以官方政策文件與統計數據為依據,但這些材料往往無法充分反映基層教育者與學生的真實經驗。因此,作者結合了口述歷史、地方檔案、學生日記、學校刊物與視覺史料,試圖還原教育現場的多重面向。例如,透過分析日治時期臺灣學生的寫真照片與日記,我們得以理解當時學生如何在殖民教育體制下內化或抵抗日本文化;透過教師回憶錄與教學筆記,我們得以窺見戰後初期教育現場的種種挑戰與創新。

　　此外,影像史料與物件研究的引入,也為臺灣教育史研究帶來新的可能性。例如,學校老照片、課桌椅設計、畢業紀念冊等視覺材料,不僅能反映教育環境的變遷,也能呈現不同時代的學生文化與社會價值觀。這些非文字史料的運用,使臺灣教育史研究更具立體感,也更貼近真實的教育經驗。

四、小結

　　臺灣教育史的發展,是一個不斷協商、調適與創新的過程。透過「深描」與「跨域視角」,本書試圖超越傳統政策導向的研究框架,轉而關注教育現場的實踐經驗、地方社會的互動,以及多元群體的聲音。未來,臺灣教育史的研究應進一步深化理論架構,運用更多元的研究方法,並積極回應當代教育變遷的挑戰,讓歷史研究不僅成為知識的積累,更能對當下的教育政策與實踐提供有力的參照與啟發。

貳、啟示：臺灣教育史研究的未來方向

在爬梳臺灣教育史的發展脈絡時，我們不僅希望回顧過去，更期待能夠從歷史經驗中汲取智慧，為當代教育發展提供借鑑。臺灣教育史的研究不應只是靜態的紀錄，而應轉化為動態的思考與行動，回應當代教育政策的挑戰，並為未來的教育實踐提供歷史視角。以下幾點啟示，或可作為未來教育研究與實踐的參考。

一、深化臺灣教育史的社會關懷與批判性思維

臺灣教育史研究不應僅止於重構歷史發展的脈絡，更應關注歷史如何影響當前的教育政策、課程設計與學術實踐。許多現行教育制度仍然承襲歷史政策的影響，例如當前的教育改革是否仍存有戰後教育體系的結構性問題？語言教育政策是否仍受殖民與威權時期的遺緒所制約？這些問題顯示，臺灣教育史研究應強調批判性思維，幫助我們理解歷史脈絡下的權力關係，避免重蹈覆轍，並從歷史經驗中尋找可行的解方。

此外，臺灣教育史的研究應當具備更強的社會關懷，以回應當代教育不平等的問題。例如，偏鄉教育、原住民族教育、新住民教育等議題，皆可透過歷史視角進行分析，探討教育資源分配如何影響不同社群的發展機會，並為未來的教育政策提供建議。

二、推動跨學科研究與多元方法應用

傳統臺灣教育史研究多依賴政策文件與官方記錄，然而，這種單向度的研究方式容易忽略基層教育者與學生的真實經驗。因此，未來的臺灣教育史研究應整合更多元的研究方法，包括口述歷史、文本分析、社會網絡分析、視覺史

料分析與地理資訊系統（GIS）等，以揭示教育政策如何影響個體經驗與社會結構。

　　此外，臺灣教育史研究不應侷限於教育學科內部，而應積極與社會學、人類學、文化研究、歷史學等領域對話。例如，透過社會學的「文化資本」理論，我們可以理解不同社會階層如何透過教育實現或受限於社會流動；透過人類學的「民族誌研究」，我們可以更細緻地記錄不同社群的教育經驗；透過文化研究的視角，我們可以分析教育如何形塑國族認同與社會價值觀。這些跨學科的合作，將有助於深化臺灣教育史研究的內涵，並拓展其學術影響力。

三、促進臺灣教育史研究的公共化與數位化

　　臺灣教育史不應僅是學術界內部的討論，而應積極與社會對話，成為公共教育的一部分。未來可透過數位人文技術，建立「臺灣教育史數據庫」，整合不同時期的教育政策、學校發展、教師經驗與學生日記，使研究成果更容易為社會大眾所理解與應用。例如：透過數位典藏與開放資料計畫，我們可以將歷史課本、學校照片、教育檔案等資料轉化為可供大眾查詢的數據庫，讓臺灣教育史不再只是靜態的文本，而能成為具有互動性的學習資源。此外，透過社群媒體與線上課程，讓臺灣教育史的研究成果更廣泛地傳播，提升社會對教育議題的關注，並鼓勵更多人參與臺灣教育史的書寫與詮釋。

　　在公共化的過程中，我們亦應重視「社會記憶建構」的議題。透過舉辦臺灣教育史展覽、出版普及性讀物、開發教育遊戲等方式，使臺灣教育史的研究成果能夠融入學校課程與社會大眾的日常生活，讓歷史知識成為集體記憶的一部分，並對當代教育發展產生實質影響。

四、建立在地教育史研究機制

目前臺灣的教育史研究仍多以全國性視角或都市發展為主，對於地方教育的關注仍顯不足。因此，未來的臺灣教育史研究應進一步深化地方教育的發展脈絡，例如透過與地方學校、社區組織、文化機構的合作，共同建構地方教育史資料庫，並透過跨世代對話（如青銀共學），讓臺灣教育史的研究能夠融入地方知識的傳承與創新。

地方教育史的研究不僅能補足國家敘事的不足，也能深化對教育如何影響地方社會發展的理解。例如，戰後臺灣的農村教育如何適應社會經濟轉型？城鄉教育資源的落差如何影響學生的學習機會？這些問題若能透過地方教育史的角度加以探討，將能提供更具體的實證資料，並為教育政策的擬定提供參考。

此外，地方教育史的研究也有助於文化認同的建構。例如，透過調查各地的學校校史、教師回憶錄、地方誌等資料，我們可以發掘不同區域的教育發展特色，並將其納入地方文化的脈絡，使臺灣教育史的書寫更具多元性與包容性。

五、小結

以史為鑑，知來者可追。臺灣教育史的研究，不僅是對過去的回顧，更是對當前與未來教育發展的省思與指引。本書試圖透過多元視角，提供臺灣教育史更全面的詮釋，並希望能促進更多跨領域的對話與學術討論。我們深信，教育的變遷不僅影響個人生命歷程，更塑造了社會的發展方向。因此，唯有透過持續的歷史反思與實踐行動，才能讓教育真正成為改變社會的重要力量，引領臺灣走向更具包容性與前瞻性的未來。

未來，臺灣教育史的研究應持續深化理論架構，運用更多元的研究方法，並積極回應當代教育變遷的挑戰。無論是推動批判性思維、發展跨學科合作、

促進研究的公共化與數位化,或是深化地方教育史的研究,皆能讓臺灣教育史不僅成為知識的積累,更能對當下的教育改革與實踐提供有力的參照與啟發。

歷史從不只是過去的故事,而是我們理解當下、開創未來的重要基石。期許本書能夠拋磚引玉,促使更多學者與教育工作者投入臺灣教育史的研究,讓歷史的智慧在當代教育改革與社會發展的過程中,發揮更深遠的影響力。

史地傳記類　PC1159　讀歷史177

臺灣教育史的深描與跨域視角：
多元詮釋與歷史探究

作　　者 / 蔡元隆
責任編輯 / 鄭伊庭
圖文排版 / 陳彥妏
封面設計 / 嚴若綾

出版策劃 / 秀威資訊科技股份有限公司
法律顧問 / 毛國樑　律師
製作發行 / 秀威資訊科技股份有限公司
　　　　　114台北市內湖區瑞光路76巷65號1樓
　　　　　電話：+886-2-2796-3638　傳真：+886-2-2796-1377
　　　　　http://www.showwe.com.tw
劃撥帳號 / 19563868　戶名：秀威資訊科技股份有限公司
　　　　　讀者服務信箱：service@showwe.com.tw
展售門市 / 國家書店（松江門市）
　　　　　104台北市中山區松江路209號1樓
　　　　　電話：+886-2-2518-0207　傳真：+886-2-2518-0778
網路訂購 / 秀威網路書店：https://store.showwe.tw
　　　　　國家網路書店：https://www.govbooks.com.tw
經　　銷 / 聯合發行股份有限公司
　　　　　231新北市新店區寶橋路235巷6弄6號4F
　　　　　電話：+886-2-2917-8022　傳真：+886-2-2915-6275

2025年8月　BOD一版
定價：450元
版權所有　翻印必究
本書如有缺頁、破損或裝訂錯誤，請寄回更換

Copyright©2025 by Showwe Information Co., Ltd.
Printed in Taiwan
All Rights Reserved

讀者回函卡

國家圖書館出版品預行編目

臺灣教育史的深描與跨域視角：多元詮釋與歷史探究 / 蔡元隆著. -- 一版. -- 臺北市：秀威資訊科技股份有限公司, 2025.08
　　面；　公分. -- (史地傳記類)
BOD版
ISBN 978-626-7770-06-1(平裝)

1.CST: 臺灣教育　2.CST: 教育史

520.933　　　　　　　　　　　　　　114009557